权威·前沿·原创

皮书系列为
"十二五""十三五"国家重点图书出版规划项目

BLUE BOOK

智库成果出版与传播平台

广州蓝皮书

BLUE BOOK OF GUANGZHOU

广州市社会科学院／研创

广州经济发展报告 （2020）

ANNUAL REPORT ON ECONOMIC DEVELOPMENT OF GUANGZHOU (2020)

主　编／张跃国
副主编／欧江波　唐碧海

社会科学文献出版社
SOCIAL SCIENCES ACADEMIC PRESS (CHINA)

图书在版编目(CIP)数据

广州经济发展报告.2020/张跃国主编.－－北京：
社会科学文献出版社，2020.6
（广州蓝皮书）
ISBN 978－7－5201－6773－4

Ⅰ.①广… Ⅱ.①张… Ⅲ.①区域经济发展－研究报
告－广州－2020 Ⅳ.①F127.651

中国版本图书馆 CIP 数据核字（2020）第 101152 号

广州蓝皮书
广州经济发展报告（2020）

主　　编／张跃国
副 主 编／欧江波　唐碧海

出 版 人／谢寿光
责任编辑／丁　凡　李　淼
文稿编辑／赵智艳

出　　版／社会科学文献出版社·城市和绿色发展分社（010）59367143
　　　　　　地址：北京市北三环中路甲 29 号院华龙大厦　邮编：100029
　　　　　　网址：www.ssap.com.cn
发　　行／市场营销中心（010）59367081　59367083
印　　装／天津千鹤文化传播有限公司

规　　格／开　本：787mm × 1092mm　1/16
　　　　　　印　张：18.75　字　数：279 千字
版　　次／2020 年 6 月第 1 版　2020 年 6 月第 1 次印刷
书　　号／ISBN 978－7－5201－6773－4
定　　价／128.00 元

本书如有印装质量问题，请与读者服务中心（010－59367028）联系

▲ 版权所有 翻印必究

编辑委员会

主　编　张跃国

副主编　欧江波　唐碧海

编　委　（按姓氏笔画排序）
　　　　　白国强　伍　庆　何　江　张　强　杨代友
　　　　　杜家元　张赛飞　郭艳华　黄石鼎　韩　涛
　　　　　覃　剑　曾俊良　蔡进兵

编　辑　伍　晶　邓晓雷　范宝珠　周圣强　陈　璐
　　　　　黄敏仙

主要编撰者简介

张跃国 广州市社会科学院党组书记、院长，文学学士，法律硕士，广州大学客座教授。研究方向为城市发展战略、创新发展、传统文化。主持或参与中共广州市委全会和党代会报告起草、广州市重大规划研究编制、广州经济形势分析与预测研究、广州城市发展战略研究、广州南沙新区发展战略研究和规划编制，以及市委、市政府多项重大政策文件制定起草工作。

欧江波 广州市社会科学院数量经济研究所所长，副研究员，经济学博士，广州市人民政府重大行政决策论证专家。主要从事应用经济和决策咨询研究，研究领域包括宏观经济、城市经济、房地产经济等。主持完成国家、省、市100余项重大课题研究；出版专著3部、编著9部，公开发表论文50余篇；研究成果获国家、省、市奖励20余项。

唐碧海 广州市社会科学院数量经济研究所副所长，副研究员，理学博士。主要从事应用经济和决策咨询研究，研究领域包括宏观经济、城市经济、数量经济等。公开发表论文60多篇，出版专著3部。研究成果先后获国家、省、市奖励20余项，2007年被评为"广州市优秀专家"。

摘 要

《广州经济发展报告（2020）》是"广州蓝皮书·经济"系列之一，是由广州市社会科学院主持编写，由科研团体、高等院校和政府部门的专家学者共同完成的关于广州经济分析预测及相关重要专题研究的最新成果。本书包括6个部分，分别为总报告、经济运行篇、产业经济篇、区域发展篇、企业管理篇和营商环境篇，共收录研究报告19篇。

2019年广州经济增长稳中有进，完成地区生产总值23628.60亿元，增长6.8%。从产业看，服务业增长总体好于制造业；从需求看，投资增长明显加快，外贸出口继续回落，消费增速保持稳定。2020年初，新冠肺炎疫情突发并在全球蔓延，给我国和全球经济社会发展带来前所未有的冲击，成为影响2020年经济增长的最重要因素。欧美等发达经济体纷纷采取极度宽松的货币政策和财政政策，我国也采取更加灵活的货币政策和更加积极的财政政策，并配合实施积极的行政政策，估计将对2020年经济增长起到较好的托底作用。综合考虑各方因素，课题组预计2020年广州地区生产总值增速为0.4%～2.7%。

关键词： 经济增长 城市经济 广州经济

目 录

Ⅰ 总报告

B.1 2019年广州经济形势分析与2020年展望
.... 欧江波 唐碧海 等 / 001
  一 2019年广州经济运行情况分析 .... / 002
  二 2020年广州经济发展环境分析 .... / 019
  三 2020年广州经济增长主要指标预测 .... / 029
  四 对策建议 .... / 032

Ⅱ 经济运行篇

B.2 2019年广州工业和信息化分析及2020年展望 .... 陈绮琳 / 039
B.3 2019年广州商贸流通业发展情况及2020年展望
.... 欧江波 伍 晶 / 052
B.4 2019年广州房地产市场发展情况及2020年展望
.... 欧江波 范宝珠 周圣强 / 063
B.5 2019年广州人力资源市场发展情况及2020年展望
.... 广州市人力资源市场供求信息调查评估小组 / 077

Ⅲ 产业经济篇

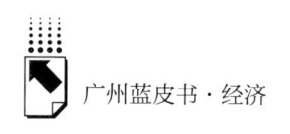

B.6 广州推进产业基础高级化、产业链现代化的思路与建议
　　…………………………………………… 王玉印　许　剑 / 093

B.7 广州发展新一代信息技术产业的战略与对策研究……… 袁　杰 / 107

B.8 广州发展人工智能产业的战略与对策研究…………… 李正举 / 114

B.9 广州推动邮轮产业发展的对策研究………………… 黄　健　谢兆吉 / 124

B.10 广州民宿业服务状况调查报告…… 广州市消费者委员会课题组 / 136

B.11 越秀区高端专业服务业发展现状及对策研究
　　……………………………………… 广州市越秀区统计局课题组 / 152

Ⅳ 区域发展篇

B.12 广州城市空间布局现状、问题与优化对策 …………… 虞　水 / 165

B.13 粤港澳大湾区建设背景下的广州综合交通枢纽
　　发展战略研究 ………………………………………… 马小毅 / 177

B.14 加快推进广州中心城区港航业转型发展的对策研究
　　……………………………………………………… 郭凌峰 / 190

B.15 越秀区携手港澳推动产业协作发展的思路与对策研究
　　………………………………… 刘震海　曾文浩　张　蓉 / 205

Ⅴ 企业管理篇

B.16 广州培育中国特色新型民营企业的实践与思考
　　………………… 新时代培育中国特色新型民营企业课题调研组 / 218

B.17 推动广州外向型中小企业高质量发展的调研分析
和对策建议…… 中国国际贸易促进委员会广州市委员会课题组 / 229

Ⅵ 营商环境篇

B.18 广州深化商事制度改革的思路与对策研究
………………………………………… 陈 林 周圣强 / 242
B.19 广州开发区对标国际一流优化营商环境对策研究
………………………………… 褚大军 曾繁荣 吴捷捷 / 254

Abstract ……………………………………………………… / 269
Contents ……………………………………………………… / 270

皮书数据库阅读使用指南

总 报 告
General Report

B.1
2019年广州经济形势分析与2020年展望

欧江波 唐碧海 等*

摘 要： 2019年广州经济增长稳中有进，完成地区生产总值23628.60亿元，增长6.8%。从产业看，服务业增长总体好于制造业；从需求看，投资增长明显加快，外贸出口继续回落，消费增速保持稳定。2020年初，新冠肺炎疫情突发并在全球蔓延，给我国和全球经济社会发展带来前所未有的冲击，成为影响2020年经济增长的最重要因素。欧美等发达经济体纷纷采取极度宽松的货币政策和财政政策，我国也采取更加灵活的货币政策和

---

* 欧江波，广州市社会科学院数量经济研究所所长、副研究员、博士，研究方向为宏观经济、城市经济、房地产经济；唐碧海，广州市社会科学院数量经济研究所副所长、副研究员、博士，研究方向为宏观经济、城市经济、数量经济；课题组成员：伍晶、范宝珠、周圣强、陈璐、周兆钿。

更加积极的财政政策,并配合实施积极的行政政策,估计将对2020年经济增长起到较好的托底作用。综合考虑各方因素,课题组预计2020年广州地区生产总值增速为0.4%~2.7%。

关键词: 经济增长 城市经济 广州经济

一 2019年广州经济运行情况分析

2019年,广州经济增长总体表现稳中有进。主要呈现三大特点:一是经济增速稳中有升。全年实现地区生产总值23628.60亿元,增长6.8%,增速比上年提升0.6个百分点,其中第一、第二、第三产业增加值分别增长3.9%、5.5%、7.5%(见图1)。二是金融业发展较快,商品房市场成交量稳中有升。三是行业和企业分化加剧。服务业增长好于制造业,制造业新产业新业态层出不穷,新型显示、集成电路、智能产品、新能源汽车、医疗器械等产业和企业快速成长,但汽车制造业受累于全国汽车行业不景气,近年来首现负增长,传统劳动密集型产业和企业普遍面临较大压力。

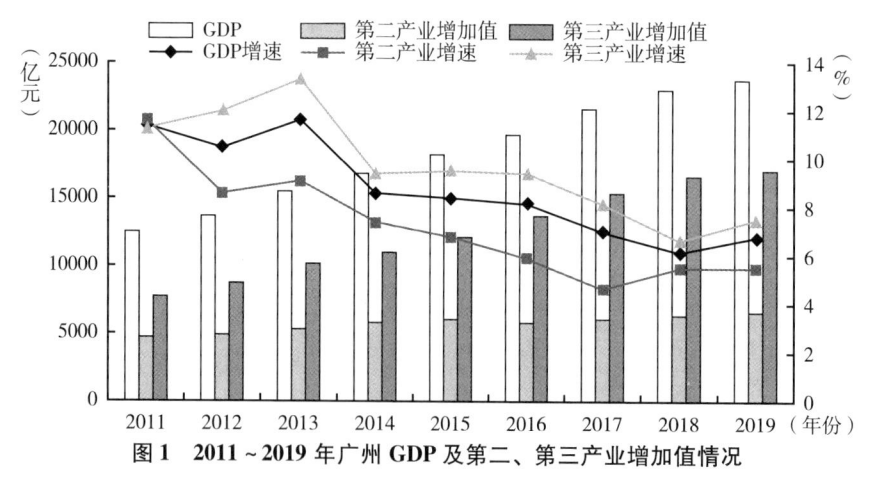

图1 2011~2019年广州GDP及第二、第三产业增加值情况

资料来源:广州市统计局。

2019年，广州经济增长基本符合课题组预测。在《广州经济发展报告（2019）》（"广州蓝皮书·经济"）中，课题组预测2019年广州地区生产总值增速为6.2%~6.8%，其中第一产业1.5%~2.5%，第二产业5.2%~5.8%，第三产业6.6%~7.3%。2019年广州地区生产总值实际增长6.8%，处于课题组预测区间；第一产业实际增长3.9%，高于课题组预测区间，主要原因是受天气影响，但由于其增加值绝对量小，预测误差对全市GDP增长预测影响甚微；第二产业实际增长5.5%，处于课题组预测区间且实际值为预测区间的中位值；第三产业实际增长7.5%，略高于课题组预测区间。总体来看，课题组的预测方法是比较科学的，预测结果是基本准确的。

与国内重点城市相比，广州GDP总量低于上海、北京、深圳，位居第四；GDP增速高于天津（4.8%）、上海（6.0%）、苏州（6.0%）、北京（6.1%）、重庆（6.3%）、深圳（6.7%），低于成都（7.8%）、南京（7.8%），与杭州（6.8%）持平（见图2）。从主要产业看，广州第二产业增加值低于深圳、上海、重庆、苏州，位居第五，增速低于成都（7.0%）、南京（6.7%）、重庆（6.4%），高于苏州（5.1%）、杭州（5.0%）、深圳（4.9%）、北京（4.5%）、天津（3.2%）、上海（0.5%）；广州第三产业增加

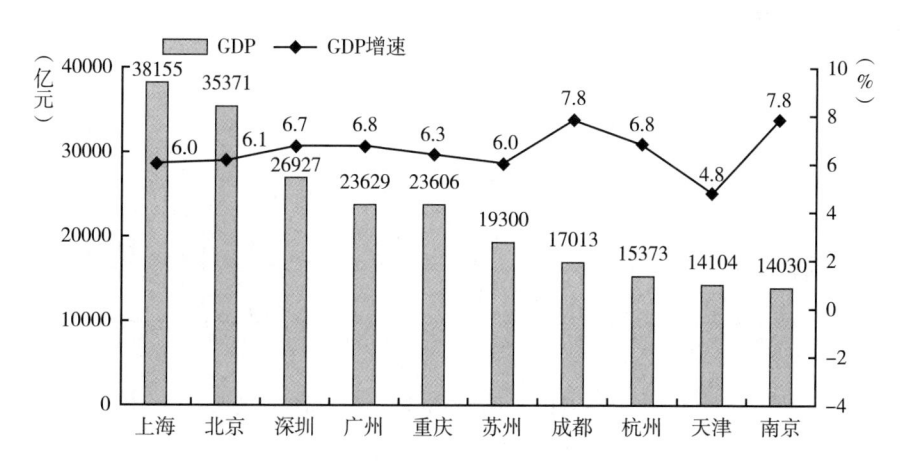

图2　2019年国内重点城市地区生产总值情况

资料来源：相关城市统计公报。

值低于北京、上海，位居第三，增速低于南京（8.6%）、成都（8.6%）、上海（8.2%）、深圳（8.1%）、杭州（8.0%），高于北京（6.4%）、重庆（6.4%）、苏州（6.3%）、天津（5.9%）（见图3、图4）。

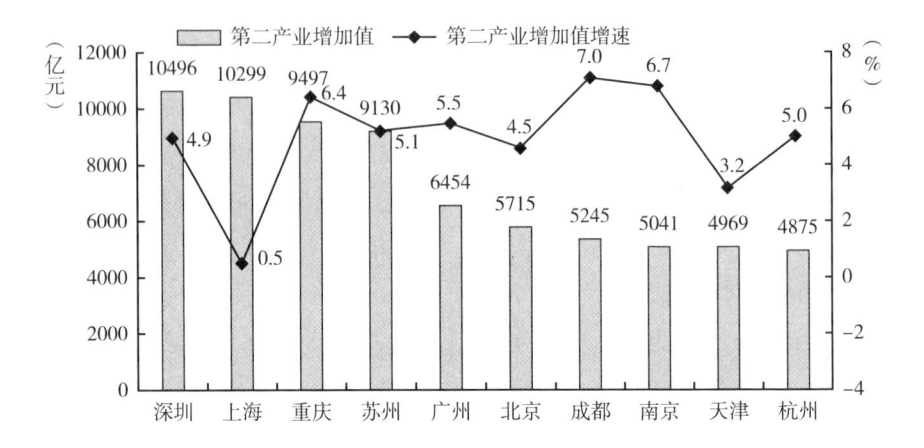

图3 2019年国内重点城市第二产业增加值情况

资料来源：相关城市统计公报。

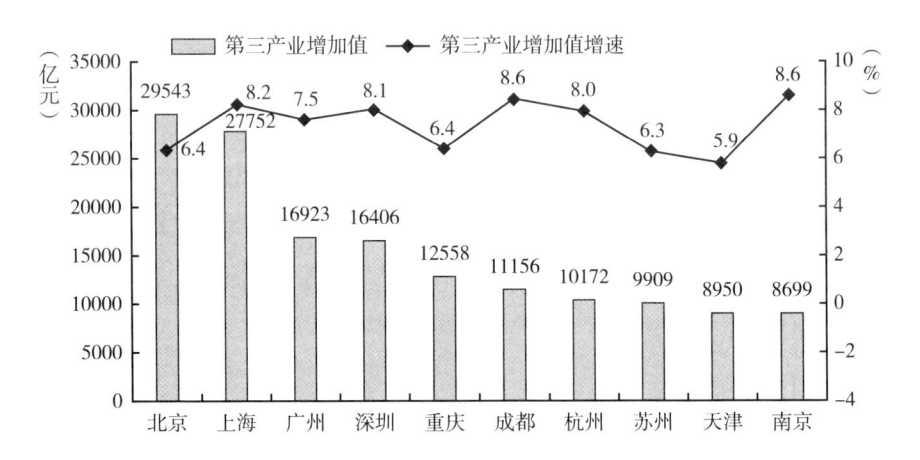

图4 2019年国内重点城市第三产业增加值情况

资料来源：相关城市统计公报。

（一）工业平稳增长，新动能加快成长

1. 工业平稳增长

2019年广州完成工业增加值5722.94亿元，增长4.8%，增速同比下降0.7个百分点；完成规模以上工业产值19201.01亿元，增长4.7%，增速同比提升0.9个百分点（见图5）。其中，电力、热力生产和供应业，燃气生产和供应业支撑力较强，产值分别增长10.9%、31.5%；仪器仪表制造业，非金属矿物制品业，电气机械及器材制造业，化学原料及化学制品制造业，计算机、通信和其他电子设备制造业表现良好，工业产值分别增长58.4%、32.8%、7.4%、6.4%、4.8%；新投产企业产能逐步释放，全年新增产值85亿元，拉动工业增长0.5个百分点。

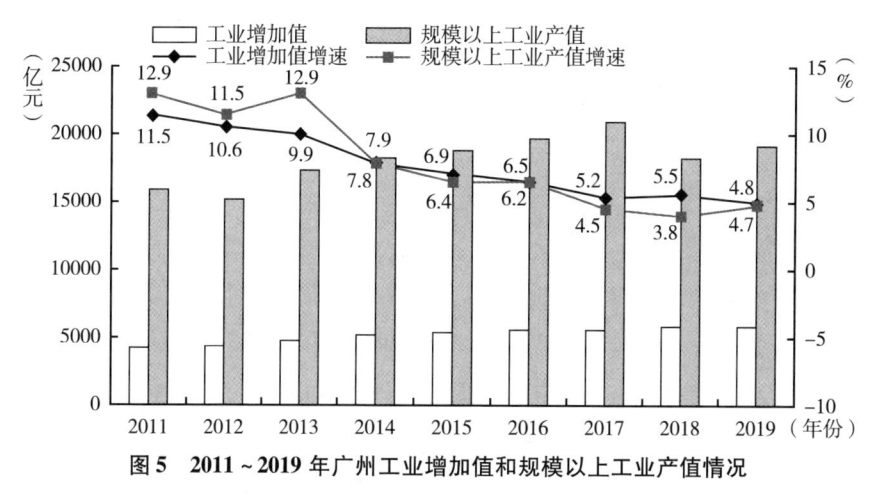

图5　2011~2019年广州工业增加值和规模以上工业产值情况

资料来源：广州市统计局。

2. 支柱产业表现分化

2019年广州三大支柱产业完成规模以上工业产值9868.42亿元，增长1.5%，增速同比下降2.5个百分点。其中，受累于全国汽车行业不景气，汽车制造业表现欠佳，完成产值5461.16亿元，下降0.5%，增速同比下降6.6个百分点，但广汽丰田展现了良好的市场竞争力，销量增长18%，广汽本田、东风日产也分别实现4%和0.3%的低速增长；电子产品制造业表现

活跃，完成产值2643.07亿元，增长5.2%，增速同比提升2.4个百分点，主要受益于新型显示、集成电路、智能终端等产品的带动；石油化工制造业完成产值1764.19亿元，增长2.2%，增速同比提升2.4个百分点，主要源于化妆品、洗涤用品等日化企业带动（见图6）。

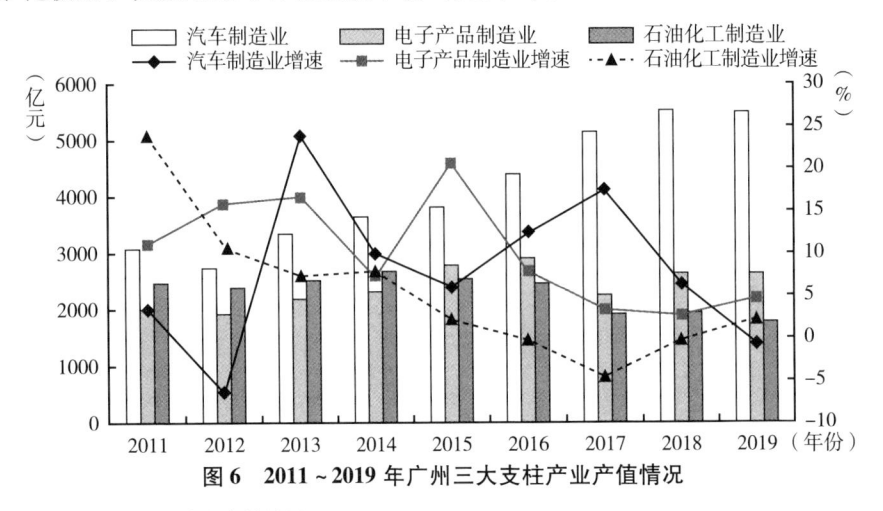

图6 2011~2019年广州三大支柱产业产值情况

资料来源：广州市统计局。

3. 新动能加快成长

2019年高技术产业发展迅猛，全年高技术制造业增加值增长21.0%，占规模以上工业增加值比重达16.2%，较上年提高2.8个百分点。其中，医疗设备及仪器制造业，航空、航天器及设备制造业，医药制造业，电子及通信设备制造业四大产业产值分别增长53.5%、13.5%、10.2%、5.7%。新产品增势良好，新能源汽车产量增长1.1倍，智能手表、智能手机、平板电脑、智能手环等符合消费潮流的智能化产品产量分别增长2.4倍、2.2倍、68.4%和18.3%，液晶显示屏产量增长12.5%，锂离子电池产量增长32.1%，医疗仪器设备及器械增长26.5%。

（二）商贸旅游业保持稳定，交通运输业平稳增长

1. 商贸业稳步增长

2019年广州实现社会消费品零售总额9975.59亿元，增长7.8%，增速

同比提高0.2个百分点,其中,批发和零售业、住宿餐饮业分别增长7.7%和8.1%。消费持续升级,限额以上中西药品类、金银珠宝类、化妆品类商品零售额分别增长34.0%、28.9%、14.8%;新模式培育壮大,限额以上批发和零售业网上零售额增长12.9%。2019年广州实现批发和零售业商品销售总额71385.68亿元,增长9.6%,增速同比回落2.1个百分点(见图7)。世界500强雪松控股集团旗下广州联华、广州柴富、雪松大宗等企业带动效应明显,金属材料类商品销售额增长四成;受国Ⅴ库存消化及市场竞争影响,汽车类商品销售额低位运行;受国际油价波动和需求疲软等因素影响,石油及制品类商品销售额进一步探底。

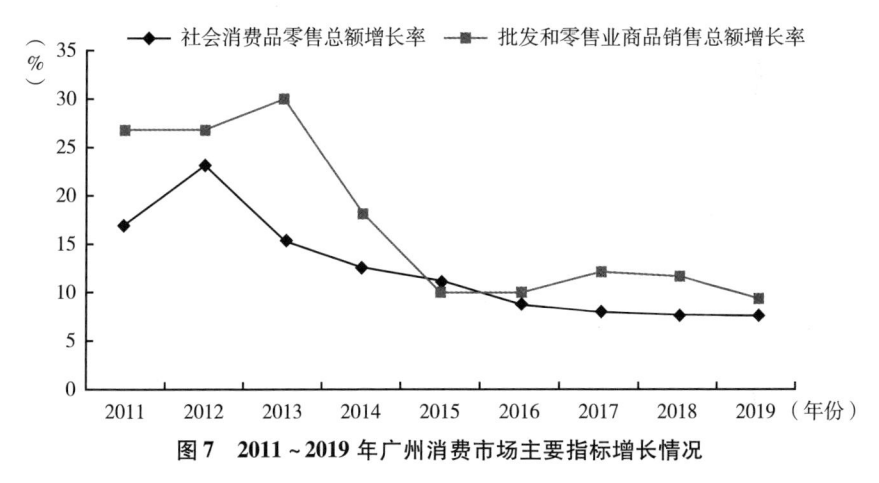

图7　2011~2019年广州消费市场主要指标增长情况

资料来源:广州市统计局。

2. 旅游业总体良好

2019年广州实现旅游业总收入4454.59亿元,增长11.1%,增速同比提高0.2个百分点;接待过夜旅游者6773.15万人次,增长3.7%,增速同比回落0.4个百分点。其中实现旅游外汇收入增长0.7%,接待海外过夜旅游者下降0.1%,增速同比分别回落2.0个、0.1个百分点(见图8)。旅游市场保持旺盛,夜间消费增长势头良好。美团平台发布的《2019年国庆假期我国旅游消费分析报告》显示,国庆期间广州夜间消费增长12.5%,在一线城市中位居第一。

图8 2011~2019年广州旅游业主要指标增长情况

资料来源：广州市统计局。

3. 交通运输、仓储和邮政业平稳增长

2019年广州实现交通运输、仓储和邮政业增加值1372.64亿元，增长5.4%，增速同比提高0.1个百分点。全年完成货运量13.62亿吨、货物周转量21829.14亿吨公里，分别增长6.6%和1.6%，增速同比回落2.2个和提高0.5个百分点（见图9）；完成客运量4.98亿人次、旅客周转量

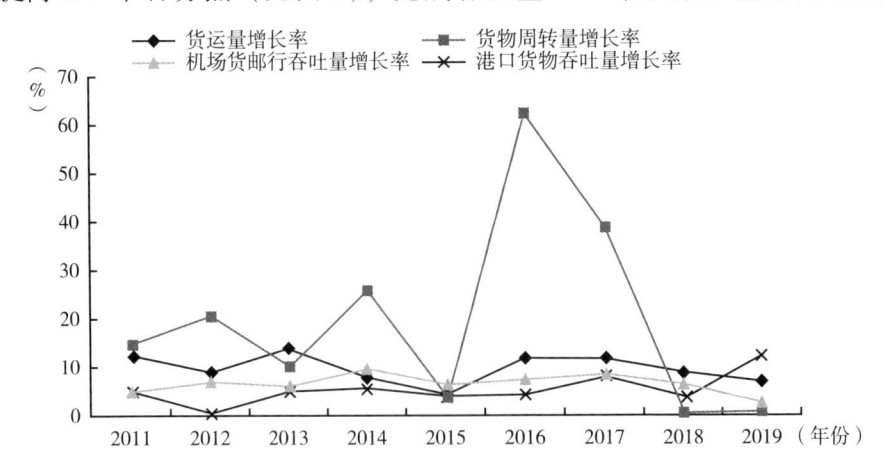

图9 2011~2019年广州货物运输主要指标增长情况

资料来源：广州市统计局。

2375.85亿人公里，分别增长3.7%、8.2%，增速同比回落2.4个、1.6个百分点。航空、港口枢纽运行良好，白云国际机场旅客吞吐量突破7000万人次、增长5.2%，机场货邮行吞吐量达254.85万吨、增长2.2%，开通国际航线115条，其中国际航段增长8.0%；广州港国际大港辐射力持续提高，已开通集装箱航线217条、外贸航线111条，港口货物吞吐量突破6亿吨、增长12.3%，完成集装箱吞吐量2322.30万标准箱、增长6.0%。电子商务拉动快递业快速增长，2019年广州实现邮政业务收入683.84亿元，增长32.0%，增速同比提高6.3个百分点。

（三）房地产一手、二手市场分化，金融业运行态势良好

1. 房地产一手、二手市场分化

2019年中央以"稳地价、稳房价、稳预期"为目标实施调控，广州房地产调控政策持续优化，7月发布指导意见明确"商改住"标准；10月南沙正式开展共有产权住房试点；12月广州出台《广州市人才公寓管理办法》，完善人才安居保障体系，南沙、花都和黄埔相继优化人才购房政策。全市房地产市场总体稳定，但不同市场景气差异较大。新建商品房市场成交有所增长，全年一手房网上签约面积1386.52万平方米，增长5.3%，签约金额3187.92亿元，增长22.2%。其中，一手住宅网上签约面积960.94万平方米，下降2.1%；一手商服物业签约面积314.71万平方米，增长35.3%。存量房市场较为低迷，二手房交易登记面积1002.15万平方米，下降7.5%，登记金额1979.34亿元，下降1.4%。其中，二手住宅交易登记面积790.70万平方米，下降10.4%；二手商服物业登记面积68.20万平方米，微增0.7%（见图10）。

2. 金融业实现较快发展

2019年广州金融业实现增加值2041.87亿元，增长8.2%，增速同比提高2.5个百分点，占GDP比重达8.6%，金融业税收为448.7亿元，增长7.8%，占全市税收的8.1%。银行业机构存贷款余额保持较快增长，2019年12月末广州地区金融机构本外币各项存款余额5.91万亿元，增长7.9%，

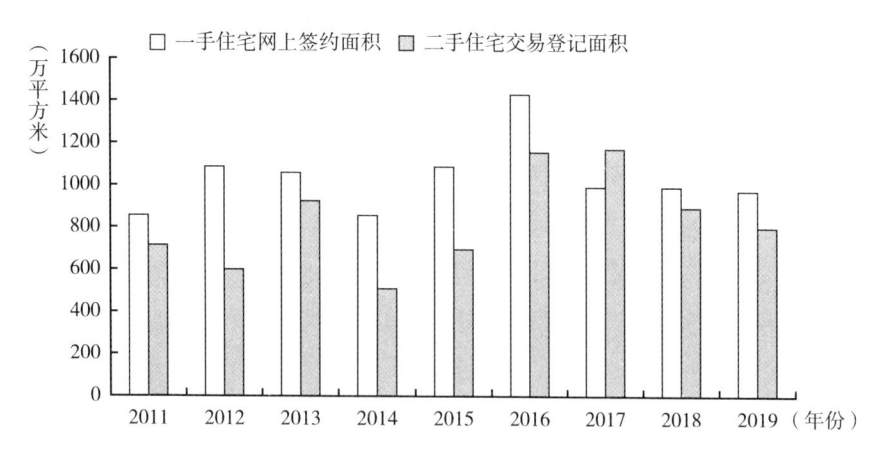

图 10　2011~2019 年广州住宅市场发展情况

资料来源：广州市统计局。

增速同比提高 1.2 个百分点；贷款余额 4.71 万亿元，增长 15.6%，增速同比回落 3.8 个百分点（见图 11）。其中，非金融企业及机关团体中长期贷款增长 17.3%，增速快于短期贷款 12.5 个百分点，金融资本服务实体经济能力提升。与国内重点城市相比，广州金融机构本外币各项存款余额高于杭州、成都、重庆、南京、苏州和天津，增速高于重庆、成都、南京和天津；

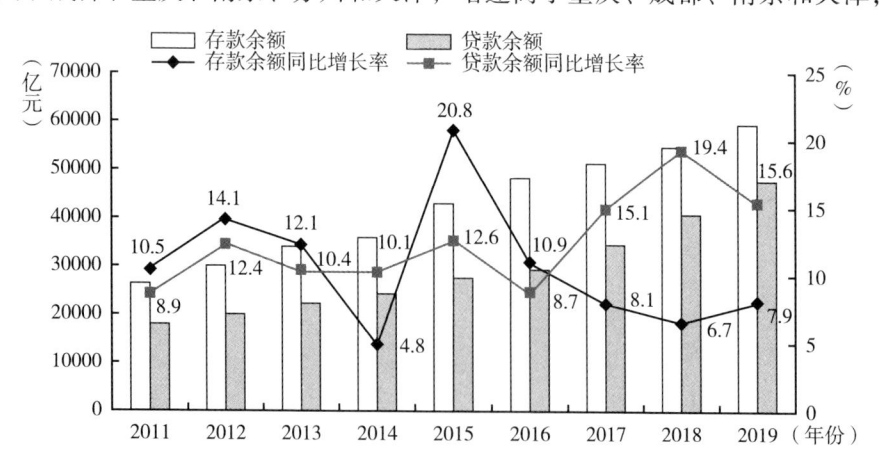

图 11　2011~2019 年广州地区金融机构本外币存贷款余额情况

资料来源：广州市统计局。

贷款余额高于杭州、重庆、成都、天津、南京和苏州，增速在北京等重点城市中位列第一（见图12、图13）。证券市场比较活跃，2019年全市证券交易额达15.07万亿元，增长14.4%。其中，股票交易额7.62万亿元，增长43.2%；期货交易额5.56万亿元，增长30.5%。保险业较快发展，全年保费收入1424.84亿元，增长22.5%，其中财产险保费收入382.75亿元，增长21.1%；人身险保费收入1040.11亿元，增长23.1%。

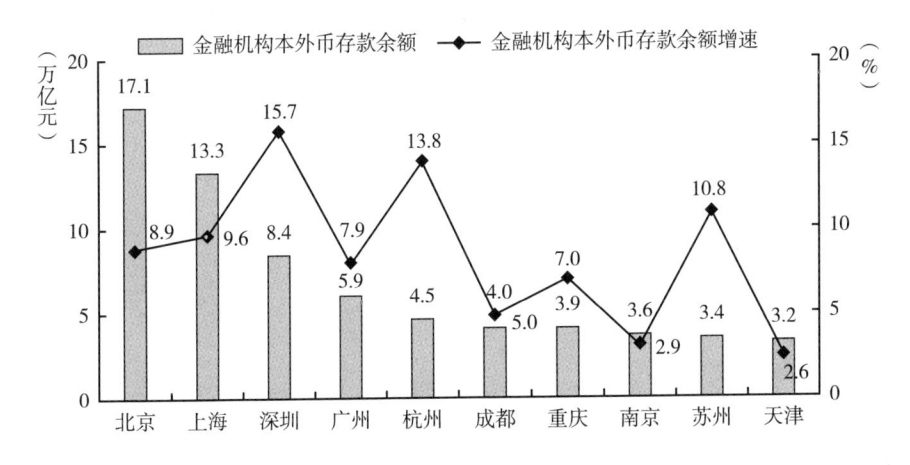

图12 2019年末国内重点城市金融机构本外币存款余额情况

说明：广州、成都、杭州增速为同比增速，北京、上海、深圳、重庆、天津、南京增速为比年初增速，苏州数据为人民币存款数据。

资料来源：《城市对比月报》（2019年12月）。

各项金融重点工作顺利推进。一是金融风险防控工作扎实有效，2019年12月末全市银行机构不良贷款余额372.29亿元，不良贷款率为0.88%，比2018年末下降0.08个百分点，低于全省（不含深圳）0.28个百分点。二是多层次资本市场发展取得新成效，上交所南方中心、深交所和新三板广州服务基地建成运营，全年新增上市公司20家，年末总数达180家，总市值2.70万亿元，其中境内A股已上市公司111家，总市值1.60万亿元。三是金融国际化水平稳步提升，2019年9月由英国智库Z/Yen集团和中国（深圳）综合开发研究院共同发布的第26期全球金融中心指数（GFCI）中，广州位列第23名，被列入全球专业性金融中心，被评为全球第四大金融科技中心。

011

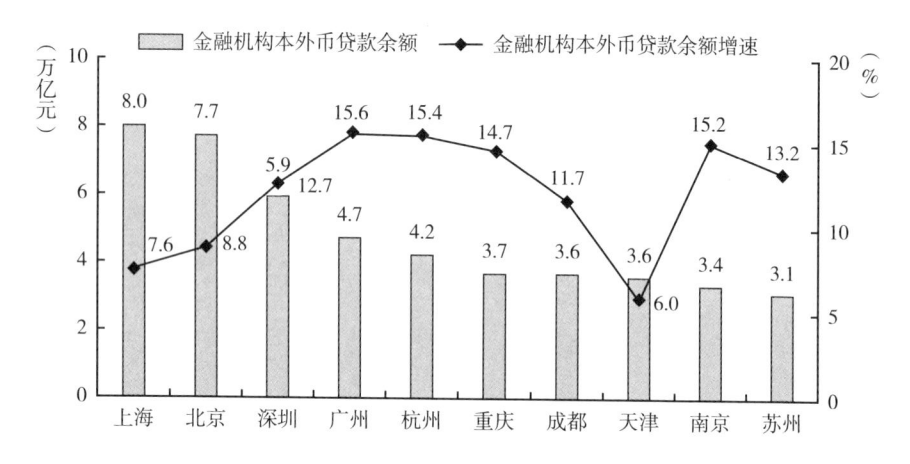

图13　2019年末国内重点城市金融机构本外币贷款余额情况

说明：广州、成都、杭州增速为同比增速，北京、上海、深圳、重庆、天津、南京增速为比年初增速，苏州数据为人民币贷款数据。

资料来源：《城市对比月报》（2019年12月）。

（四）固定资产投资增长较快，财税收入增长有所放缓

1. 固定资产投资增长较快

2019年广州固定资产投资增长16.5%，增速同比提高8.3个百分点（见图14），高于全国（5.1%）11.4个百分点，高于全省（11.1%）5.4个百分点。与国内重点城市相比，广州固定资产投资增速仅低于深圳，高于其他城市（见图15）。从投资领域看，在交通、环保等项目带动下基础设施投资增长24.5%，在乐金OLED等大项目带动下工业投资增长9.1%，在新开工项目带动下房地产开发投资增长14.8%。从投资主体看，国有投资、民间投资均实现快速增长，增速分别达27.8%、36.1%。

重点项目加快建设。2019年广州592个重点项目完成投资3334亿元，增长18.5%。基础设施项目推进顺利，机场综合保税区（二期）通过国家验收，南沙国际邮轮母港开港运营，南沙大桥建成通车，穗深城际、地铁21号线（员村至镇龙西段）、8号线北延线（凤凰新村至文化公园段）相继开通运营，南沙港区四期工程等项目加快推进，综合交通枢纽功能不断增

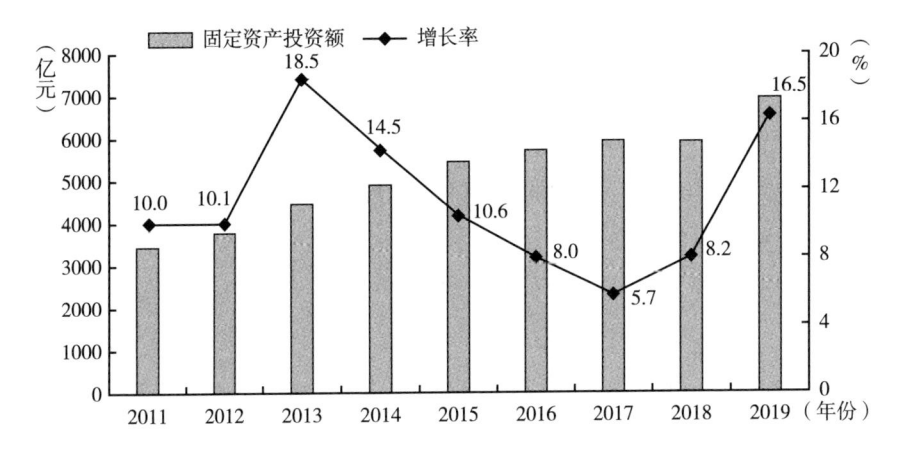

图14 2011~2019年广州固定资产投资情况

资料来源：广州市统计局。

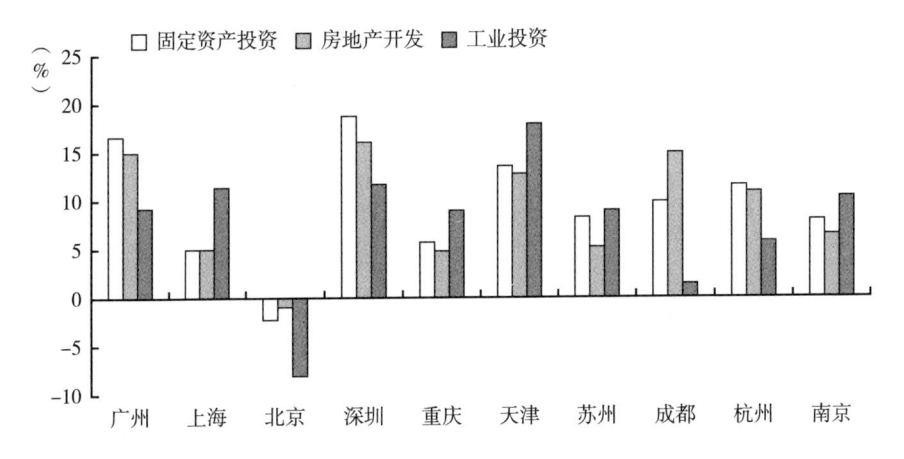

图15 2019年国内重点城市固定资产投资增长情况

资料来源：相关城市统计公报。

强、城市承载力有效提升。重大龙头产业项目稳步推进，乐金OLED一期、粤芯半导体一期、广汽丰田三线等建成投产，恒大新能源汽车零部件等项目积极推进，时代广汽、广汽爱信变速箱、诺诚健华新药研发及生产基地、康方药业等开工建设。生态环保基础设施项目建设提速，第三资源热力电厂、李坑综合处理厂建成投产，北部水厂一期完工通水，北江引水工程、珠江三角洲水资源配置工程全面开工。社会民生项目积极推进，广州呼吸中心、市第一人民医院整体扩建工程加快推进，华南理工大学国际校区一期建成投入使用，广州文化馆、美术馆主体工程完工。城市更新项目大幅提速，恩宁路历史文化街区房屋修缮活化利用、岭南 V 谷等旧厂改造项目积极推进，现象 SOHO 创新中心、白云区田心村城中村改造项目开工建设。

2. 财税收入增长有所放缓

2019 年全市完成税收收入 5576.86 亿元，增长 1.8%，增速同比回落 3.8 个百分点，其中国内税收收入 4639.4 亿元，增长 3.9%。财政收入增长放缓，全市地方一般公共预算收入 1697.21 亿元，增长 4.0%，增速同比回落 2.5 个百分点。财政支出保持较快增长，全市地方一般公共预算支出 2865.12 亿元，增长 14.3%，增速同比回落 0.3 个百分点（见图 16）。财政支出结构优化，与民生有关的节能环保、科学技术和教育支出增长较快，分别增长 1.2 倍、48.9% 和 18.8%。

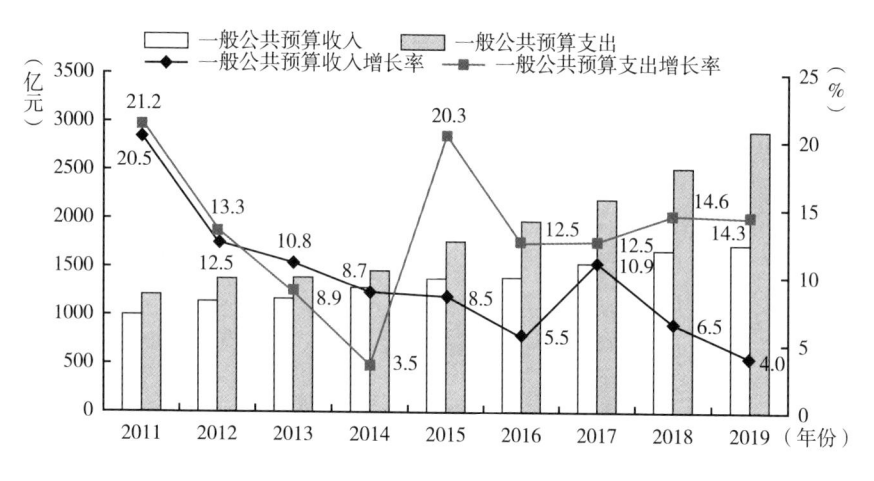

图 16　2011～2019 年广州一般公共预算收支情况

资料来源：广州市统计局。

（五）商品进出口低速增长，实际使用外资有所加快

1. 商品进出口低速增长

2019 年广州实现商品进出口总值 9995.81 亿元，增长 1.9%，增速同比

提高 0.9 个百分点，其中，商品进口 4737.83 亿元，增长 12.7%，增速同比提高 5.6 个百分点；商品出口 5257.98 亿元，下降 6.2%，增速同比回落 3.0 个百分点（见图 17）。进口增势良好主要由于投资拉动设备进口、减税刺激进口消费需求，而出口进一步下滑主要受市场采购大幅下降影响。从贸易方式看，一般贸易进出口平稳增长，保税物流进出口快速增长，增速分别为 6.6%、24.8%；而加工贸易进出口有所下降，降幅为 6.1%。从市场结构看，对日本、欧盟、东盟进出口分别增长 15.1%、13.7%、1.6%，对中国香港、美国进出口分别下降 8.9%、16.8%，其中，对美国进口和出口降幅达 18.7% 和 15.7%。从商品结构看，机电产品、高新技术产品进口增长均有所加快，出口均下降但降幅有所收窄。

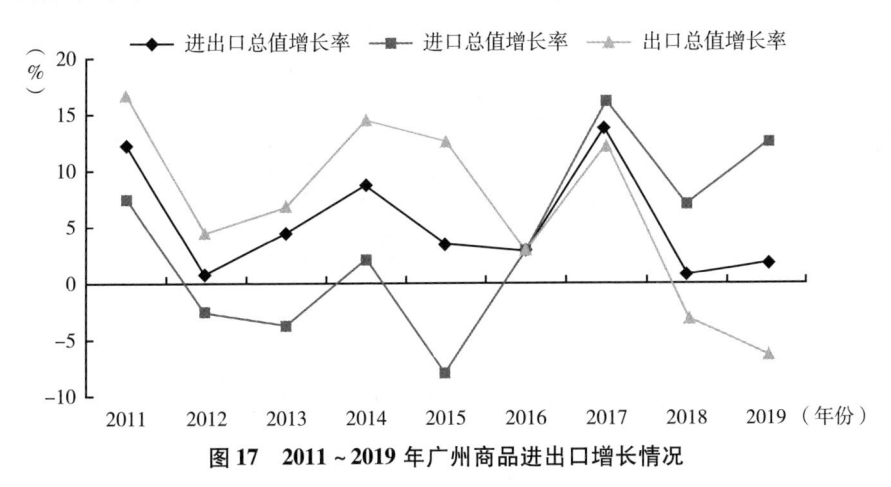

图 17　2011～2019 年广州商品进出口增长情况

资料来源：广州市统计局。

2. 实际使用外资有所加快

2019 年实际使用外资 71.43 亿美元，增长 8.1%，增速同比提高 3.0 个百分点。2019 年合同利用外资达 395.29 亿美元，下降 1.1%，增速同比大幅下降 199.5 个百分点，主要是受 2018 年基数突增影响（见图 18）。从项目结构看，大项目发挥重要作用，5000 万美元以上的外商投资项目实际使用外资占全市的八成以上。从投资行业看，服务业新设外商投资企业实际使用外资实现 40% 以上高速增长，计算机、通信和其他电子设备等先进制造业实际使用外资增长11.4%。从投资来源地看,六成以上实际使用外资来源于中国香港,共建"一带一路"国家和地区在广州实际投入外资增长良好。从投资区域看,自贸试验区、国家级开发区成为高水平利用外资的重要平台,广东自贸区南沙新区片区和三个国家级开发区实际使用外资占全市比重达六成以上。

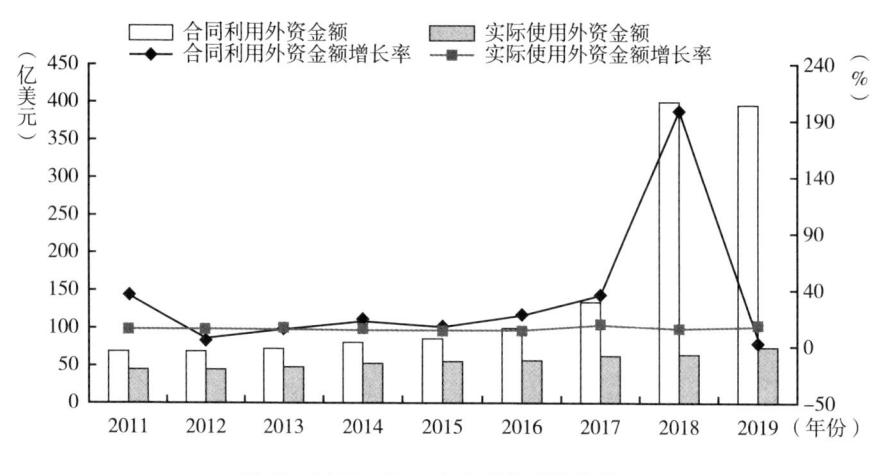

图18 2011~2019年广州使用外资情况

资料来源:广州市统计局。

(六)消费价格上升明显,生产价格略有回落

1. 消费价格上升明显

2019年广州城市居民消费价格总指数(CPI)上升3.0%,高于全国(2.9%)、低于全省(3.4%)价格水平(见图19)。在构成CPI的八大类价格中,食品烟酒类价格上涨7.5%(见图20),是推动CPI上涨的最主要因素,其中畜肉类价格上涨了25.8%,主要由于非洲猪瘟疫情、环保禁养叠加猪周期[①]引发猪肉价格快速上涨,全年猪肉价格大幅上涨35.0%,直接

---

① 猪周期是一种经济现象,循环轨迹是:猪肉价格高,刺激养猪积极性,母猪存栏量增加,生猪供应增加,猪肉价格下跌,打击农民养猪积极性,淘汰母猪,生猪供应减少,猪肉价格上涨。

拉动CPI上涨0.90个百分点，对CPI上涨的贡献率近三成。部分服务价格也有较大涨幅，其中，衣着洗涤保养、临床手术治疗、养老服务价格分别上涨24.1%、21.6%、20.1%。在全国主要大中城市中，广州CPI低于南宁、深圳、青岛、海口、济南、武汉、杭州、南京、郑州，位列第十（见图21）。

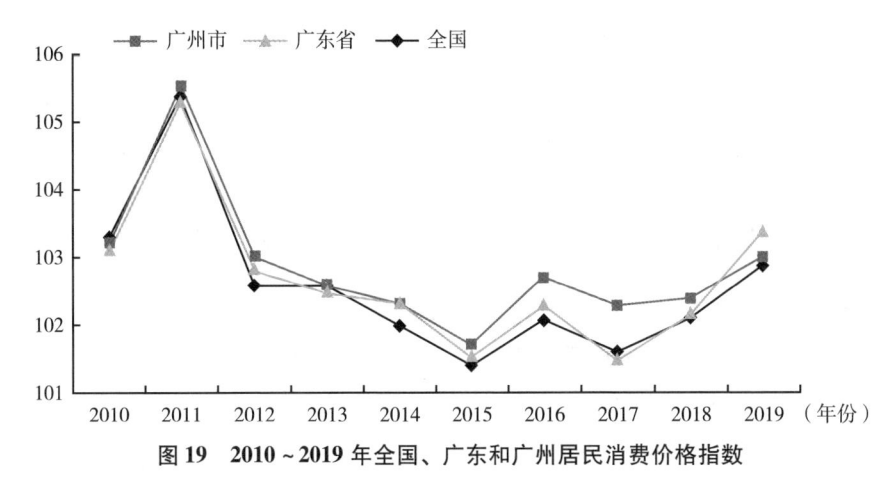

图19　2010~2019年全国、广东和广州居民消费价格指数

资料来源：国家统计局、广东省统计局和广州市统计局。

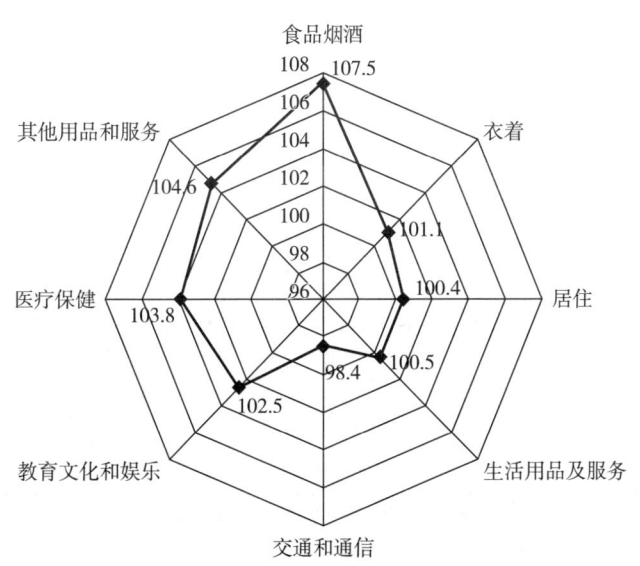

图20　2019年广州居民消费价格分类指数

资料来源：广州市统计局。

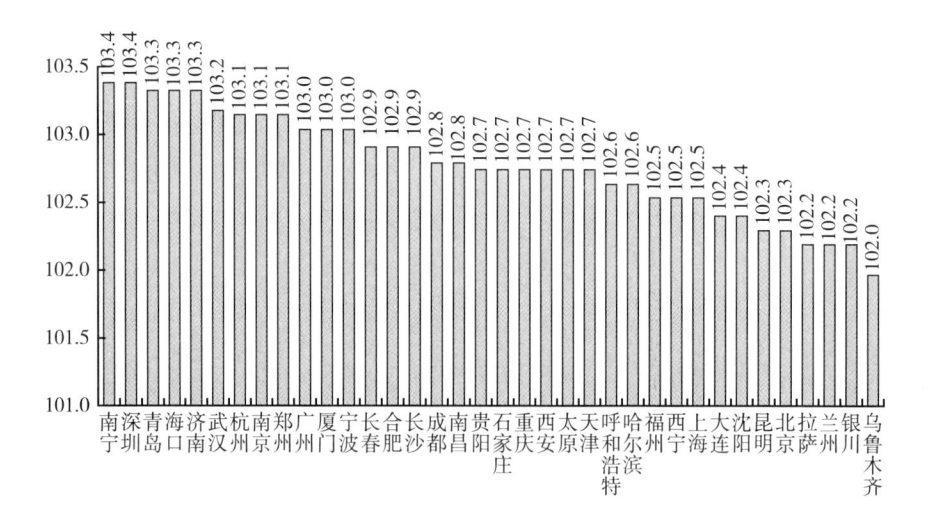

图 21 2019 年全国主要大中城市居民消费价格指数

资料来源：国家统计局。

2. 工业生产者价格略有回落

2019年广州工业生产者出厂价格（PPI）和购进价格（PPIRM）分别回落1.0%、1.4%，连续两年出现下滑（见图22）。工业生产者出厂价格中，生产资料价格跌幅（-0.8%）小于生活资料（-1.1%）；三大支柱行业价

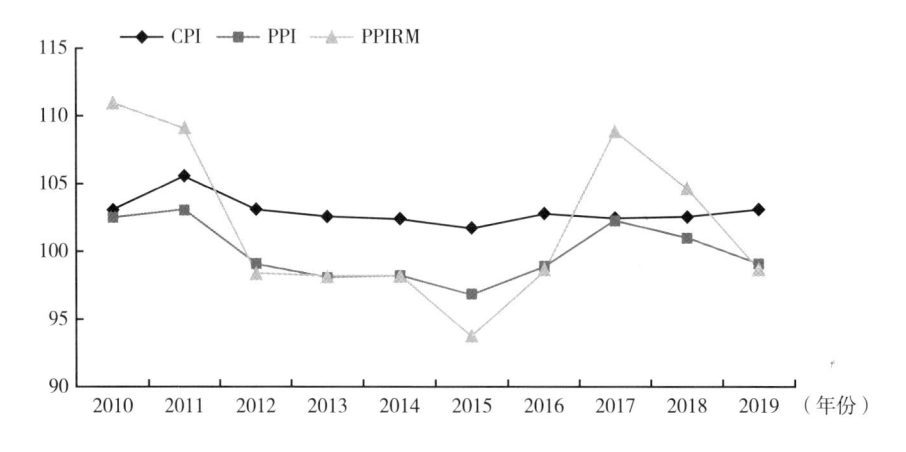

图 22 2010~2019 年广州主要价格指数

资料来源：广州市统计局。

格均有所下降，石油化工制造业、电子产品制造业、汽车制造业分别下降5.6%、2.3%、0.5%。工业生产者购进价格中，建筑材料及非金属矿类（5.9%）价格上涨幅度最大，纺织原料类（0.4%）、其他工业原材料及半成品类（0.2%）价格涨幅相对温和，农副产品类（-2.3%）、黑色金属材料类（-1.5%）、化工原料类（-0.9%）价格小幅下降，有色金属材料和电线类（-4.9%）、木材及纸浆类（-5.0%）、燃料动力类（-3.1%）价格跌幅较大（见图23）。

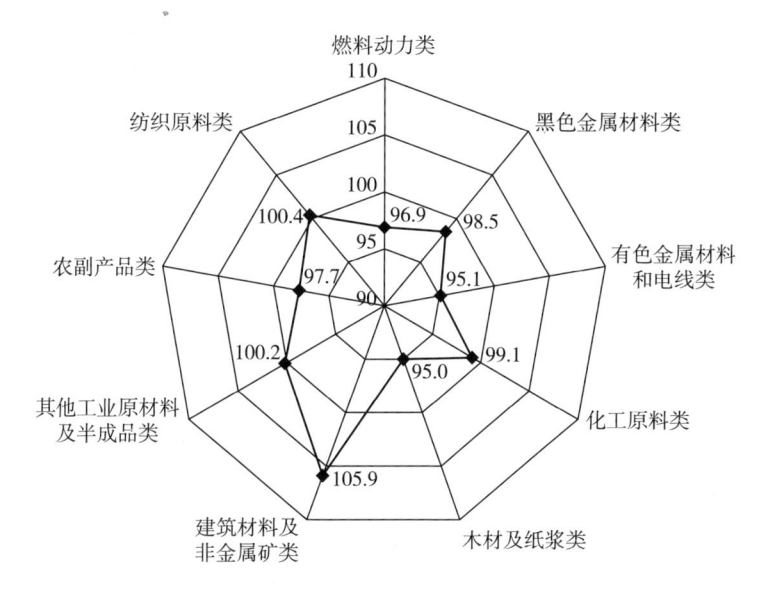

图23 2019年广州工业生产者购进价格分类指数

资料来源：广州市统计局。

二 2020年广州经济发展环境分析

（一）新冠肺炎疫情是影响2020年经济增长的最重要因素

2020年1月，新冠肺炎疫情暴发并迅速在全球范围内扩散，国内外大面积停工、停产、停业，此疫情给我国和全球经济社会发展带来前所未有的

冲击，成为影响2020年经济增长的最重要因素。

国内新冠肺炎疫情防控取得阶段性胜利，但疫情输入压力不断加大。新冠肺炎疫情暴发以来，在中央、各地党委政府的领导下，经过广大人民群众的艰苦努力，疫情防控取得阶段性重要成效。2020年1月20日~2月20日，为国内新冠肺炎疫情的大暴发时期，之后新增病例进入平缓增长阶段，截至5月11日，全国（含港澳台）累计确诊病例84451例（见图24）。但境外疫情呈加速传播态势，导致国内疫情输入压力不断加大。截至4月7日境外输入确诊病例累计突破1000例，其中黑龙江绥化、广东广州等地区承压较大。根据4月12日中国工程院院士、呼吸病学专家钟南山的观点，国内已步入新冠肺炎疫情第二阶段，境外输入造成国内疫情二次暴发可能性小，但仍面临严峻考验。展望2020年，预计国内新冠肺炎疫情难以彻底消除，全国将继续全面落实外防输入、内防反弹的疫情防控策略，持续抓好疫情常态化防控，及时采取更有针对性和实效性的防控措施。

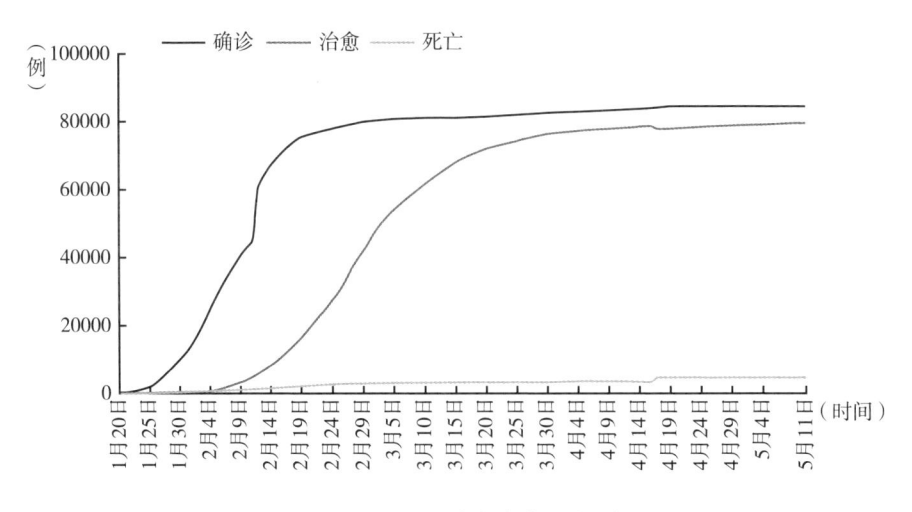

图24　全国新冠肺炎疫情累计趋势

资料来源：凤凰网。

全球新冠肺炎疫情持续蔓延，不确定、不稳定因素增多。海外新冠肺炎疫情于2020年2月中下旬在韩国、日本率先暴发；从3月份开始，意大利、英国、法国、德国、美国等发达国家开始相继暴发，确诊病例数呈指数增长态势，并进一步向全球蔓延。疫情覆盖200多个国家，其中美国逐步成为全球"震中"，感染人数和死亡人数远超其他国家和地区。截至5月11日，全球（不含中国）累计确诊病例逾404.2万例，现存确诊病例达240.1万例（见图25），其中美国、西班牙、意大利、法国、德国和英国确诊病例数居前。此外，非洲、拉美、中东、南亚、俄罗斯等发展中国家和地区则相继进入暴发期。由于各国动员能力和医疗水平参差不齐，尤其是欠发达国家人口密度大、医疗卫生基础差，疫情发展形势依然难以预料。

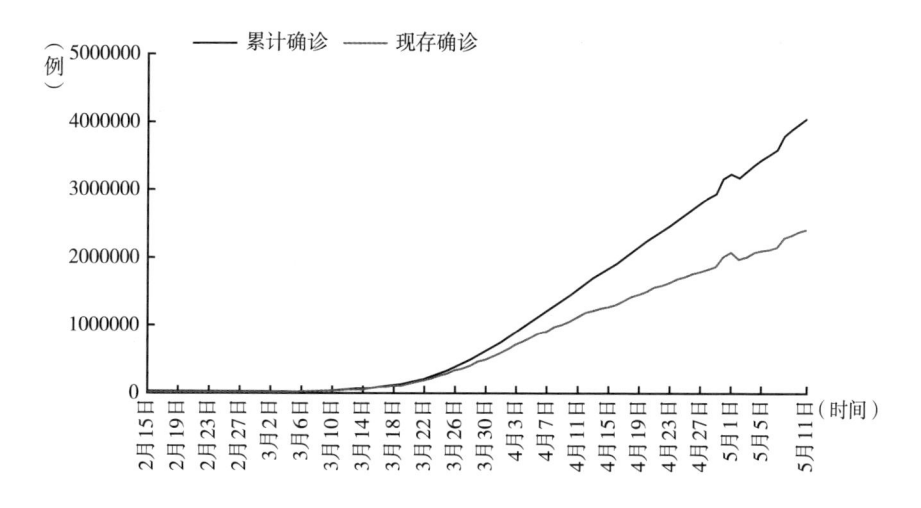

图 25　海外累计确诊与现存确诊趋势

资料来源：凤凰网。

（二）新冠肺炎疫情对经济增长的影响分析

新冠肺炎疫情对全球经济造成巨大冲击，从供给端、需求端、产业链、金融市场等多方面极大影响经济增长，各国经贸政策、全球化基本格局都有可能发生深刻变化。普遍估计这次新冠肺炎疫情的影响将大于2008年全球金融和经济危机，甚至有人认为其影响会相当于20世纪30年代的全球经济大衰退。

1. 全球出现大面积停工、停产、停业

为有效遏制新冠肺炎疫情蔓延，各国不得不实施严格管控措施，全球出现大面积停工、停产、停业。疫情暴发后，我国各省、各城市、各街镇、各村社纷纷采取不同程度的封闭举措，减少人员流动和聚集，包括取消大型活动，禁止人员集会，关闭工厂、商店、景点、娱乐场所，停运公交、地铁、轮渡、长途客运等。全国一季度GDP下降6.8%，为近40年来首次负增长，其中，住宿和餐饮业、批发和零售业以及建筑业降幅居前，分别达35.3%、17.8%和17.5%；工业增加值下降8.5%。从2020年3月开始国外疫情大暴发，意大利、英国、法国、德国、美国、印度等国家相继宣布实施全部或局部封城令、禁足令等举措，3月20日欧洲宣布已停产和即将停产的整车工厂总数已经超过70座，3月底全球有超过30家航空公司已停飞所有国际航线，全球经济活动大幅度减少。摩根大通发布的5月全球综合PMI指数为36.3，较1月指数值下跌15.9个点。

2. 全球市场需求快速萎缩、消费信心不足

一方面，物理隔离导致市场需求快速萎缩。自2020年1月底起，国内疫情防控措施下居民大幅减少外出，预期的节假日消费需求消失，铁路、公路、航空、水路等客运量大幅下降，私家车成品油消费大幅减少，街道商店空闲、宾馆酒店客房大量空置。虽然从3月开始逐步复工复产，但人们外出消费的欲望明显不足。欧美国家自3月起人口迁徙大幅下滑，对当地服务业需求形成直接冲击，同时也导致国际贸易订单快速减少、国际市场需求萎缩。

另一方面，失业率骤升导致个人收入下降、公共机构收入下滑，进一步削弱消费信心。4月7日，国际劳工组织发布的报告显示，全球81%劳动人口受到新冠肺炎疫情影响，预计疫情将使2020年第二季度全球劳动人口总工时缩减6.7%，相当于1.95亿名全职雇员失业。5月8日美国劳工部发布的就业报告显示，4月份美国的失业率为14.7%。政府等公共机构收入亦面临大幅下滑，1~5月我国一般公共预算收入下降13.6%，全国一般公共预算支出下降2.9%，未来支出势必将继续缩减。

3. 全球金融市场、大宗商品价格巨幅振荡

全球股市出现连续暴跌。2020年2月3日，中国上证综指下跌了7.72%，

深证成指下跌了8.45%；3月9日，欧洲股市主要基准股指大幅下跌，其中英国富时100指数跌7.95%、法国CAC40指数跌8.61%、德国DAX30指数跌8.46%、欧洲斯托克50指数跌逾9%；3月9日~19日，美国股市4次发生熔断，道琼斯指数跌破19000点大关；3月12日，巴西、加拿大、泰国、菲律宾、巴基斯坦、韩国、印尼、墨西哥、哥伦比亚、斯里兰卡等多个国家股市触发熔断机制。石油价格大幅下挫。3月9日，受石油输出国组织及其盟国（OPEC+）未能达成新的减产协议影响，国际原油价格重挫，布伦特原油盘暴跌30%；4月20日，纽约原油期货价格跌入负值，创历史纪录，收于每桶-37.63美元。国际贵金属价格出现大幅变动，国际黄金价格由3月9日1680.2美元/盎司跌至3月19日的1471.0美元/盎司，后又被快速拉升至4月14日的1729.7美元/盎司，黄金价格短期内的大幅波动反映了当前全球金融市场极不稳定。

4. 全球产业链、供需链受到严重冲击

2020年新冠肺炎疫情初期，国内停工、停产、停业对全球产业链供需链产生了显著冲击。3月4日，联合国国际贸易和商品司发布的《COVID-19流行病对全球贸易的影响》指出，中国制造业对于全球价值链至关重要，尤其在精密仪器、机械、汽车和通信设备相关领域，新冠肺炎疫情对欧盟（机械、汽车、化工）、日本（机械、汽车）、美国（机械、汽车、精密仪器）和越南（通信设备）影响巨大，预测我国中间产品出口规模每减少2%，将使欧盟、美国和日本相关产业分别损失约156亿美元、57.8亿美元和51.9亿美元。海外新冠肺炎疫情暴发后，全球供需链均受到严重冲击。3月，我国外贸开始面临外需不振、订单减少等突出问题。4月8日世界贸易组织发布的《全球贸易数据与展望》报告预测，受新冠肺炎疫情影响，2020年全球贸易将缩水13%~32%。

（三）新冠肺炎疫情背景下国内外宏观政策走势

1. 国外宏观政策走势

货币政策走向极度宽松。美国联邦储备委员会在2020年3月实施的调控政策在频度和力度上都甚为少见，市场利率一次性下调50个基点，为

2008年以来的最大幅度降息；在流动性注入方面，除了公开市场投放、逆回购等举措外，不设限购买美国国债和抵押贷款支持证券，将银行准备金率降至零，确保美元无限量供应（见表1）。欧洲央行宣布继续维持负利率政策，推出7500亿欧元紧急资产购买计划，保持宽松货币政策。日本在继续维持负利率基础上，也多渠道加大向市场注入流动性。此外，英国、澳大利亚、巴西、俄罗斯、韩国、马来西亚、印度尼西亚、泰国等国家也纷纷下调利率。

表1　2020年3月以来主要发达国家/经济体货币政策一览

国家/经济体	时间	政策内容
美国	3月3日	美联储宣布降息50个基点至1.00%~1.25%，同时将超额准备金率下调50个基点至1.1%
	3月15日	美联储将利率目标区间调至0~0.25%水平，并同步下调贷款贴现率至0.25%；宣布启动7000亿美元量化宽松，增加购买5000亿美元的美国国债和2000亿美元的机构抵押贷款支持证券
	3月17日	美联储重启了商业票据融资机制，购买企业在商业票据市场发行的短期债务，重启一级交易商信贷机制，向获准直接与美联储交易的金融机构短期融资
	3月18日	美联储启动了货币市场共同基金流动性工具，为企业融资提供流动性保障；宣布向投资级企业债券市场推出一级市场公司信贷工具和二级市场公司信贷工具，直接买入投资级企业债以缓解流动性紧张
	3月23日	美联储宣布将继续购买美国国债和抵押贷款支持证券以支撑美国经济抵御新冠肺炎疫情冲击，支持市场平稳运行，不设额度上限
	3月26日	美联储将存款准备金率降为0，美国银行系统理论上可以释放出无限量货币
	4月9日	美联储宣布将采取进一步措施提供高达2.3万亿美元贷款，以增强美国各州和地方政府在疫情期间提供公共服务的能力
	4月28日	美联储宣布将合格市政债券的到期时间延长至36个月，将把市政贷款工具扩展到更小的县市等
欧盟	3月18日	欧洲央行宣布将推出7500亿欧元紧急资产购买计划
	4月30日	欧洲央行宣布，第三轮定向长期再融资操作（TLTRO）利率能够低于存款机制利率50个基点，即-1%
英国	3月11日	英国央行下调基准利率50个基点至0.25%
日本	3月16日	日本央行维持基准利率在-0.1%不变，维持10年期日债收益率目标在0%附近；将ETF年度购买目标由6万亿日元提高到12万亿日元；推出新的借贷计划，将日本房地产投资信托基金购买目标提升至1800亿日元
	4月27日	日本央行宣布进一步放松货币政策，允许无限量购买国债

续表

国家/经济体	时间	政策内容
加拿大	3月4日	加拿大央行宣布基准利率即隔夜拆借利率由1.75%下调50个基点至1.25%
	3月14日	加拿大央行宣布将关键隔夜利率降低50个基点至0.75%
	3月27日	加拿大央行宣布紧急降息50个基点,将隔夜利率下调至0.25%的历史低点
澳大利亚	3月3日	澳大利亚央行降息25个基点至0.5%,创历史新低

资料来源:课题组根据公开资料整理而得。

财政刺激规模历史空前。新冠肺炎疫情暴发以来,美国连续启动了三轮经济刺激计划,是迄今最大规模财政刺激政策。其中,2020年3月27日,美国总统特朗普签署的总计21430亿美元的财政刺激法案,相当于美国年度GDP的10%,计划给满足条件的成人每人发放1200美元现金支票,每名儿童发放500美元。日本也通过史上最大规模经济刺激计划,总额达108万亿日元,相当于日本年度GDP的20%。3月25日,加拿大联邦政府宣布,符合要求的申请人将每月获得政府发放的2000加元支票,连续领4个月,共计8000加元。此外,欧盟、德国、英国、意大利、澳大利亚等国家或经济体,均出台了数额不菲的经济纾困措施(见表2)。

表2 2020年3月以来主要发达国家/经济体财政政策一览

国家/经济体	时间	政策内容
美国	3月6日	美国总统特朗普在白宫签署了83亿美元的紧急支出法案,以协助抗击美国的新冠肺炎疫情
	3月17日	参议院通过1000亿美元援助法案,用于提供免费新冠肺炎病毒测试、为受影响者提供带薪假、额外的医疗补助资金和食品援助
	3月27日	特朗普总统签署财政刺激法案,将向全美提供9540亿美元的直接援助、8490亿美元的贷款以及3400亿美元的补助,总计21430亿美元
	5月6日	美国财政部公布季度债务再融资计划,将筹资创纪录的960亿美元,其中包括570亿美元的到期债务续期
欧盟	4月9日	欧洲联盟成员国财政部长就5400亿欧元抗疫救助计划达成一致。其中,1000亿欧元用于劳动者保障项目;2000亿欧元用于向受疫情影响严重的企业提供贷款担保;2400亿欧元用于向意大利和西班牙等国政府提供低息贷款

续表

国家/经济体	时间	政策内容
德国	3月21日	德国考虑新增约3500亿欧元债务的经济刺激方案,包括约1500亿欧元的补充预算,为经济稳定基金提供1000亿欧元的资金,为企业贷款向开发银行KFW提供1000亿欧元的信贷
英国	3月13日	英国财政大臣Rishi Sunak宣布了一项300亿英镑的经济刺激一揽子计划。其中,120亿将专门用来抗击疫情;50亿将拨给英国国家医疗服务体系(NHS);70亿将用于支持英国企业和工人
日本	4月7日	日本内阁会议通过史上最大规模经济刺激计划,总额达108万亿日元,相当于日本年度GDP的20%
日本	4月20日	日本财政省宣布编制了25.7万亿日元的额外预算用于经济刺激,将支付12.9万亿日元用于向家庭派发现金
意大利	3月16日	意大利内阁通过"治愈意大利"法令,投入总资金约250亿欧元,并调动3500亿欧元贷款额度为医生、工人、家庭和企业提供援助
意大利	4月6日	意大利政府出台一系列新经济纾困措施,追加提供4000亿欧元以保证各类企业渡过难关、重整旗鼓,其中2000亿用于帮助国内市场企业,另外2000亿用于加强出口市场
加拿大	3月18日	加拿大政府宣布约占加拿大GDP总量3%的财政刺激政策,将提供270亿加元为工人和企业提供支持,以及550亿加元用于递延税款来满足加拿大企业和家庭的流动性需求

资料来源:课题组根据公开资料整理而得。

国外逆全球化和贸易保护主义倾向有所抬头。伴随国外新冠肺炎疫情日益严峻,防疫物资与医药短缺凸显制造业重要性,"全球化终结""脱钩论"等言论甚至政策倾向有所抬头。2020年3月16日,美国白宫国家贸易委员会主任纳瓦罗称,白宫正在准备将医疗供应链从国外转回美国,以降低对外国药物的依赖。4月9日,美国白宫经济顾问拉里·库德洛建议,由政府承担企业全部搬迁费用,以此赞助吸引美国企业回流。4月9日,日本拟拨出2200亿日元用于资助日本企业将高附加值产品的生产线转移回日本本土,235亿日元用于资助日本公司将其他商品的生产分布到整个东南亚地区。

2. 国内宏观政策走势

货币政策更加灵活适度。2020年以来,尤其是新冠肺炎疫情暴发后,中国人民银行通过降低准备金率、公开市场操作、设立专项贷款、增加再贷款再贴现专用额度、下调利率等手段，加大货币供给，拓宽企业融资渠道，降低企业融资成本，确保全国经济社会循环畅通。仅2月3日，央行公开市场操作投放1.2万亿元。3月31日，国务院常务会议决定进一步强化对中小微企业普惠性金融支持措施，包括增加面向中小银行的再贷款再贴现额度、支持金融机构发行小微金融债券、引导公司信用类债券净融资、鼓励发展供应链金融产品，涉及资金金额规模达3.1万亿元（见表3）。

表3 2020年以来中国货币政策一览

时间	政策内容
1月6日	下调金融机构存款准备金率0.5个百分点，释放资金8000多亿元
2月3日	公开市场操作投放1.2万亿元
2月4日	公开市场操作逆回购投放资金5000亿元
2月7日	设立3000亿元专项再贷款，中央财政按企业实际获得的贷款利率贴息50%，确保企业实际融资成本降至1.6%以下
2月26日	增加再贷款再贴现专用额度5000亿元，下调支农、支小再贷款利率0.25个百分点至2.5%
3月16日	实施定向降准，对达到考核标准的银行定向降准0.5~1个百分点，对符合条件的股份制商业银行再额外定向降准1个百分点，支持发放普惠金融领域贷款，以上定向降准共释放长期资金5500亿元
3月30日	公开市场操作逆回购操作中标利率再次下降20个基点，年初以来累计下降了30个基点
3月31日	国务院常务会议决定进一步强化对中小微企业普惠性金融支持措施：增加面向中小银行的再贷款再贴现额度1万亿元；支持金融机构发行3000亿元小微金融债券；引导公司信用类债券净融资比上年多增1万亿元；鼓励发展供应链金融产品，促进中小微企业全年应收账款融资8000亿元
4月3日	中国人民银行决定对农村信用社、农村商业银行、农村合作银行、村镇银行和仅在省级行政区域内经营的城市商业银行定向下调存款准备金率1个百分点，共释放长期资金约4000亿元
4月17日	中共中央政治局会议提出，稳健的货币政策要更加灵活适度，运用降准、降息、再贷款等手段，保持流动性合理充裕，引导贷款市场利率下行，把资金用到支持实体经济特别是中小微企业上

资料来源：课题组根据公开资料整理而得。

财政政策更加积极有为。新冠肺炎疫情发生以来，财政部、国家税务总局、中国人民银行、银保监会等部门相互配合，围绕减税降费密集出台多项举措，并提前下达部分新增专项债券，截至2020年3月31日，全国各地发行新增专项债券1.08万亿元，同比增长63%。4月17日，中央政治局会议提出"积极的财政政策要更加积极有为，提高赤字率，发行抗疫特别国债，增加地方政府专项债券"，并首次提出"保居民就业、保基本民生、保市场主体、保粮食能源安全、保产业链供应链稳定、保基层运转"的工作要求。5月22日，全国政府工作报告提出，财政赤字规模比上年增加1万亿元，并发行1万亿元抗疫特别国债；全年拟安排地方政府专项债券3.75万亿元，比上年增加1.6万亿元。

着力统筹新冠肺炎疫情防控与经济发展。一是大力畅通经济社会循环。2月19日，中共中央政治局常务委员会会议提出，要建立与新冠肺炎疫情防控相适应的经济社会运行秩序。3月20日，财政部和国家税务总局发文提高部分产品出口退税率。各地政府也纷纷出台产业扶持和纾困政策，例如广东出台了《关于统筹推进新冠肺炎疫情防控和经济社会发展工作的若干措施》，广州印发了《关于支持中小微企业在打赢疫情防控阻击战中健康发展的十五条措施》《广州市坚决打赢新冠肺炎疫情防控阻击战努力实现全年经济社会发展目标任务的若干措施》等政策。二是聚焦培育新经济新动能。4月7日，国务院常务会议提出，再新设46个跨境电商综合试验区。4月29日，中共中央政治局常务委员会会议提出，要启动一批重大项目，加快传统基础设施和5G、人工智能等新型基础设施建设。5月22日的政府工作报告要求扩大有效投资，聚焦"两新一重"领域。

（四）主要机构对全球及中国2020年经济增长的判断

新冠肺炎疫情在全球蔓延后，全球经济出现明显动荡，不确定性、不稳定性因素明显增多，多家权威机构预计全球经济将发生明显萎缩。

5月6日，欧盟委员会公布了经济增长预测数据。预计2020年全球GDP将萎缩3.5%，2021年将增长5.2%。其中，欧元区2020年和2021年的经济增速预期分别为-7%和6.3%；美国、英国2020年的经济增速预期分别为-6.5%、-8.3%。

6月8日，世界银行发布《全球经济展望》，预计2020年全球经济将下滑5.2%、人均收入降低3.6%，发达经济体经济将收缩7%，认为这将是"二战"以来最严重的经济衰退。其中，美国、欧元区、日本经济将分别萎缩6.1%、9.1%、6.1%；新兴市场和发展中经济体经济将下滑2.5%，但中国经济有望实现1%的增长。严重依赖全球贸易、旅游、大宗商品出口和外部融资的经济体受疫情冲击最大，新兴市场及发展中经济体的脆弱性也将被外来冲击放大。

6月10日，经济合作与发展组织（OECD）公布经济展望报告，预计2020年世界经济将萎缩6%，若存在第二波疫情冲击，则将萎缩7.6%；预计中国经济将萎缩2.6%，若存在第二波疫情冲击，则将萎缩3.7%。

6月16日，联合国贸易和发展会议（UNCTAD）公布《2020年世界投资报告》，预计2020年全球FDI规模将较2019年的1.54万亿美元下降40%，这将是全球FDI规模2005年以来首度回落至1万亿美元以下。

三 2020年广州经济增长主要指标预测

（一）预测思路

宏观经济计量模型通常基于经济运行系统不发生大的结构性变化并按"以历史预测未来"的思路来进行预测，由于2020年新冠肺炎疫情全球暴发且仍在持续，对世界经济造成重大的、持续的影响，经济运行体系以及要素供给、市场需求、供应链体系等都在发生巨大的、突发性变化，这种情况下不适宜沿用传统的宏观经济计量模型来预测经济增长，因此课题组采用"分行业分时段专家判断法"，按照以下步骤对2020年广州经济增长主要指标做出预测。

1. 设定预判基准

虽然新冠肺炎疫情发展和影响仍具有很大的不确定性，但预判必须基于一个相对稳定和可能的基准才能做出。课题组根据目前掌握的新冠肺炎疫情发展和影响信息，设定未来发展的最大可能情况作为预判基准，在此基础上

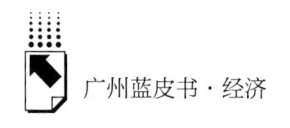

对广州经济增长主要指标进行预判。

2. 选取预判专家

从经济研究机构、经济工作部门、行业协会和企业经营者中选取熟悉广州经济运行的人士，与课题组人员组成共30人左右的预判专家组，进行"背靠背"乐观和悲观预判，之后课题组综合形成总体判断。

3. 分行业分时段进行专家预判

专家预判按照不同行业不同时段进行。行业分类标准遵循目前统计核算的行业分类标准，具体分为：农业，工业，建筑业，批发零售业，交通运输、仓储和邮政业，住宿和餐饮业，金融业，房地产业以及其他服务业（包括信息传输、软件和信息技术服务业，租赁和商务服务业，其他营利性服务业，非营利性服务业等）。时段细分为2020年一季度、二季度、下半年3个时段，其中一季度主要指标已经确定，主要对二季度、下半年的主要指标进行预判。

分行业分时段进行专家预判时，主要考虑的因素包括：①供给端，复工复产和生产要素、供应链保障情况；②需求端，国内外行业需求的影响情况；③政策影响，新冠肺炎疫情发生后国内外都出台并实施了大规模的货币、财政和行政政策，必然会影响到行业发展；④补偿性增长，部分行业在前期受到巨大影响，有可能在后期产生额外的补偿性增长。

（二）基准情形设定

国内新冠肺炎疫情发展大致遵循了"1个月的集中暴发期、2个月的经济社会重大影响期"的规律，从2020年1月下旬到2月下旬为集中暴发期，2月和3月为经济社会重大影响期，整体疫情在一季度基本控制住，从3月份开始逐步复工复产，4月初复工复产率基本达到80%~90%，工作重点转入外防输入、内防反弹的新阶段。

国外疫情发展则呈现多样性、复杂性。一是除美国以外的主要发达经济体，包括英国、法国、德国、西班牙、意大利、日本、加拿大等，疫情发展基本遵循了"2个月左右的集中暴发期、3个月左右的经济社会重大影响期"的规律，即：2020年3~4月为集中暴发期，各国新冠肺炎疫情暴发起始时间略有差异，3~5月为经济社会重大影响期，部分国家延续到6月；二是美国疫情总体不受控，目前仍难以准确预计疫情走势，但从5月份开始逐步复工复产，疫情对经济社会造成的影响总体在趋弱；三是非洲、拉美、中东、南亚、俄罗斯等人口较多、防疫能力较弱的国家和地区，目前大部分呈现疫情大暴发态势，显然会延续至下半年。

基于以上判断，课题组将预测基准情形设定如下：①国内新冠肺炎疫情基本在2020年一季度结束，之后的3个季度成功防止境外疫情输入、本土不发生大规模反弹；②除美国以外的大部分发达经济体，最迟在6月底前控制新冠肺炎疫情并基本结束疫情造成的重大影响，下半年不发生大规模反弹；③美国疫情将延续至下半年，但疫情对经济社会的影响能保持逐步趋弱的态势，至少不进一步恶化；④非洲、拉美、中东、南亚、俄罗斯等国家或地区，虽然疫情呈现大暴发态势，但由于这些国家和地区与全球其他国家的交往较少，经济占全球比重不大，中国和主要发达经济体能够成功阻断来自上述国家和地区的疫情输入途径，避免造成较大的经济社会影响。

（三）预测结果

课题组将预判专家组分行业分时段预判结果进行汇总，得到如下总体结论（见表4）。在前述基准情形设定条件下，新冠肺炎疫情影响将明显下拉广州经济增长，预计2020年广州GDP增速为0.4%~2.7%，其中，第一产业增

表4　2020年广州经济增长主要指标增速预测

单位：%

类别		GDP	第一产业	第二产业	第三产业
一季度实际值		-6.8	2.4	-17.5	-2.2
二季度	悲观判断	-0.1	2.1	1.0	-0.5
	乐观判断	2.9	2.9	5.0	2.1
下半年	悲观判断	3.6	2.3	5.3	2.9
	乐观判断	6.6	3.9	8.9	5.8
全年	悲观判断	0.4	2.3	-0.8	0.9
	乐观判断	2.7	3.5	2.1	3.0

速为 2.3%~3.5%，第二产业增速为 -0.8%~2.1%，第三产业增速为 0.9%~3.0%。

由于目前新冠肺炎疫情发展还存在较大变数，需要根据疫情发展变化来不断调整判断，若疫情实际发展及其影响相比基准情景更悲观或更乐观，则 2020 年广州经济的实际增长很可能比本次判断更悲观或更乐观。

四 对策建议

（一）统筹推进新冠肺炎疫情防控和经济社会发展工作

密切关注国际国内新冠肺炎疫情形势变化，因时因势完善防控措施，坚持在常态化疫情防控中加快推进生产生活秩序全面恢复，力争把疫情造成的损失降到最低，奋力夺取疫情防控与经济社会发展"双胜利"。一方面，要严密做好常态化、精准化疫情防控工作，及时采取更有针对性和实效性的防控措施，全面落实外防输入、内防反弹的各项部署。加强口岸边境疫情防输入工作，加快补齐外防输入的薄弱环节。积极参与新冠肺炎疫情防控国际合作，推进与有关国家、地区、城市建立联防联控机制，保障正常跨境货物运输。因地制宜、因时制宜优化完善疫情防控举措，筑牢社区防控安全屏障，巩固新冠肺炎疫情防控成效，抓好无症状感染者精准防控，做好对重点地区、重点人群、重点场所的强化监测。另一方面，要有力有序推动复工复产提速扩面，积极破解复工复产中的难点、堵点，推动全产业链联动复工，畅通产业循环、市场循环、经济社会循环。加强对国际经济形势的研判分析，及时制定有针对性的政策举措，保持国际供应链畅通，保障各类经贸活动正常开展。

（二）全力推动经济社会平稳健康发展

坚持底线思维，做好较长时间应对外部环境变化的思想准备和工作准备，加大"六稳""六保"工作力度，着力保居民就业、保基本民生、保市场主体、保粮食能源安全、保产业链供应链稳定、保基层运转，维护经济发展和社会稳定大局。一是进一步做好企业纾困工作。落实落细国家、省、市各项支持政策措施，严格落实阶段性减免企业社保费、缓缴住房公积金、减免小微企业和个体工商户增值税、降低用电用气价格、减免国有物业租金等各项扶持政策，切实降低企业运营成本，努力帮助中小微企业渡过难关。加大企业金融支持力度，通过加大贷款投放额度和力度、推出疫情专项贷款、加快贷款审批速度、延长贷款期限和付息周期、阶段性降低贷款利率、提供贴息补助等方式，帮助企业解决由新冠肺炎疫情带来的资金问题。健全、完善重点企业派驻联络员制度，协调解决企业生产过程中遇到的用工短缺、上游供应链受阻、市场订单减少、融资难融资贵等问题。二是全面强化各项稳就业措施。坚持就业优先，全面落实促进就业政策，突出做好大学毕业生、退役军人、失业人员等重点群体就业。大力开展线上招聘工作，分层次、分类别、分领域举办各种形式的线上招聘活动，加强供需对接，为企业和求职者提供"互联网+就业"服务。大力促进新就业形态发展，积极推动企业适应线上消费需求增加灵活就业岗位，促进劳动者多渠道就业。三是扎实做好普惠性、基础性、兜底性民生保障工作。稳步提高城乡低保标准、孤儿养育标准，适时发放、适度提高低收入居民价格临时补贴。继续狠抓防疫物资生产供应，全力抓好"米袋子""菜篮子"等居民生活必需品保供稳价工作。

（三）高质量推进粤港澳大湾区建设

认真落实中央部署及广东省委、省政府工作要求，聚焦《粤港澳大湾区发展规划纲要》，充分释放"双区驱动""双城联动"效应，在常态化疫情防控中高质量推进粤港澳大湾区建设。一是聚焦重点领域和关键环节。力争将疫情影响降到最低，务求完善工作要点、落实年度重点工作，聚焦制度规则衔接、基础设施互联互通、科技创新、现代产业体系、医疗卫生等重点领域和关键环节，实行项目化清单制集中攻坚推进。二是抓好重大平台和项目建设。加快推进人工智能与数字经济试验区、南沙粤港深度合作园、粤港澳大湾区生命健康产业创新区、广州期货交易所等平台项目建设。因应形势变化找准创新突破口，主动争取一批重大政策事项和平台项目。三是优化各方面沟通协调对接。加强与国家及省相关部门汇报沟通，深化与港澳等周边城市的协调对接，完善穗港、穗澳各层次常态化工作联络机制，积极争取各方面支持。全力支持深圳建设先行示范区，强化广州—佛山极点带动，加快推进更高水平广清一体化，深化与东莞、中山全面合作，服务全省"一核一带一区"区域发展新格局。

（四）充分发挥有效投资关键作用

努力扩大有效投资，发挥好投资在特殊时期的逆周期调节作用，对统筹做好新冠肺炎疫情防控和经济社会发展具有十分重要的意义。一是积极有序地推动重大项目全面开工复工。加强项目原材料供应和交通运输保障工作，打通用工、运输、原材料供应等堵点，推动钢材、水泥、砂石等上游相关建材企业尽快恢复正常供给，积极推进在建项目全面复工并加快建设进度。二是强化重大项目用地资金等要素保障。夯实土地供应计划，加快经营性用地出让节奏，适当增加年度土地供应量。努力做好用地保障工作，进一步压实属地政府主体责任，切实解决阻碍项目推进的规划调整、土地指标、征地拆迁、管线迁改等"老大难"问题。加强项目建设资金保障，落实专项债相关工作，确保交通基础设施、水环境治理、产业园区配套等领域的建设资金；加大投资企业金融支持力度，通过加大贷款投放额度和力度等方式，帮助企业解决受疫情影响产生的流动性问题。三是加快推进项目前期工作。加大新开工项目协调力度，积极推动新开工项目尽快动工，大力推进条件成熟的"十四五"规划项目提前开工。积极深化投资项目和工程建设项目审批制度改革，推进项目审批告知承诺制，促进项目落地便利化。打通审批绿色通道，利用网络技术加快技术审查。进一步优化审批流程，通过承诺审批、容缺审批等方式，全面提高项目前期工作审批效率。四是持续谋划筹备重大项目。巩固拓展基础设施、生态环保、社会民生领域的投资，积极谋划储备重大交通基础设施、医疗卫生、教育、物资保障、生态环保、城镇老旧小区改造等领域补短板项目。继续加大招商引资力度，加快谋划储备先进制造业、现代服务业等重大产业项目。进一步扩大新基建领域投资，加快谋划5G、特高压、城际高速铁路和轨道交通、充电桩、大数据中心、人工智能、工业互联网等新基建项目。

（五）大力促进消费市场平稳增长

以稳定提升大宗消费为突破口，进一步提振消费信心，带动消费扩容升级。一是加大商贸流通等领域企业支持力度。落实落细税费减免、社保缓缴等各项扶持制度，加强银商对接，加大减负、金融、财税、稳岗等支持力度；加强政企联系，发挥行业协会作用，密切关注企业经营困难，及时出台相关扶持政策，助力企业渡过难关。二是稳住传统消费和实物消费。提升产品质量，改善消费环境；落实好个人所得税专项附加扣除政策，增强消费能力；大力提振汽车消费，抓紧制定新能源汽车补贴实施细则，加快推进落实新增中小客车指标额度工作，研究推出新增指标。三是畅通消费渠道。进一步促进社区便利店商业设施的集约发展，线上线下结合促进消费，大力支持线下实体通过网络平台扩大销售，鼓励餐饮电商平台加强与小区、医院、商务楼宇等合作。四是培育壮大新兴消费。加快开发智能终端、可穿戴设备等信息消费产品，提高家政、托幼服务水平，促进文化、旅游、体育、健康、养老等服务消费扩容提质；推动人工智能、大数据、云计算、5G等新技术在零售领域推广应用，积极引进新零售新业态重点项目，鼓励发展O2O、C2B、微商、网购直播、网购短视频、无人零售等新商业模式，培育在线教育、在线办公、在线医疗、数字娱乐等消费新模式。

（六）多点发力稳住外贸外资

坚持扩大开放，采取一系列稳外贸、稳外资举措，更大发挥跨境电商独特优势，以新业态助力外贸克难前行。一要全力稳住外贸基本盘，多措并举优化进出口货物通关，统筹推进新冠肺炎疫情防控与国际贸易便利化平衡，保障外贸关口通畅；认真落实减税降费政策及出口退税政策，降低外贸经营成本与风险；拓展多元化国际市场渠道，针对共建"一带一路"沿线的重点市场，加大产品促销与展示，支持中欧班列开展多式联运和回程业务，借助网上举办第127届广交会便利，广邀海内外客商在线展示产品。二要优化进出口结构，着力稳定纺织服装、电子产品、汽车零配件的出口，加大与新冠肺炎疫情防控相关的医疗物资、软件产品与服务、人工智能、大数据及云技术应用产品的出口，加大重大领域、关键环节的重大技术设备及基础原材料的引进，保障产业链、供应链有效运转；推进外贸新兴业态发展，充分发挥跨境电商、市场采购等外贸新业态的带动效应。三要助力外资稳中向好，推动外资企业有序复工复产，优先保障外资龙头企业恢复生产供应；抓好重大外资项目落地，密切跟踪在谈大项目，推进在建大项目，协调解决困难问题，推动项目签约落地；充分发挥南沙自贸区平台作用，扩大外资准入领域，更好地发挥稳外贸、稳外资生力军的作用。

（七）加快培育壮大新经济新动能

主动把握特大疫情催生新技术、新产业、新业态、新模式的重大机遇，努力转危为机、做大做强，跑出经济社会的加速度、质量效益的大跨越。一是发挥财政效应，加大力度帮促口罩、检测设备、试剂盒等防控物资生产企业扩产转产，支持相关企业扩大产能、转产或实施技术改造，生产疫情急需防控物资及其原材料，组织关键设备制造和原材料生产开展技术攻关。二是加快发展生物医药产业，抓紧落实《广州市加快生物医药产业发展若干规定》，加强"研发机构+医院+企业"对接，支持科研机构和企业加快新药研制并在当地实现产业化，对研发出新冠肺炎有效疫苗或特效药的实施奖励，加快华南生物医药制品分拨中心建设。三是加快发展数字经济，落实《广州市加快打造数字经济创新引领型城市的若干措施》，推进5G基础设施建设大提速，围绕人工智能、大数据、云计算等数字经济核心技术，突破一批"卡脖子"关键技术，打造一批科学技术创新研究平台，提供一批创新应用场景，培育一批数字经济龙头企业，形成一批创新示范高地，加大招商引资力度，塑造数字经济发展新优势。

（八）进一步优化营商环境

坚持以构建与全球城市相适应的国际一流营商环境为目标，对标世界银行标准、深化"放管服"改革，持续优化营商环境。一是进一步提高政策的精准性、知晓率和落地率，营造沟通顺畅的政策环境。畅通政企沟通机制，吸纳中小微企业参与涉企政策制定，加强对企业真实需求的调研和指导，完善政策的事中事后评估；建立健全营商环境政策宣传发布平台，充分利用新媒体、互联网等渠道加强政策宣传，提高企业对政策的知晓度；建立自下而上的政策反馈机制，增强政策的实效性。二是进一步优化政府服务，营造更加高效透明的政务环境。以企业和群众的获得感作为改善营商环境的根本标准和评价标尺，大幅提升营商环境改革的实效，进一步提升市场主体的获得感和投资兴业的信心；着力回应市场主体关切，推行开办企业"一站式"服务，全面提升办事的透明度和可预期性，实现"准入"和"准营"同步提速。三是加强社会信用体系建设，全面构建以信用为基础的新型监管机制。进一步强化事中事后监管，构建与商事制度改革相适应的市场监管体系，规范市场秩序，营造公平竞争的市场环境；以全国企业信用信息公示系统为依托，以大数据为支撑，推动监管精准化和高效化。

参考文献

国家统计局：《2019年国民经济和社会发展统计公报》，http://www.stats.gov.cn/，2020年2月28日。

广州市统计局：《2019年广州市国民经济和社会发展统计公报》，http://tjj.gz.gov.cn/，2020年3月27日。

《2020年政府工作报告》，中央政府网站，http://www.gov.cn/，2020年5月22日。

《2020年广东省政府工作报告》，中国广东政府网站，http://www.gd.gov.cn/，2020年1月14日。

《2020年广州市政府工作报告》，中国广州政府网站，http://www.gz.gov.cn/，

2020 年 6 月 6 日。

United Nations, World Economic Situation and Prospects 2020, https://www.un.org/development/desa/dpad/wp-content/uploads/sites/45/WESP2020_BOOK-web.pdf, 2020 年 1 月。

World Bank, Global Economic Prospects: Darkening Skies, https://openknowledge.worldbank.org/bitstream/handle/10986/31066/9781464813863.pdf, 2020 年 1 月。

International Monetary Fund (IMF), World Economic Outlook Update, https://www.imf.org/~/media/Files/Publications/WEO/2020/Update/January/WEOupdateJan2020.ashx, 2020 年 1 月。

经济运行篇

Economic Operation

B.2
2019年广州工业和信息化分析及2020年展望

陈绮琳*

摘　要： 2019年，广州工业和信息产业聚焦高质量发展，完成工业增加值5722.94亿元，先进制造业增加值占规模以上制造业增加值比重达64.5%，高技术制造业增加值增长21.0%，规模以上工业单位增加值能耗下降7.5%。2020年，广州将继续强化高质量发展的政策体系建设，提升产业基础能力和产业链水平，培育壮大一批行业领军企业，推动中小企业"专精特新"发展，推进两化两业深度融合，优化拓展产业承载空间。

---

* 陈绮琳，广州市工业和信息化局一级调研员，研究方向为工业和信息产业运行监测分析及发展趋势研判。

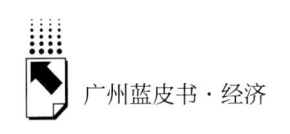

关键词： 工业发展　信息化　广州

一　2019年广州工业和信息化主要发展情况

2019年，广州工业和信息化战线聚焦高质量发展，统筹推进稳增长、补短板、调结构、促融合、优环境等各项工作，全市工业和信息化高质量发展取得初步成效。广州在全国一线城市中率先获批"全球定制之都"、国家综合型信息消费示范城市、5G商用试点城市、"2019亚太区领军智慧城市"，制造业发展获评省"优秀"等次。

（一）工信运行质效稳升

一是主要指标稳步提速。全年完成工业增加值5722.94亿元，占地区生产总值比重为24.2%（见表1）；完成规模以上工业增加值4582.95亿元，增速由上半年的3.7%提升为全年的5.1%，高于全省、北京、上海、天津、深圳、苏州，低于全国、重庆、佛山、东莞（见图1）；软件和信息技术服务业（工信部口径）营业收入突破4000亿元，达4273亿元，同比增长18.5%，比上半年增速提高4.2个百分点。二是工业产业结构进一步优化。IAB[①]、NEM[②]等新兴产业发展成效突出，全年分别完成IAB、NEM产业增加值2486.36亿元、938.88亿元，同比增长7.6%、7.1%，均高于规模以上工业增速，占GDP比重分别为10.5%、4.0%；规模以上工业企业完成高新技术产品产值9407.77亿元，占全市规模以上工业的比重为49.0%，同比提升1.0个百分点。三是高技术产业发展迅猛。全年实现高技术制造业增加值740.26亿元，同比增长21.0%，对全市规模以上工业增加值增长贡献率为57.2%。一批新产品产销良好，智能手表、智能手机、智能手环等符合消费潮流的智能化产

[①] IAB指新一代信息技术、智能装备与机器人、生物医药与健康产业。
[②] NEM指新材料与精细化工、节能和新能源产业。

2019年广州工业和信息化分析及2020年展望

表1 2019年广州工信领域主要经济指标完成情况

指标名称	单位	全年总量	增速(%) 全年	增速(%) 上半年
地区生产总值(GDP)	亿元	23628.6	6.8	7.1
全口径工业增加值	亿元	5722.94	4.8	3.4
全市国内税收收入(不含海关代征)	亿元	4639.41	3.9	1.2
其中:工业税收	亿元	1395.38	-5.9	-4.7
信息传输、软件和信息技术服务业税收	亿元	218.87	1.8	-2.8
全社会用电量	亿度	1005.58	7.3	3.9
其中:工业用电量	亿度	453.44	3.8	1.2
制造业用电量	亿度	338.29	2.7	-0.5
电信业务总量	亿元	2476.63	58.8	84.8
本外币贷款年末余额	亿元	47103	15.6	19.6
其中:制造业贷款余额	亿元	2456	19.5	29.9
全市固定资产投资	亿元	6920.21	16.5	24.8
其中:民间投资	亿元	2805.56	27.8	41.3
工业投资	亿元	1037.95	9.1	22.7
技改投资	亿元	367.69	43.0	57.9

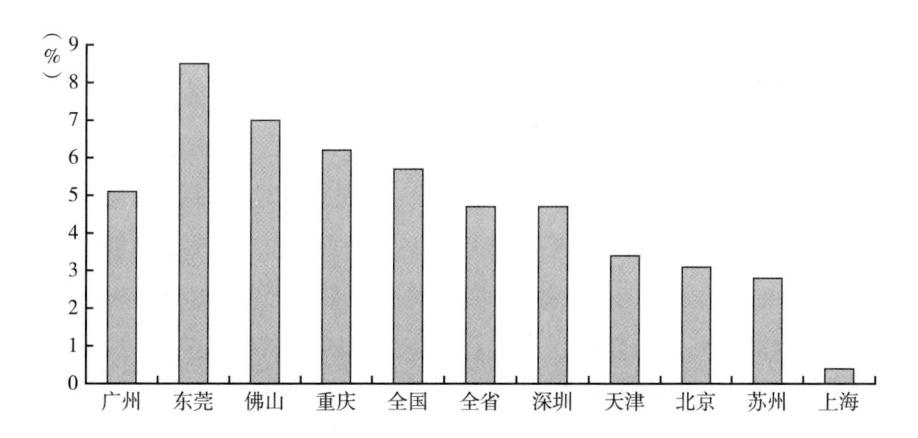

图1 2019年全国、全省及主要城市规模以上工业增加值增速

品产量分别增长2.4倍、2.2倍和18.3%；移动通信手持机（手机）、平板电脑、电子计算机整机等电子产品产量分别增长1.1倍、68.4%和48.1%；新材料产品中锂离子电池产量增长32.1%；医疗仪器设备及器械增长26.5%。四是研发投入比重提高。全市规模以上工业企业研发费用达269.62亿元，增长48.8%，研发费用占企业四项费用的比重达13.2%，比上年同期提高3.6个百分点。五是工业产销衔接良好。规模以上工业产销率为99.4%，同比提高0.4个百分点，高出全省2.0个百分点。六是企业生产效益继续改善。全员劳动生产率（39.22万元/人）同比增加3.24万元/人；企业负债率为49.1%，低于全国（56.6%）、全省水平（56.5%）；产成品存货同比下降2.5%，同比回落17.8个百分点。

（二）转型升级成效明显

一是制造业创新中心加快建设。组建省高档数控机床及关键功能部件创新中心、CPS离散制造数字化创新中心、智能家电创新中心，全市累计有1家国家级、8家省级制造业创新中心；广东聚华印刷发布全球首台31英寸UHD顶发射印刷H–QLED样机。二是智能制造和技术改造加快推进。推进实施智能制造工程，鼓励企业开展智能工厂、智能管理、智能服务等试点示范及应用推广，支持239个技改项目，建成72个国家和省级智能制造项目、103个国家级绿色制造示范项目。三是消费工业提质升档成效明显。实施产业链价值链升级行动，推进白云区、花都区等一批化妆品产业集聚示范区建设，将番禺区"广作家具"、新中式家具和定制家具集群列入省重点培育对象，越秀区被评为"中国服装商贸名城"。四是绿色制造试点示范加快实施。全市累计有25家绿色工厂、78项绿色设计产品、7家工业节能与绿色发展评价中心、1家绿色供应链管理企业入选工信部绿色制造示范名单，数量居全国前列；大力推动企业开展清洁生产，创建清洁生产企业304家，全市规模以上工业单位增加值能耗下降7.5%。五是智能网联汽车产业取得新突破。启动建设国家车联网先导区，颁发首批24张自动驾驶测试牌照、20张载客测试运营牌照。相继引进恒大整车、动力电池、电机项目，日本电产、株洲半导体合资集成电驱动系统及关键零部件项目。2019年，广州市汽车产量达292.26万辆，居全国城市第一，产量占全省产量的90%以上；新能源汽车产量达6.06万辆，增长114.7%。六是两化两业融合赋能稳步实施。搭建标识解析公共服务平台、工业互联网产业联盟广州分盟，支持161家工业企业"上云上平台"；持续推进服务型制造示范城市建设，广州成为首批"全球定制之都"案例城市，定制家居行业占全国市场份额的16%左右；积极发展工业设计，加快建设"广州设计之都"综合体和"生态设计小镇"。

（三）信息经济领先发展

一是智慧城市建设加快推进。引入云从科技开展人机交互场景应用，智慧城市"一卡通"应用平台投入试用，建设穗腾智慧平台，研发建设智慧城轨大脑、智慧服务城市支撑平台，广州荣获"2019亚太区领军智慧城市"和"2019中国领军智慧城市"荣誉称号。二是工业互联网取得新进展。企业"上云上平台"步伐加快，19个工业互联网标识解析二级节点接入国家顶级节点（广州），接入企业数量达174家，在全国5个顶级节点中领先。三是软件和信息技术服务业发展提速。信息技术服务收入占软件业务收入比重超七成，同比提高7个百分点，大数据、云计算等新一代信息技术服务收入增速均超过21%；信息安全产品业务收入增长22.0%，高于软件行业平均增速3.2个百分点，其中工控安全业务收入增长26.3%，有力支撑工业互联网产业快速发展。四是高清视频产业发展成效突出。实施超高清视频产业行动计划，启动越秀区花果山超高清视频产业特色小镇及全球超高清视频演示展示中心建设，全市建成18个4K电视网络应用示范社区，成功研发全国首台超高清超高速摄像机和5G+8K摄录一体机；液晶显示屏年产量达9599万片，增长12.5%。成为全国超高清视频产业核心发展区域之一。五是信息基础设施加快建设。5G场景试点示范全面铺开，全市建成20246个5G基站、智慧灯杆302根，培育示范应用项目130余项，集聚5G产业相关企业60余家，广州5G产业园

成为广东省首批5G产业园。电信业务总量在上年高基数基础上仍大幅增长58.8%。

（四）发展后劲继续夯实

一是项目培引力度不断加大。广州举办、承办了"2019世界超高清视频产业发展大会"、5G创新发展大会、工业互联网大会、OLED产业大会、智能工业大会、智能网联汽车技术大会、世界生态设计大会等10余场重大活动，与华为、云从科技签署战略合作协议，新引进马斯特智能装备、乐药信息科技、骑安科技、创维智能产业创新基地、恒瑞医药产业化基地、紫光南方存储、恒大新能源汽车、宝能新能源汽车产业园、维信诺第6代AMOLED模组等一批重大项目落地，2019年60个工信领域重大投资项目完成投资额1252亿元。二是工业投资上新台阶。全年工业投资额首破1000亿元，同比增长9.1%；技术改造投资迅猛增长，同比增长43.0%，占工业投资比重35.4%。三是新投产企业产能逐步释放。粤芯芯片、乐金光电科技（8.5代）等62家企业投产，全年新增产值86.95亿元，其中粤芯12英寸晶圆项目填补广州制造业"缺芯"空白。四是发展空间实现新拓展。建设十大价值创新园区，已全部编制控制性详细规划和产业规划，启动工业产业区块划定，全市划定总规模为621平方公里的工业区块；整治提升村级工业园，建立2705个村级工业园数据库、132平方公里的村级工业园全量落图，完成清理整治"散乱污"场所39179个，打造天河智汇PARK、海珠唯品同创汇、黄埔纳金大数据产业园等示范园区，全年完成730公顷土地整治任务，为工信领域发展腾出新空间。

（五）粤港澳大湾区现代产业体系加快构建

一是强化产业要素协同。聚焦关键环节，强化政策支持，出台《广州市协同构建粤港澳大湾区具有国际竞争力的现代产业体系行动计划》，提出开展先进制造业高质量发展、战略性新兴产业引领壮大等"九大行动"，全力构建以高质量发展为主线，以先进制造业、战略性新兴产业为主导的

"1596"现代产业体系,建立166个现代产业体系重点合作项目库。二是积极推动粤港澳大湾区城市间产业合作。推动广佛、广深、广清产业合作;研究构建广州制造业高质量发展综合评价指标体系,搭建制造业高质量可视化平台,时时"把脉"产业,定期"体检"企业,对症施策,倒逼质量效益提升。

(六)激发民营企业新活力

一是服务机制体制不断完善。修订"民营经济20条",29名市领导直接挂点联系重点民营企业,协调解决81项企业发展诉求,切实打通服务民营企业的"最后一公里",促进政策发挥实效。2019年末,民营经济市场主体达到220万户,同比增长13.5%;"小升规企业"1014户;全市民间投资2806亿元,同比增长27.8%,同比提速36.9个百分点。二是持续缓解融资难题。强化金融对民营经济的支持力度,完善中小微企业融资再担保体系,用好中小企业发展基金,新成立广州工业互联网基金、人工智能基金、物联网5G基金,安排2.4亿元补贴企业融资,1000余家企业与金融机构实现精准对接,全市累计新增再担保业务规模17.57亿元,新增11家民营上市企业,民营上市企业累计达129家。三是构建三级服务网络。设立首批100家服务站,举办"小企业 大未来"中小企业巡回课堂,持续完善"市、区、集聚区(商协会)"三级服务体系,2019年全市新增5家省级示范平台(基地),广州高新技术产业开发区被评为国家"大中小企业融通型"特色载体;同时,落实民营中小企业账款清欠工作,多手段协调化解分歧,加快清偿进度,截至2019年12月,清偿进度为98%左右。

二 2019年工业和信息化领域面临的主要问题

2019年,广州经济面临的内外部环境发生了深刻而复杂的变化,内需增长动力减弱,结构调整阵痛凸显。广州工信领域的发展正处于爬坡过

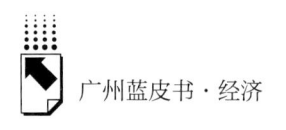

坎、动能转换的关键时期,工业发展中的矛盾未有实质改善,面临较大增长压力。

(一)工业占GDP比重降幅偏大

近几年,全国、主要城市工业占比呈逐步下降态势,但广州的工业占比下降较快。2019年,全市工业增加值占GDP比重为24.2%,低于上海(25.3%)、重庆(28.2%)、深圳(35.6%),高于北京(12.0%);与2015年比,广州回落6.0个百分点,大于北京、上海、深圳,小于重庆。

(二)产业发展不平衡矛盾凸显

一是制造业增速放缓。全市规模以上工业增长主要由电、气、水生产供应业支撑。相比之下,制造业总产值仅增长3.0%,31个制造业行业中有9个行业负增长,其中纺织业、服装服饰业、皮革制鞋业等行业持续负增长,合计拉低全市工业增长0.4个百分点。二是"三大支柱产业"动力明显减弱。汽车、电子、石化等"三大支柱产业"产值低于制造业平均增速1.5个百分点,比上年回落2.5个百分点,对全市规模以上工业产值拉动作用从上年的2.2个百分点降到0.8个百分点。三是创新能力尚需加强。与北京、上海、深圳等国内自主创新先进城市相比,广州R&D经费投入偏低,现有创新资源活力尚未得到有效激发,校企联动推动创新成果转化活力不足。四是"缺芯少核"问题较突出。汽车核心元器件、高端芯片、工业配件、关键设备等依赖进口,基础能力不足和受制于人的现状依然存在,对制造业产业链、供应链安全带来极大挑战。

(三)企业经营压力仍然较大

一是企业产值下降面占比较高。规模以上工业企业中,产值同比下降的企业(2386家)占全市比重47.6%,其中百强企业中有28家产值下降。二是成本增长较快。受主要原材料、用工成本上升等影响,规模以上工业营业成本增长(4.1%)继续高于收入(3.9%)0.2个百分点,每百元营业收入成本（82.80元）同比增加0.20元，高于全国（0.18元）水平，企业的利润空间被挤压。三是企业总体盈利水平有所下滑。营业收入利润率从上年的7.3%下降至6.7%，较全省和深圳分别提升0.2个和0.9个百分点。2019年2月起，全市规模以上工业企业利润总额持续负增长，全年下降4.8%，降幅大于全国（-3.3%）。

（四）工业新增动力稍显不足

2019年，全市新投产规模以上工业企业62家，虽然新投产项目数量比2018年的20家有所增多，但合计实现产值仅86.91亿元，对全市规上工业总产值增长的贡献率为10.1%，拉动全市规模以上工业增长0.5个百分点，对工业经济增长的带动作用仍然有限。此外，中美经贸摩擦升级，对有出口美国业务的800多家企业负面影响显现，如果考虑产业链配套企业受损，则影响全年工业增速近1个百分点。

三 2020年广州工业和信息化领域发展展望

2020年初，新冠肺炎疫情肆虐，全国大部分城市停产、停业、停学，限制人流、物流等一系列防控措施对国内经济短期负面影响明显；随着疫情在多国蔓延，对全球经济的影响还有待观察。受此影响，一季度广州工信领域受到严重冲击，企业开工比正常年份延期10天以上，复工后普遍存在员工到岗不足、企业产能利用率较低、原材料价格上涨、供应链不匹配、资金链紧张等问题，导致生产能力在一季度难以完全恢复，经济下行压力极大。2月份中国PMI指数跌至有资料以来的最低点，其中制造业PMI指数为35.7%，非制造业商务活动指数为29.6%，显示短期内企业、消费者信心有待恢复。

为提振信心，帮助企业纾困解难，国家、省、市纷纷出台一系列减费降税、刺激消费的政策措施，例如广州出台的《广州市坚决打赢新冠肺炎疫情防控阻击战 努力实现全年经济社会发展目标任务的若干措施》，包含了48条举措，从物资供给、企业复工复产、重点项目建设等多个领域推进经

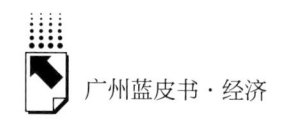

济社会发展。特别针对汽车消费，落实新增10万个汽车指标额度，对新能源汽车、二手车置换"国六"新车等给予最高1万元的综合性补贴等举措。《关于支持中小微企业在打赢疫情防控阻击战过程中健康发展的十五条措施》，针对疫情带来的不利影响，结合广州实际，提出覆盖更广、措施更全、施策更准的政策措施，从融资支持、降低融资成本、减免缓缴税费、减免场地租金、降低电商费用、加快资金拨付、开展暖企行动等多方面帮助企业渡过难关。

随着国内新冠肺炎疫情的有效控制，上下游供应商产业链条逐步恢复，民众消费需求补偿性反弹等，企业有望通过加班补产、创新业态、转型升级等方式尽量弥补损失，2020年第二季度将逐步恢复，下半年预计回归正常。展望2020年，工业发展面临的内外部环境发生了深刻而复杂的变化，广州乃至国内经济处于结构调整、转型升级的攻关期，市场需求不足、产品价格回落等内部因素影响，叠加世界经济分化加剧、贸易保护主义未能消除等国际经济因素作用，呈现稳中有进、稳中有变、稳中有压的态势，要实现预期目标需要付出极其艰巨的努力。

四 2020年广州工业和信息化领域发展重点任务

（一）推进产业结构优化

认真落实全市先进制造业强市推进大会会议精神，加快发展"七大先导产业"。一是汽车及汽车电子产业，创建车联网先导区、汽车电子园，建设智能网联汽车电子系统集成产业综合基地、广汽新丰封闭测试场和环大湾区车路协同试验网，打造集芯片、软件、传感器及终端设备为一体的新能源汽车智能化全产业链体系，积极推进智能网联汽车产业集群建设落地。二是超高清视频产业，加快建设花果山超高清视频产业特色小镇，打造超高清视频和智能家电国家级先进制造业集群。三是集成电路产业，加快建设集成电路公共服务平台，优先整体引进晶圆制造工厂、设计企业，自主培育封装测试企业，打造完整核心产业链。以功率半导体、传感器等特色工艺芯片为突破口，打造集成电路特色芯片产业集聚优势。四是软件和信息技术创新应用产业，大力推进国家工业软件适配中心建设，推动国家首批综合性信息消费示范城市建设，创建国家人工智能先导区。五是高端装备制造业，推进高端装备产业集群建设，引导传统装备生产企业通过自主研发或与工控、系统软件企业联合攻关，加快促进首台（套）推广应用。六是现代都市消费工业，持续推进绿色食品、时尚服饰、化妆品、灯光音响、珠宝等传统产业企业技术改造，加强"湾区制造"品牌培育，加快建设白云区、花都区化妆品产业生产基地，推动谋划布局生命健康产业。七是生产性服务业，落实《广州市推动规模化个性定制产业发展 建设"定制之都"三年行动计划（2020—2022年）》，打造白云设计之都和从化生态设计小镇，建设定制家居产业集群线上公共服务平台，提升"全球定制之都"影响力。

（二）提升产业基础和产业链水平

一是推动新型基础设施建设。出台《广州市加快推进数字新基建发展三年行动计划》，重点推进"5G、人工智能、工业互联网、充电基础设施"四大领域专项行动，打造"十大新基建试点示范项目"，以融合应用为突破，以区域示范为牵引，以数据内容为要素，以人才集聚为根本，以生态构建为支撑，加大政策支持和组织保障，催生我市发展新基建的头雁效应。二是大力开展稳产业链供应链工作。深入摸查重点汽车、高清显示、集成电路等重点产业链供应链现状、存在问题，研究全产业链支持对策措施，分类施策增强产业链关键环节和优质企业根植性，有效防范化解风险挑战。三是高质量打造制造业创新中心，加快建设聚华印刷及柔性显示国家制造业创新中心，完善"产学研用"创新联动机制，推进工信部制造业创新成果产业化中心在广州试点。

（三）发展壮大市场主体

一是大力培育骨干企业，实施大型骨干企业培育计划，支持本土龙头企业增资扩产、做强做大，培育一批具有行业影响力和控制力的创新型领军企业、一批占据产业链核心的"小巨人"和"单打冠军"。二是推动中小企业"专精特新"发展，完善"两高四新"企业培育库，建立企业上市梯队和企业库，支持中小企业到主板、新三板、区域股权交易市场挂牌融资。三是支持民营企业发展壮大，建立服务民营企业长效工作机制，发布广州民营企业百强榜。深入落实民营经济20条，完善"小升规"重点企业培育机制，推动一批企业实现小升规、规升巨，培育"专精特新"小巨人。四是支持企业融合发展，开展中小企业智能化改造和数字化赋能专项行动，加快工业互联网创新应用，鼓励标识解析行业二级节点开发提供轻量化、快部署标识解析行业解决方案，打造一批具备行业影响力的"工业互联网+节能"综合服务平台。推进广州5G发展，打造省级5G产业园，加快智慧灯杆建设。深入开展绿色制造、军民融合，打造一批示范企业。

（四）拓展升级产业载体

一是整治提升村级工业园，完善"一图一册一表"和统筹协调机制、政策体系，强化项目引进和产业导入，形成一批典型示范。鼓励黄埔、南沙、增城等外围城区加大政府收储、连片改造力度。二是清理整治"散乱污"场所，加快构建"散乱污"场所清理整治常态化工作机制，提升信息技术监测管理水平。三是持续推进十大价值创新园区建设，打造六大千亿级产业集群，建设四个国家新型工业化产业示范基地，总结评估十大价值创新园区政策实施效果，建立价值创新园淘汰退出和新增机制。四是管好用好工业区块，强化全市产业规划、产业政策与工业产业区块对接，推动资本、人才、创新等产业要素向工业产业区块集中。

（五）强化规划和政策支撑

一是认真落实我市构建粤港澳具有国际竞争力的现代产业体系行动计划，建设粤港深度合作园、粤澳合作葡语国家产业园、穗港智造特别合作区，共建广佛四个万亿级产业集群。二是编制全市工业和信息化发展"十四五"规划，加强市区联动、部门协同，出台软件和信息技术服务业、区块链、汽车转型升级等一批产业政策。三是推进实施制造业高质量发展综合评价指标体系，搭建监测可视化平台，多元探索创新数据获取及应用模式，引导资源要素向优质企业和高效区域集聚。四是优化营商环境，启动电力营商环境3.0改革，持续推动制造业降本增效。强化舆论宣传，加强政策宣传和解读，多维度展现先进制造业强市建设的亮点和成效。

（六）夯实工信发展基础

一是细化服务促企业复产满产。坚持疫情防控与企业复工复产"两手抓"，全力推动重点防控物资生产。落实落细"中小微企业打赢疫情防控阻击战十五条"等支持政策。通过打造"企业服务直通车"、开设"政策直播间"、设立制造业直播"带货"专场等多方式帮助企业拓市场，提高防范风险和守法经营能力。二是强化投资稳增长作用，市区联动构建工业及技改投资工作常态化机制，引导资金投向先进制造业领域，鼓励金融机构加大支持实体经济的力度。三是引进培育制造业重大项目。围绕主导产业加强靶向招商、产业链招商，引入一批龙头企业，促进广汽智能网联新能源汽车、乐金OLED、粤芯芯片、维信诺等项目释放更大产能。

参考文献

工信部信息通信管理局：《加快新型基础设施建设 拓展融合创新应用》，《中国电子报》2020年3月24日，第002版。

田野、张义：《国家工业互联网大数据中心是工业互联网创新发展"新引擎"》，《中国电子报》2020年3月24日，第003版。

史丹：《"十四五"时期中国工业发展战略研究》，《中国工业经济》2020年第2期。

广州市统计局：《2019年广州市国民经济和社会发展统计公报》，http://tjj.gz.gov.cn/tjgb/qstjgb/content/post_5746648.html。

B.3
2019年广州商贸流通业发展情况及2020年展望

欧江波 伍 晶*

摘 要： 2019年广州批发零售业总体平稳，交通运输业增长基本稳定，进出口总值低速增长，实际使用外资加快增长。展望2020年，新冠肺炎疫情对商贸业短期冲击影响大，但不影响长期向好消费形势；粤港澳大湾区建设提速，广州核心引擎作用将更加凸显；5G商用全面启动促进"ABC"科技产业发展，"智能+"消费生态体系加快构建；营商环境持续优化，促消费、稳外资政策密集出台，商贸流通业机遇与挑战并存，建议从推动消费市场平稳增长、加快培育和发展新动能、多措并举稳外贸促外资、营造良好政策环境等方面促进广州商贸流通业进一步发展。

关键词： 商贸流通 营商环境 广州

一 2019年广州商贸流通业发展状况

2019年广州着力推动高质量发展、加强高水平治理、创造高品质生活，推进粤港澳大湾区建设，支持深圳建设中国特色社会主义先行示范区，加快

---

* 欧江波，广州市社会科学院数量经济研究所所长、副研究员、博士，研究方向为宏观经济、城市经济、房地产经济；伍晶，广州市社会科学院数量经济研究所副研究员。

实现老城市新活力,加快建设具有独特魅力和发展活力的国际大都市,营商环境进一步优化,城市发展能级和核心竞争力进一步提升,全球重要综合交通枢纽功能进一步完善。全年商贸流通业实现增加值5059.44亿元,占GDP的21.4%,占第三产业增加值的29.9%。其中,批发和零售业、物流业、住宿和餐饮业实现增加值分别为3237.68亿元、1372.64亿元、449.12亿元,分别增长6.3%、5.4%、2.7%,增速较上年分别提高1.6个、0.1个、1.0个百分点。

(一)批发零售总体平稳

2019年广州实现社会消费品零售总额9975.59亿元,增长7.8%,增速高于上海(6.5%)、北京(4.4%)、深圳(6.7%),同比提高0.2个百分点。实现批发和零售业商品销售总额71385.68亿元,增长9.6%,增速同比回落2.1个百分点。

从行业来看,批发零售业保持平稳,住宿餐饮业增长提速。2019年全市实现批发零售业零售额8705.42亿元,增长7.7%,增速较上年回落0.2个百分点;住宿餐饮业零售额1270.17亿元,增长8.1%,增速同比提高2.3个百分点。在商旅文深度融合等积极因素带动下,广州城市吸引力不断增强,中秋假期全市接待游客同比增长11.1%,国庆小长假期间接待游客同比增长10.3%,加上夜间经济蓬勃发展,带旺了住宿餐饮消费。新模式新业态培育壮大,限额以上批发和零售业网上零售额增长12.9%;网络订餐方式广受欢迎,限额以上住宿餐饮企业通过公共网络实现的餐费收入增长1.7倍,对全市餐费收入增长的贡献率达到83.6%。

从商品结构看,品质化类消费增长势头较好,消费升级类商品保持旺销。中西药品类、金银珠宝类快速增长,增幅分别为34.0%、28.9%;日用品类、化妆品类增长10%~20%,分别增长17.5%、14.8%;粮油食品类、通信器材类稳步增长,汽车类基本持平。家用电器和音像器材类降幅超过10%,但降幅有所收窄;石油及制品类、服装鞋帽针纺织品类、体育娱乐用品类均由上年保持增长转为下降,增速同比分别回落了20.9个、10.8个、6.1个百分点。

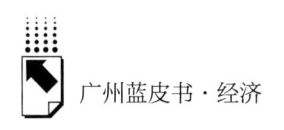

（二）交通运输增长基本稳定

2019年广州完成货运量13.62亿吨、货物周转量21829.14亿吨公里，分别增长6.6%、1.6%，增速同比回落2.2个和提高0.5个百分点，其中公路货运表现良好，货运量、货物周转量分别增长7.7%、7.8%；完成客运量4.98亿人次、旅客周转量2375.85亿人公里，分别增长3.7%、8.2%，增速同比回落2.4个、1.6个百分点，其中铁路、航空客运量分别增长8.8%、8.1%。电子商务拉动快递业快速增长，2019年广州实现邮政业务收入683.84亿元，增长32.0%，增速同比提高6.3个百分点。

交通枢纽功能增强。白云国际机场旅客吞吐量突破7000万人次、增长5.2%，机场货邮行吞吐量达254.85万吨、增长2.2%，开通国际航线115条，其中国际航段增长8.0%；广州港国际大港辐射力持续提高，已开通集装箱航线217条、外贸航线111条，完成港口货物吞吐量突破6亿吨、增长12.3%，完成集装箱吞吐量2322.30万标准箱、增长6.0%，其中外贸集装箱吞吐量增长10.4%。

（三）进出口总值低速增长

2019年广州实现商品进出口总值9995.81亿元，增长1.9%，增速同比提高0.9个百分点。其中，商品进口4737.83亿元，增长12.7%，增速同比提高5.6个百分点；商品出口5257.98亿元，下降6.2%，增速同比回落3.0个百分点。进口增势良好主要由于投资拉动设备进口、减税刺激进口消费需求，而出口进一步下滑主要受市场采购大幅下降影响。

从贸易方式看，保税物流进出口快速增长，一般贸易进出口平稳增长，而加工贸易进出口有所下降。2019年广州实现一般贸易进出口4893.15亿元，增长6.6%，增速同比提高2.0个百分点，占全市进出口总额的49.0%，比重较上年提高2.2个百分点。实现加工贸易进出口2492.02亿元，下降6.1%，增速同比回落3.0个百分点，占全市进出口总额的24.9%，比重较上年下降2.2个百分点。实现保税物流进出口1120.45亿元，增长24.8%，增速同比提高11.3个百分点，占全市进出口总额的11.2%。

从市场结构看，对日本、欧盟、东盟进出口分别增长15.1%、13.7%、1.6%；对中国香港、美国进出口分别下降8.9%、16.8%，中美贸易摩擦的影响较为明显。其中，除对欧盟出口略有增长（0.9%）外，对美国、中国香港、日本、东盟出口均有下降，降幅分别为15.7%、10.0%、5.9%、5.2%；自欧盟、日本、中国香港、东盟进口均保持较快增长，增幅分别为30.0%、21.7%、19.2%、12.4%，而自美国进口下降18.7%。

从商品结构看，机电产品、高新技术产品出口均下降，而进口增长较快。机电产品出口2699.03亿元，下降4.3%，降幅同比收窄0.8个百分点，占全市出口总值的51.3%；进口2304.85亿元，增长16.3%，同比提高1.2个百分点，占全市进口总值的48.6%。高新技术产品出口832.59亿元，下降3.6%，降幅同比收窄9.4个百分点，占全市出口总值的15.8%；进口1494.77亿元，增长25.3%，增速同比提高14.4个百分点，占全市进口总值的31.5%。

（四）实际使用外资加快增长

2019年广州新设立外商直接投资企业3446家，比上年有所减少，降幅为35.9%；实际使用外资71.43亿美元，增长8.1%，增速同比提高3.0个百分点；合同外资达395.29亿美元，下降1.1%。

从项目结构看，大项目发挥重要作用。投资总额5000万美元以上的外商投资项目涉及合同外资占全市比重超过65%，包括恒大新能源汽车投资控股集团有限公司、广州乐药信息科技有限公司、广州宸祺出行科技有限公司、广东小鹏汽车科技有限公司等重点项目，5000万美元以上的外商投资项目实际使用外资占全市比重超过80%。从投资形式看，外资企业增资稳定。外商投资广州的信心不减，外商投资企业增资扩股相对稳定，其中387家外商投资企业合同外资增加，涉及合同外资45.13亿美元，同比基本持平，占全市合同外资总额的17.3%。从投资来源地看，实际使用外资主要来源于中国香港。直接来源于中国香港的实际使用外资增长21.2%，占全

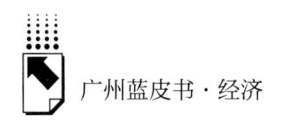

市实际使用外资总额的64.6%；而共建"一带一路"国家和地区在广州实际投入增长30.0%。从投资区域看，自贸试验区、国家级开发区成为广州高水平利用外资重要平台，其中广东自贸区南沙新区片区和三个国家级开发区实际使用外资占全市比重超过65%。

二 2020年广州商贸流通业发展环境分析和趋势展望

（一）行业发展环境

疫情对商贸业短期冲击影响大，但不影响长期向好消费形势。2020年伊始新冠肺炎疫情对全球生产和需求造成全面冲击，全球制造业、旅游业及金融市场等均受到较大冲击，世界经济下行压力再度加大。多个国际组织下调世界经济全年增速预期，其中，经合组织将全年增速预期调为降至2.4%；国际货币基金组织预计2020年世界经济增速将低于2019年；国际金融协会预计2020年世界经济增速可能接近1%，陷入金融危机以来最低值；世贸组织经济学家预测，经济衰退及失业现象会比2008年全球金融危机时更严重，贸易将严重下滑。联合国贸发会议预测，受新冠肺炎疫情影响2020年全球跨国投资将下降5%~15%。国内疫情防控形势持续向好，生产生活秩序加快恢复态势不断巩固和拓展，统筹推进防控和经济社会发展工作取得积极成效。2020年是我国全面建成小康社会和"十三五"规划收官之年，政府决战决胜脱贫攻坚战的决心和力度未变，内地的消费本土化方兴未艾。2019年国家出台政策鼓励"夜间经济"，多个城市落地鼓励措施；实体零售受到疫情的冲击但活跃的线上销售将托底消费增长，外贸短期承压但服务贸易将保持长期增长；消费结构短期内改变较为显著，大部分消费从线下转向线上，餐饮消费转向家庭消费；政府已出台针对交通运输、旅游酒店和餐饮等受影响严重行业的减税、贴息等刺激性财政政策，或将采取更具支持性的货币政策以稳定经济并带动其在下半年疫情结束后快速复苏。

粤港澳大湾区建设提速，广州核心引擎作用将更加凸显。伴随我国经济规模的持续扩大，经济发展进一步突破空间约束的内在要求不断增强，区域经济一体化明显呈加快趋势。《国家发展改革委关于培育发展现代化都市圈的指导意见》《中共广东省委　广东省人民政府关于贯彻落实〈粤港澳大湾区发展规划纲要〉的实施意见》《中共广东省委　广东省人民政府关于构建"一核一带一区"区域发展新格局促进全省区域协调发展的意见》等一系列政策文件为珠三角城市群合作与发展明确了指导方向，提供了良好的政策环境。随着粤港澳大湾区规划的实施和港珠澳大桥、南沙大桥、深中通道及轨道交通等重大基础设施建设与启用，粤港澳大湾区正加速一体化，基础设施互联互通、产业创新协同发展、社会治理融合互补，大湾区正成为我国建设世界级城市群和参与全球竞争的重点区域，成为深化改革开放、构建开放型经济新体制的重要平台，这将对广州经济社会发展和国家中心城市建设产生深刻和深远的影响。粤港澳大湾区发展规划和广东省构建"一核一带一区"区域发展战略，都提出要强化广州核心驱动作用，这将有力推动广州的基础设施建设、现代产业构建、服务功能提升、文化融合发展和体制机制创新，进一步增强广州的区位优势、服务优势、政治优势和文化优势，进一步凸显广州在粤港澳大湾区的核心引擎作用。

5G商用全面启动将促进"ABC"科技产业发展，"智能+"消费生态体系加快构建。2020年5G全面商用将推动人工智能（AI）、区块链（Blockchain）和云计算（Cloud Computing）三大科技产业（简称"ABC"）加速发展。利用5G技术对有线电视网络进行改造升级，将实现居民家庭有线无线交互，大屏小屏互动。"互联网+"消费生态体系不断完善，"智慧商店""智慧街区""智慧商圈"不断涌现，线上线下融合的新消费体验馆持续促进消费新业态、新模式、新场景的普及应用。"互联网+社会服务"消费模式将促进教育、医疗健康、养老、托育、家政、文化和旅游、体育等服务消费线上线下融合发展。虽然在新冠肺炎疫情影响下，社会经济活动短暂停摆，不同行业均受到不同程度影响，但同时也促进了"云经济"的发展。智慧型城市管理和高新技术嵌入的行业需求将得到提升，围绕AI、5G、大数据、VR/AR等技术将产生新的商机，在线生活方式加速崛起。

营商环境持续优化，促消费、稳外资政策密集出台。为持续优化营商环境，不断解放和发展社会生产力，加快建设现代化经济体系，推动高质量发展，我国优化营商环境的第一部综合性行政法规《优化营商环境条例》于2019年10月公布，自2020年1月1日起施行。2019年12月中国社会科学院、中国社会科学院科研局、中国社会科学院社会学研究所、社会科学文献出版社联合发布《中国营商环境与民营企业家评价调查报告》，从企业家对营商环境主观评价的角度，对全国34个主要城市进行评估，2018年广州营商环境综合评分排名第一。广州在粤港澳大湾区四大核心城市中面积最大、人口最多，腹地支撑广阔，内需潜力强劲，是世界第五大港口、中国第三大航空枢纽以及中国重要的通信枢纽、互联网交换中心和互联网国际出入口。广州在营商环境、市场秩序、管理服务等办事规则方面成熟规范，与国际接轨，为高层次人才前来广州创业提供了良好的商业基础和广阔的市场环境。为减缓新冠肺炎疫情冲击，尽快恢复生产和稳定经济秩序，国家、广东省、广州市均出台了一系列政策。2020年2月国家发改委等23部委联合出台《关于促进消费扩容提质加快形成强大国内市场的实施意见》，提出促进消费扩容提质，加快形成强大国内市场的六大方面19项政策举措；国家发改委印发《关于应对疫情进一步深化改革做好外资项目有关工作的通知》，通过深化改革、完善政策、优化服务来做好稳外资工作；商务部印发《关于应对新冠肺炎疫情做好稳外贸稳外资促消费工作的通知》；广东出台《关于统筹推进新冠肺炎疫情防控和经济社会发展工作的若干措施》；为促进全省文化旅游体育业平稳健康发展，广东还调剂安排4亿元专项资金用于文旅企业应对新冠肺炎疫情、缓解生产经营困难，振兴市场；广州市也相继印发了《广州市坚决打赢新冠肺炎疫情防控阻击战努力实现全年经济社会发展目标任务的若干措施》《广州市直播电商发展行动方案（2020～2022年）》等文件。

（二）行业发展预测

随着城镇化水平不断提高，新兴消费群体快速成长，发展新动能不断显现，消费市场稳健发展的基本面、消费升级的趋势不会改变，消费潜力继续释放的势头也不会改变。总体来看，新冠肺炎疫情对消费短期的影响较大，中期会趋于平缓。随着国家和地方出台一系列促进消费回补和潜力释放的政策逐步落地见效，后期消费会逐步恢复。从内贸来看，新冠肺炎疫情的突发对住宿餐饮业、零售业、旅游业造成巨大冲击，短期内广州商贸业存在极大负增长可能，住宿餐饮消费受到的冲击大于批发零售，但疫情不会改变长期向好的消费总体形势。第二季度之后，随着疫情得到有效控制，消费增速有望回升到平稳运行态势。短期内疫情导致老百姓转为居家消费，百货、购物中心等受影响较大，但相关企业实力基础好、应变能力强，转型速度也会更快。同时，消费对经济的拉动作用不会改变，民众改善生活质量、提升消费品质的需求也没有改变，广州相对完善的社会保障体系使民众具有较强的消费信心，一旦疫情结束，预期广州的消费也将很快恢复。2020年批发零售业增加值预计将低速增长。其中，汽车等大类商品销售仍然保持低位运行；受环保要求更加严格及新能源推广运用因素影响，石油及制品类需求有所萎缩；唯品会、苏宁云商等新销售平台预计保持较快增长。预计2020年广州商品销售总额增速有所回落，全年呈现前低后高态势。住宿餐饮业总体不乐观，预计2020年增加值较大可能出现负增长。从外贸来看，形势不容乐观。虽然国内的新冠肺炎疫情得到有效控制，企业复工复产有序推进，但新冠肺炎疫情在全球蔓延扩散，一些国家生产、消费等领域受到极大冲击，贸易活动减少，全球经济下行压力加大，外需不振、订单减少等问题给广州的外贸企业带来极大影响。虽然预计2020年下半年随着全球疫情形势缓和，外贸压力将有所缓解，但全年进出口极大可能是负增长。

从交通运输来看，2020年第一季度客运量同比大幅下降49.2%，货运量同比下降19.4%；广州港完成货物吞吐量、集装箱吞吐量同比分别下降4.9%、10.5%。短期内消费习惯的改变则增加了线上购物及物流快递运量。第二季度之后，随着新冠肺炎疫情得到有效控制，客运周转有望逐步回升，预计2020年广州交通运输业增加值增速有所回落，铁路、民航等行业运行前低后高，邮政快递行业仍有望保持快速增长。

三　广州商贸流通业发展建议

（一）推动消费市场平稳增长

提升产品质量，加快教育、育幼、养老、医疗、文化、旅游等服务业发展，改善消费环境，落实好个人所得税专项附加扣除政策，增强消费能力。进一步促进社区便利店商业设施的集约发展。保障吃穿用行基本消费，重振文化旅游和餐饮消费，把被冻结、被抑制的消费释放出来。稳住传统消费和实物消费，培育升级新型消费，扩容提质服务消费，全面推广健康消费，把疫情期间催生壮大的以网络消费为代表的新消费潜力、消费动能释放出来，使消费回补和扩大增量有机结合，不断拓展消费新的增长点。抓机遇调结构，加大新能源汽车消费市场发展。充分利用国家出台的新能源汽车产业激励政策，在财政补贴、政策扶持上落实到位，加大新能源产品核心技术研发投入，引导消费者选择低碳环保汽车消费，释放汽车消费潜力；加快新能源汽车基础设施建设，加大新能源汽车企业科技创新奖励力度，对企业和消费者同时给予新能源汽车消费政策性补贴和优惠，推动新能源汽车加快发展。改善供需环境，提升石油产品消费市场需求。出台针对高速公路通行的利民惠民政策，带动消费者出行出游能源消费力；加强"暖企"措施和政策落实，提高企业对石油制品与消费需求依存度。

（二）加快培育和发展新动能

加快推动传统商贸数字化转型。通过产业引导基金、财政补贴等支持传统商贸企业加速数字化转型升级，推动人工智能、大数据、云计算、5G等新技术在零售领域的推广应用，推进线上线下融合发展，优化供应链布局和物流仓储体系，提高数字化运营能力。积极引进新零售新业态重点项目，鼓励发展O2O、C2B、微商、网购直播、网购短视频、无人零售等新商业模式。支持以直播电商为代表的电商新业态，指导和引领直播经济。鼓励商家充分利用各种网络平台，拓展"线下打烊、线上开播"运营新模式。大力发展夜间经济、首店经济。进一步加强商旅文融合发展，大力推动会展旅游、商务旅游，联合粤港澳大湾区周边城市开展旅游推介，进一步增强广州作为国际消费中心和国际旅游目的地的吸引力。推动壮大物流企业及物流网络的延伸，促进网上商店企业快速成长。加大财税优惠政策扶持和服务企业力度，扶持一批高科技领域企业，降低企业经营成本，鼓励企业加大研发投入，生产智能化、高科技的高端消费品。进一步优化营商环境，引领消费新需求，拓展消费新领域，注入消费新动力。

（三）多措并举稳外贸促外资

实施市场多元化战略，拓展境外营销网络。推动进出口环节减费增效，进一步压缩通关时间。大力培育市场采购、跨境电商、融资租赁等外贸新业态新模式，加大引入贸易类国内外知名地区总部企业、跨国公司、销售中心、结算中心力度，加强对新一代信息技术、人工智能、生物医药（IAB）产业的招商引资，开展产业链专题招商，推动重大外资项目加快落地。维护产业链供应链稳定，保障在全球产业链中有重要影响的企业和关键产品生产出口。针对外需订单萎缩态势，支持企业网上洽谈、网上办展，主动抓订单、促合作。适应网上举办广交会的新变化，广邀海内外客商在线展示产品。采取有效措施提高国际航空货运能力，既着力保通保运保供、支撑国内经济，又推动增强本土物流行业国际竞争力。加强国际协作，畅通国际快件等航空货运，对疫情期间国际货运航线给予政策支持。鼓励采取租赁、购买等方式增加货机，支持货运航空公司壮大机队规模，发展全货机运输。鼓励航空货运企业与物流企业联合重组，支持快递企业发展空中、海外网络。推动货运单证简化和无纸化，建立航空公司、邮政快递、货站等互通共享的物流信息平台。加强清关、货代、仓储等物流服务。加强现有机场设施升级改造，完善冷链、快件分拣等设施。有序推进以货运功能为主的机场建设。

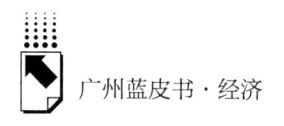

（四）营造良好政策环境

加大政策扶持力度，短期内着力提高中小微企业存续能力，中长期着力助推企业发展战略转型。建立、完善中小企业信用评估系统，制定支持商贸流通业长效金融政策，对受新冠肺炎疫情影响较大、恢复时间较长的企业，给予延长贷款展期。支持商业模式智能化创新，布局谋划新型服务业行业支持政策，大力支持和引导物联网、5G及区块链技术运用于商贸流通领域，推广服务业定制化服务模式和灵敏化物流体系。进一步完善政策环境、政务环境、产业发展环境和人才发展环境。同时从"供给端"和"需求端"两端协同发力，重视"数字政府"的需求侧建设。进一步融合线上线下服务，整合信息平台系统，切实推进"一网通办"和数据交换共享。从市场准入、平等获取要素、市场主体合法权益、要素成本、公平监管等方面着力回应市场主体关切，深入推进"放管服"改革，大幅提升营商环境改革的实效，进一步提升市场主体的获得感和投资兴业的信心。以落实负面清单为突破口，以降低成本为手段，拓展企业的投资空间。以培育企业家精神和工匠精神为核心，重塑政商良好互动的新生态。以信用监管为核心，建立现代化新型监管机制。

参考文献

贾嘉、曹旭光：《区块链技术在物流领域的应用现状与未来展望》，《物流科技》2019年第8期。

雷飞、黄明秀、刘进：《新形势下我国商贸流通业实现高质量发展的影响因素及策略选择》，《商业经济研究》2019年第21期。

赵诗诗：《产业互联网视角下商贸流通业发展的新趋势》，《商业经济研究》2019年第22期。

B.4
2019年广州房地产市场发展情况及2020年展望

欧江波 范宝珠 周圣强[*]

摘 要： 2019年广州持续优化房地产调控政策，市场运行总体平稳，一手房成交小幅增长，二手房交易有所减少。展望未来，广州将继续以"稳地价、稳房价、稳预期"为目标实施调控，但当前宏观经济下行压力较大，新冠肺炎疫情全球蔓延对市场造成一定影响，预计2020年成交可能有所减少。建议从全力支持房地产企业复工复产、切实强化分析及监管工作、进一步做好住房保障工作、加快推进租赁住房发展等方面促进市场平稳健康发展。

关键词： 房地产市场 健康发展 广州

一 2019年广州房地产市场发展情况

2019年，中央以"稳地价、稳房价、稳预期"为目标实施房地产调控，明确提出不将房地产作为短期刺激经济的手段，全面落实因城施策，持续强化房地产金融审慎管理，促进市场平稳健康发展。广州房地产调控政策持续

---

[*] 欧江波，广州市社会科学院数量经济研究所所长、副研究员、博士，研究方向为宏观经济、城市经济、房地产经济；范宝珠，广州市社会科学院数量经济研究所副研究员；周圣强，广州市社会科学院数量经济研究所助理研究员、博士。

优化，7月发布《广州市商业、商务办公等存量用房改造租赁住房工作指导意见》，明确存量商服物业改造成租赁住房的标准；10月南沙区发布《广州南沙新区试点共有产权住房管理实施细则》，正式开展共有产权住房试点；12月出台《广州市人才公寓管理办法》，完善人才安居保障体系，南沙、花都和黄埔相继优化人才购房政策。

2019年广州房地产市场总体稳定，但不同市场景气度出现较大差异。新建商品房市场成交有所增长，全年一手房网上签约（以下简称"签约"）面积1386.52万平方米，比上年增长5.3%，签约金额3187.92亿元，增长22.2%。其中，一手住宅签约面积960.94万平方米，下降2.1%，一手商服物业签约面积314.71万平方米，增长35.3%。存量房市场成交有所减少，二手房交易登记（以下简称"登记"）面积1002.15万平方米，下降7.5%。其中，二手住宅登记面积790.70万平方米，下降10.4%，二手商服物业登记面积68.20万平方米，微增0.7%。房地产开发投资增长较快，完成投资3102.26亿元，增长14.8%，商品房新开工面积2220.51万平方米，增长25.1%。

（一）一手住宅市场情况

1. 总体情况

一手住宅新增供应大幅减少。2019年全市批准预售一手住宅7.85万套，预售面积832.40万平方米，分别下降21.5%、23.0%。一手住宅套均预售面积为100.06平方米，下降1.8%，各类户型住宅供应占比保持基本稳定。

一手住宅市场成交有所减少。2019年全市一手住宅签约9.01万套，签约面积960.94万平方米，分别下降2.0%、2.1%，市场消化率[①]为115.4%，当期新增供应未能满足市场需求。从市场走势看，上半年市场有所回暖，在房贷利率出现下调、合资格购房人群有所增加、土地市场比较活

---

① 市场消化率＝签约面积/预售面积。

跃的带动下，一、二季度签约面积分别达到206.14万、263.27万平方米，同比增长13.0%、13.8%；下半年市场活跃度未能保持，受中央明确"不将房地产作为短期刺激经济的手段"、房地产金融监管收紧等影响，三季度成交量出现小幅回落，签约面积237.77万平方米，同比下降19.2%，环比二季度下降9.7%；四季度，在房企积极促销的带动下市场成交有所增长，签约面积253.76万平方米，环比三季度增长6.7%，但同比下降7.4%（见图1）。

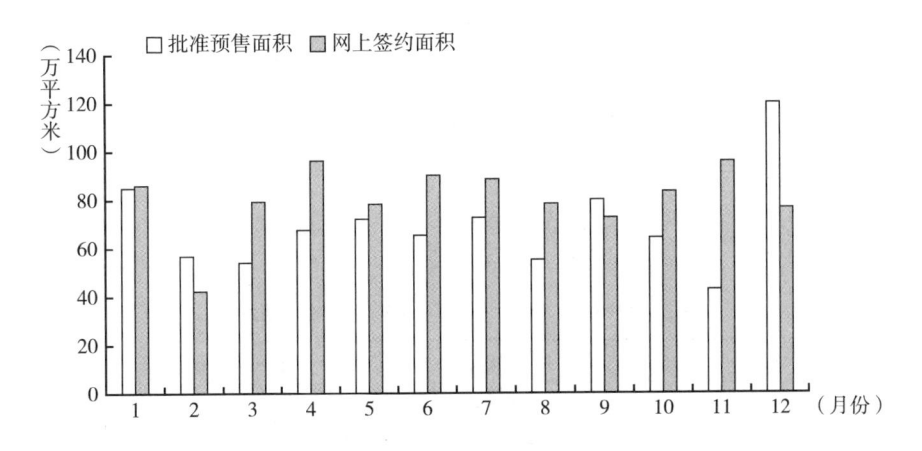

图1 2019年各月广州市一手住宅市场情况

说明：本图及后续图表中有关广州房地产市场的相关数据，均为作者通过收集广州市住房和城乡建设局官网各月公开发布的市场供应、交易和库存等相关数据，汇总为年度数据得到。

与国内其他一线城市相比，从成交量上看，2019年北京商品住宅成交量为789万平方米、上海为1353.70万平方米、深圳为658.48万平方米，分别增长49.8%、1.5%和14.9%，同期广州一手住宅成交量为960.94万平方米，分别是北京、上海、深圳的1.22倍、71.0%、1.46倍（见表1）。

2. 区域市场分析

中心5区供求均有所减少。市场供应大幅减少，2019年中心5区一手住宅预售面积119.60万平方米，同比下降43.2%。其中，供应量居首位的是荔

表1　2019年北上广深一手住宅市场情况

地区	成交量(万平方米)	比2018年增长(%)
北京	789	49.8
上海	1353.70	1.5
广州	960.94	-2.1
深圳	658.48	14.9

说明：北京、上海和深圳一手住宅数据来源于各市统计局；广州一手住宅数据来源于广州市住房和城乡建设局。

湾，预售面积43.26万平方米；其次是白云，预售面积37.84万平方米。市场成交有所减少，签约面积183.70万平方米，同比下降10.3%，市场消化率为153.6%，当期新增供应未能满足需求。其中，荔湾和白云市场活跃，签约面积分别达到84.13万和38.04万平方米（见表2）。

表2　2019年广州中心5区一手住宅市场情况

区域	预售面积(万平方米)	比2018年增长(%)	签约面积(万平方米)	比2018年增长(%)
中心5区	119.60	-43.2	183.70	-10.3
越秀	5.61	1434.5	5.31	156.2
海珠	9.92	-63.6	22.88	-13.5
荔湾	43.26	-58.4	84.13	19.1
天河	22.97	-29.6	33.34	-56.9
白云	37.84	-18.4	38.04	35.4

外围4区市场成交略有减少。2019年外围4区一手住宅预售面积406.70万平方米，同比下降16.6%。其中，南沙、黄埔和花都供应量较大，预售面积分别达到129.57万、110.81万和93.32万平方米。签约面积419.52万平方米，同比下降2.5%，市场消化率为103.2%，市场供求基本平衡。其中，受粤港澳大湾区规划出台等利好因素带动，南沙、番禺和花都成交量分别增长8.1%、6.4%和6.2%，黄埔受可售货量不足影响，成交量同比下降22.4%（见表3）。

表3 2019年外围4区一手住宅市场情况

区域	预售面积(万平方米)	比2018年增长(%)	签约面积(万平方米)	比2018年增长(%)
外围4区	406.70	-16.6	419.52	-2.5
黄埔	110.81	-0.9	108.47	-22.4
花都	93.32	-1.6	77.16	6.2
番禺	73.00	-37.5	93.31	6.4
南沙	129.57	-21.2	140.57	8.1

增城和从化市场出现分化。2019年增城一手住宅供应有所减少，预售面积261.97万平方米，同比下降17.7%；市场成交有所增长，签约面积315.33万平方米，同比增长7.4%。从化一手住宅市场偏弱，预售面积44.13万平方米，同比下降30.7%；签约面积42.40万平方米，同比下降20.7%（见表4）。

表4 2019年从增2区一手住宅市场情况

区域	预售面积(万平方米)	比2018年增长(%)	签约面积(万平方米)	比2018年增长(%)
从增2区	306.10	-19.9	357.72	3.1
从化	44.13	-30.7	42.40	-20.7
增城	261.97	-17.7	315.33	7.4

3. 市场库存情况

市场去库存周期有所缩短。受新增供应大幅减少影响，年末市场库存有所减少，2019年12月末一手住宅可售套数6.49万套，比上年末下降10.2%；可售面积772.26万平方米，比上年末下降11.5%。以2019年月均销售量计算，市场去库存周期为9.6个月，比上年末（10.7个月）有所缩短。与上年末相比，12月末大部分区域市场库存有所减少，去库存周期有所缩短。各区去库存情况出现分化，天河、黄埔、海珠和增城去库存周期较短，分别仅为6.2、6.3、6.4和6.8个月，而从化、番禺和花都去库存周期较长，分别达到17.4、15.8和15.7个月（见表5）。

表5　2019年12月末广州市一手住宅市场库存情况

类别	2019年12月末 可售套数（套）	2019年12月末 可售面积（万平方米）	2019年12月末 去库存周期（月）	2018年12月末 可售套数（套）	2018年12月末 可售面积（万平方米）	2018年12月末 去库存周期（月）
广州市	64933	772.26	9.6	72328	872.26	10.7
中心5区	10540	120.70	7.9	14213	167.20	9.8
越秀	328	4.38	9.9	126	1.47	8.5
海珠	932	12.23	6.4	2101	22.62	10.3
荔湾	4961	54.91	7.8	7417	91.89	15.6
天河	1667	17.10	6.2	1486	15.75	2.4
白云	2652	32.08	10.1	3083	35.46	15.1
外围4区	33814	411.21	11.8	39836	487.12	13.6
黄埔	4918	56.64	6.3	5080	60.51	5.2
花都	8721	100.97	15.7	12870	159.26	26.3
番禺	9113	122.52	15.8	9672	128.32	17.6
南沙	11062	131.07	11.2	12214	139.02	12.8
从增2区	20579	240.35	8.1	18279	217.94	7.5
从化	20039	61.36	17.4	4016	55.87	12.5
增城	15713	178.99	6.8	14263	162.07	6.6

说明：去库存周期＝库存可售面积/过去12个月的平均月销售面积。

（二）二手住宅市场情况

1. 总体情况

二手住宅成交有所减少。2019年全市二手住宅交易登记9.22万套，比上年下降9.9%；登记面积790.70万平方米，同比下降10.4%，为2014～2018年平均成交量的90.1%；二手住宅成交量占全市住宅市场总成交量的份额达到45.1%，占比较上年减少2.2个百分点。市场成交较为低迷的原因：一是2019年部分区域一手住宅市场活跃，分流了二手市场客源；二是2018年下半年以来房价上涨预期有所转变，买卖双方对价格的预期存在一定差距，房源成交周期有所延长。从市场走势看，一季度成交量偏低，登记面积仅148.60万平方米，同比下降26.0%，成交量为2015年二季度以来最低水平；4月以来在房贷利率出现下调、合资格购房人群有所增加、土地市场比较活跃的带动下市场有所回暖，二季度成交量达到206.81万平方米，环比增长39.2%，但同比仍下降10.4%；三季度成交量继续回升，登记面积达到229.17万平方米，环比增长10.8%，但同比下降11.4%；受经济下行压力较大和房地产调控政策影响，四季度成交量有所回落，登记面积206.11万平方米，虽然同比增长7.1%，但是环比下降10.1%（见图2）。2019年二手住宅市场价格水平总体呈现下行趋势。根据国家统计局的数据，2019年12月二手住宅价格指数同比下降1.9%；从各月环比变动情况看，全年共有8个月二手住宅价格指数环比出现下降，有3个月环比持平，仅1个月环比有所上升。

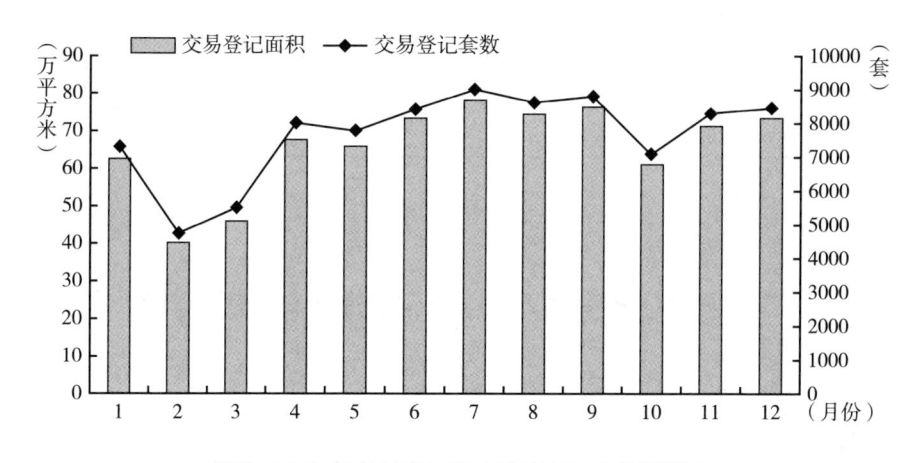

图2 2019年各月广州市二手住宅交易市场情况

2. 区域市场分析

不同区域成交情况出现分化。2019年中心5区二手住宅成交量保持稳定，登记面积338.71万平方米，比上年增长1.0%；外围4区和从增2区成交量有所减少，登记面积分别为310.16万和141.82万平方米，下降15.4%和21.3%。中心城区市场表现好于外围区域，黄埔、天河和海珠登记面积有不同程度增长，越秀、荔湾、白云和花都降幅在5%以内，但番禺、南沙、增城和从化降幅达到20%以上（见表6）。

表6 2019年广州市二手住宅市场情况

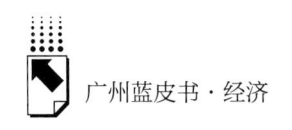

区域	登记套数(套)	比2018年增长(%)	签约面积(万平方米)	比2018年增长(%)
广州市	92222	-9.9	790.70	-10.4
中心5区	48423	-1.3	338.71	1.0
越秀	9847	-2.7	63.04	-2.0
海珠	12447	-0.4	79.62	2.8
荔湾	7116	-3.0	43.87	-4.4
天河	9988	4.0	83.53	8.9
白云	9025	-4.9	68.65	-3.4
外围4区	30405	-15.7	310.16	-15.4
黄埔	3864	7.1	33.39	12.2
花都	10072	0.5	107.20	-0.8
番禺	13327	-27.3	134.80	-26.7
南沙	3142	-23.8	34.76	-22.6
从增2区	13394	-22.4	141.82	-21.3
从化	4019	-22.3	41.97	-20.0
增城	9375	-22.4	99.85	-21.9

二 2020年房地产发展环境分析与市场展望

（一）2020年宏观经济增长趋势展望

1.全球经济增长趋势展望

2020年3月开始新冠肺炎疫情迅速在全球范围内扩散蔓延，对世界经济发展带来前所未有的冲击，各国相继出现大面积停工、停产、停业，市场需求快速萎缩，金融市场巨幅波动，产业链遭受严重冲击。4月8日世界贸易组织发布的《全球贸易数据与展望》预计2020年全球贸易将缩水13%～32%，4月14日国际货币基金组织发布的《世界经济展望报告》预计2020年全球经济将萎缩3%，为20世纪30年代大萧条以来最糟糕的经济衰退。为缓解疫情对经济的冲击，美欧日等发达国家和地区推出了一系列经济刺激计划，包括极度宽松的货币政策和规模历史空前的财政刺激政策等，这些政策给全球金融市场和贸易体系带来新挑战,未来经济增长不确定性明显增大。

2. 我国经济增长趋势展望

2020年1月新冠肺炎疫情在我国暴发,中央果断决策,实施武汉"封城"、全国大部分地区严格防疫的应对措施,目前国内疫情防控取得阶段性胜利,但境外输入压力依然较大,常态化疫情防控工作不可松懈。持续近两个月大面积的停工、停产短期内对我国经济社会发展造成较大冲击,第一季度我国国内生产总值下降6.8%。从中长期来看,我国高质量发展趋势不会改变,经济增长仍存在较大空间与潜力。但是,经济发展存在较大下行压力,如疫情在欧美等发达经济体仍呈暴发态势,外需外贸不可避免受到重大冲击;国内疫情影响尚未完全消失,部分行业复工复产还不理想,消费复苏尚需时日;实体企业经营困难较多,面临核心技术缺乏、生产经营成本较高、市场订单不足等问题。

3. 广州经济增长趋势展望

新冠肺炎疫情对第一季度广州经济造成较大冲击,1~3月完成国内生产总值5228.80亿元,下降6.8%,其中工业生产影响较大,规模以上工业增加值下降19.6%,服务业发展放缓,增加值下降2.2%。为应对疫情影响,广州相继出台了"稳经济48条"等一系列措施,在抓好疫情防控同时统筹推进经济社会平稳健康发展,努力把疫情影响降至最低。虽然新冠肺炎疫情不可避免会严重影响2020年广州经济增长,但广州经济具有韧性较足、动能接续较好、创新创业活跃等特点,若全国疫情防控保持向好态势,特别是全球疫情短期内能够受控,广州经济有望快速恢复到平稳健康发展的轨道。根据广州市社会科学院数量经济研究所的预测报告,预计2020年广州经济增速为0.4%~2.7%。

(二)2020年房地产政策展望

1. 房地产基本定位保持不变

2019年12月10~12日召开的中央经济工作会议强调,要坚持房子是用来住的、不是用来炒的定位。2020年1月3日，银保监会发布的《关于推动银行业和保险业高质量发展的指导意见》明确，银行保险机构要落实"房住不炒"的定位，严格执行房地产金融监管要求，防止资金违规流入房地产市场，抑制居民杠杆率过快增长，推动房地产市场健康稳定发展。1月11日，2020年全国银行业保险业监督管理工作会议提出，坚决落实"房住不炒"要求，严格执行授信集中度等监管规则，严防信贷资金违规流入房地产领域。4月17日中央政治局会议强调，要坚持房子是用来住的、不是用来炒的定位，促进房地产市场平稳健康发展。这表明2020年房地产基本定位将长期坚持，房地产融资政策、监管政策将不会有明显松动。

2. 强调稳地价稳房价稳预期

中央经济工作会议强调要落实稳地价、稳房价、稳预期的长效管理调控机制，全国住房和城乡建设工作会议提出坚持"稳"字当头实施调控。疫情发生后，2020年2月21日中国人民银行金融市场工作会议提出，要保持房地产金融政策的连续性、一致性和稳定性，继续"因城施策"落实好房地产长效管理机制，促进市场平稳运行。地方政府继续灵活施策，供需两端密集出台政策稳预期，如延期缴纳土地出让金、延迟竣工时间、降低预售条件等。预计2020年，调控政策将保持连续性和稳定性，全面落实地方政府主体责任，以稳地价稳房价稳预期为目标实施调控。

3. 稳健的货币政策更加灵活适度

为应对新冠肺炎疫情对经济的冲击，货币政策将有所宽松，通过降准、降息保持流动性合理充裕。2020年1月6日，央行下调金融机构存款准备金率0.5个百分点；2月26日，增加贷款再贴现专用额度5000亿元；3月16日，实施普惠金融定向降准。第一季度，央行开展中期借贷便利（MLF）操作6000亿元，并于2月17日下调MLF利率10个基点。4月20日，全国银行间同业拆借中心公布1年期LPR（贷款市场报价利率）为3.85%，5年期以上LPR为4.65%，分别比2019年12月下调30个和15个基点。此外，优化调整完善企业还款及付息安排，加大贷款展期和续贷力度，适当减免小微企业的贷款利息，防止企业资金链断裂。预计2020年，货币政策将较为宽松，充裕的流动性将对房地产市场发展起到一定的促进作用。

4. 统筹推进疫情防控和复工复产工作

2020年2月12日，住建部发布的《关于加强工程建设项目网上审批服务 保障新冠肺炎疫情防控期间工程建设项目审批工作的函》提出，要建立健全网上审批工作制度、全面提升网上审批服务效能、强化工程建设项目审批进网入库、切实加强审批服务保障。3月24日，住建部办公厅印发《房屋市政工程复工复产指南》，从复工复产条件、现场疫情防控、质量安全管理、应急管理、监督管理、保障措施等方面指导各地稳步有序推动工程项目复工复产。广州积极支持房地产企业复工复产，3月4日发布的"稳经济48条"提出，优化完善商品房预售款监管，允许房地产开发经营企业凭商业银行现金保函，申请划拨商品房预售款专用账户资金；3月9日发布的《关于新冠肺炎疫情期间优化施工许可手续办理的通知》提出了疫情期间优化施工许可手续办理的四项举措：先行办理土方开挖施工许可手续、推行不见面审批、强化信用承诺审批、简易低风险工程"两证"并联办理；4月3日发布的《关于新冠肺炎防疫期间支持房地产中介行业复工复产的通知》提出，要有序推进房地产中介行业复工复产，中介机构及经纪人应充分利用各种互联网应用技术，广泛提供线上委托、咨询、看房、交易等服务。

5. 健全完善住房保障体系

2019年11月，中共中央发布《关于坚持和完善中国特色社会主义制度推进国家治理体系和治理能力现代化若干重大问题的决定》，强调要加快建立多主体供给、多渠道保障、租购并举的住房制度；12月发布的《关于促进劳动力和人才社会性流动体制机制改革的意见》，要求大幅放宽城市入户限制。广州相继出台了《广州市人才公寓管理办法》《广州市共有产权住房管理办法》，修订了《广州市新就业无房职工公共租赁住房保障办法》，健全完善住房保障体系。预计2020年，随着城市户籍制度放宽，人口流入量较大的一、二线城市和其他热点城市住房保障压力将加大，健全城镇住房保障体系将成为政策重点。

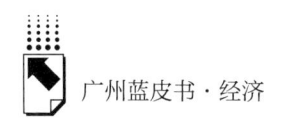

6. 因城施策落实更为细化、精准化

2019年下半年以来，一城一策、因城施策，夯实城市主体责任明显落到实处，上海、广州、杭州等多个重点城市优化调整人才安居政策，在人才认定标准上放宽社保、学历、收入、职位等方面的制约，为人才购房置业、子女教育等提供便利。实施更加积极、更加开放、更加有效的人才保障措施已成为城市间竞争的主要内容，预计2020年因城施策的调控政策将进一步细化，可能会升级为因区施策、因势施策。

（三）2020年广州房地产市场展望

一手住宅供应将比较充足。一方面，2018年、2019年广州加大了商品住房用地供应力度，挂牌及协议出让居住用地规划可建面积分别达到1090.91万和1024.07万平方米；另一方面，2019年住宅新开工面积达到1407.02万平方米，比上年增长41.5%。根据合富研究院监测，按照施工进度统计，2020年广州一手住宅新增供应将超9万套，外围的南沙、增城、花都、从化仍占主导。因此，预计2020年广州一手住宅市场新增供应将较充足。

住宅市场成交将有所减少。2020年房地产调控政策将保持基本稳定，人才安居政策的出台有望带动相关区域市场需求释放并活跃整体市场氛围，但当前宏观经济下行压力较大，房地产金融监管不断强化，疫情的全球蔓延对购房者收入及预期造成一定影响，有可能制约市场购买力释放，预计2020年市场成交量将有所减少。特别是受新冠肺炎疫情影响，春节后售楼处关闭、中介机构暂停营业，预计一季度市场成交将大幅减少。

三 促进广州房地产市场平稳健康发展的对策建议

（一）全力支持房地产企业复工复产

一是有序有力推动企业全面复工复产，统筹做好建筑工人返岗、建材供应、建筑工地疫情防控和安全生产等工作，全力推动在建项目全面复工；指导开发商在做好疫情防控的前提下，采取预约方式，分时分批有序进行现场开盘、线下售楼处看房等活动，促进商品房市场销售；对于低风险区域，可允许经纪人进入居住小区开展带客看楼等业务，促进存量房市场交易和租赁。二是加大金融支持力度，通过优化完善商品房预售款监管、加大开发贷款和购房贷款投放额度和力度、推出疫情专项贷款、加快贷款审批进度等方式，帮助企业解决受疫情影响带来的资金流动性问题，确保项目开发建设的顺利推进。三是加大减税降费力度，落实穗"稳经济48条"等扶持政策中的各项税费减免措施，酌情延迟土地增值税、所得税等清缴时间，增强税收征管灵活度，减轻企业经营负担。

（二）努力确保房地产市场平稳健康发展

一是坚持"房子是用来住的、不是用来炒"的定位，全面落实稳地价、稳房价、稳预期的长效管理调控机制，确保房地产市场平稳健康发展。二是综合考虑经济社会发展、人口结构优化、区域竞争力提升等因素，以供求关系为导向，积极探索分类施策和分区施策，支持合理住房需求，引导需求稳步释放，防止市场大起大落。三是根据疫情变化情况和复工复产情况密切关注市场走势，进一步优化房地产市场监测体系，做好市场分析研判工作。四是做好房地产市场监管工作，继续开展打击侵害群众利益违法违规行为的专项治理行动，规范和监督房地产开发、销售、中介等行为。

（三）进一步做好住房保障工作

一是积极开展完善住房保障体系工作试点，加快建立具有广州特色的以公共租赁住房、政策性租赁住房和共有产权住房为主的住房保障体系。二是推进人才公寓政策实施，加大人才公寓筹集和建设力度，做好人才公寓的分配管理工作，切实改善各类人才居住条件。三是加快共有产权住房发展，积极推进番禺新造、白云鸦岗等共有产权住房试点项目建设，做好南沙首筑花园共有产权房申购等相关工作。四是继续做好公共租赁住房分配及运营管理

工作，加强城市困难群众住房保障工作，努力解决新就业无房职工、从事城市公共服务领域特殊艰苦岗位从业人员等住房需求。

（四）加快推进租赁住房市场发展

一是加快推进《广州市房屋租赁管理规定》出台，规范住房租赁行为，积极推进"购租同权"，充分保障承租人各项合法权益。二是稳妥推进利用集体建设用地建设租赁住房试点，加快番禺谢村等试点村租赁住房建设，继续在大型产业园区周边等租赁住房需求量大、公共设施配套齐全的区域以及轨道交通站点周边地区开展试点工作。三是做好中央财政支持住房租赁市场发展试点工作，落实《广州市发展住房租赁市场奖补实施办法》，加大宣传力度，引导各类市场主体积极参与租赁住房建设。四是发展壮大住房租赁企业，支持房地产开发企业、金融保险机构等拓展住房租赁业务，提升住房租赁企业专业化规模化水平。

参考文献

广州市住房和城乡建设局：《2019年1～12月新建商品房批准预售信息》，http：//zfcj.gz.gov.cn。

广州市住房和城乡建设局：《2019年1～12月新建商品房网上签约信息》，http：//zfcj.gz.gov.cn。

广州市住房和城乡建设局：《2019年1～12月存量房交易登记信息》，http：//zfcj.gz.gov.cn。

B.5
2019年广州人力资源市场发展情况及2020年展望

广州市人力资源市场供求信息调查评估小组*

摘　要： 2019年广州人力资源市场供求情况呈现出供需总量有所上升、岗位空缺与求职人数的比率保持动态平衡合理区间、第三产业稳占主体地位、35岁以下青壮年劳动力为市场供给主体、在穗异地务工人员总量继续上扬等主要特点。2020年新春伊始，新冠肺炎疫情突发，须密切关注疫情对广州经济及企业用工的影响，及早制定相关就业服务预案，加大贯彻落实中央关于"稳就业"工作部署力度，推动公共就业服务出新出彩；与此同时，狠抓粤港澳大湾区建设机遇，推动劳动力素质结构和就业结构转型升级，为广州经济高质量发展保驾护航。

关键词： 人力资源市场　劳动力供需　就业　广州

2019年广州地区生产总值23628.60亿元，按可比价计算，比上年增长6.8%，增速比上年提升0.6个百分点。其中，第一产业增加值251.37亿元，增长3.9%；第二产业增加值6454.00亿元，增长5.5%；第三产业增

---

* 课题组组长：李汉章，广州市人力资源市场服务中心主任，华南农业大学经济管理学院硕士研究生校外导师。课题组成员：黄惠嫦、冯颖晖、刘伟贤、骆婧彦。

加值 16923.23 亿元，增长 7.5%。三次产业比重为 1.06∶27.32∶71.62。广州经济保持稳定发展态势，高质量发展步伐更加稳健，新经济新动能加快发展，质量效益不断提升，民生福祉持续改善，经济稳中向好的基础和动力坚实稳固，均为广州人力资源市场保持持续畅旺、就业形势保持基本稳定奠定坚实基础。

一 2019年广州人力资源市场总量特征[①]

（一）基本情况

1. 市场供需规模

2019 年，广州 463 家抽样监测人力资源服务机构（含公共就业服务机构 183 家，南方人才市场单列 1 家，经营性人力资源服务机构 279 家）进场登记供需总量为 543.97 万人次。其中，需求总量 341.44 万人次，求职总量 202.53 万人次。

2. 岗位空缺与求职人数的比率

2019 年，广州岗位空缺与求职人数比率[②]为 1.69，显示广州劳动力供给偏紧态势延续，但保持在合理区间（见图 1）。

3. 线上线下市场发展态势

从招聘求职途径择向看，供需双方通过网络渠道进行双向选择的态势有所上升。2019 年，用人单位通过现场和网络方式发布的岗位需求分别占总需求的 47.37%、52.63%；而求职者通过现场和网络途径方式求职的占比分别为 49.36%、50.64%。数据表明，在万物互联的时代，网络渠道由于其不受时间地域限制等便利性，越来越为招聘企业和求职者所广泛接受；而现场渠道由于具有面对面交流、匹配成功率更高等特点，仍然占据较大的市

---

① 本节数据来源于《2019 年广州市人力资源服务机构综合情况表》。
② 岗位空缺与求职人数的比率 = 岗位总数/求职总数。

图1　2007～2019年广州市人力资源市场供需总量及岗位空缺与求职人数比率

场份额。

4. 公共就业人才服务机构在"稳就业"中发挥积极作用

按不同类型机构观察，2019年全市各级公共人力资源市场（市、区、街镇）共组织现场招聘会625场，进场企业2.76万家次，提供岗位51.81万个，服务求职者34.73万人次，岗位空缺与求职人数比率为1.49，达成就业意向人数5.46万人次。另外，全年各级公共人力资源市场通过广州市就业培训信息系统线上采集发布空缺岗位76.63万个，线上采集有效求职者信息6.89万人次。南方人才市场2019年共举办现场招聘会300场次，进场企业1.38万家次，提供岗位35.83万个，进场求职者11.10万人次（其中应届毕业生0.99万人次），岗位空缺与求职人数比率为3.23。同时，南方人才市场通过JOB168网站发布岗位24.81万个，服务企业1.69万家次，线上采集有效求职者信息7.91万人次。数据显示：线上线下人力资源服务渠道为各类就业群体供需匹配发挥了桥梁和纽带作用，为广州实现充分就业奠定了坚实基础，全市各级公共人才服务机构在"稳就业"中做出积极的贡献。

（二）需求特点[①]

1. 第三产业稳占主体地位

据广州市公共就业服务机构和南方人才市场数据综合观察，按产业用工需求观察，第一、第二、第三产业用工需求占比分别为0.36%、30.37%和69.27%，第三产业用工需求稳占主导地位（见图2）。

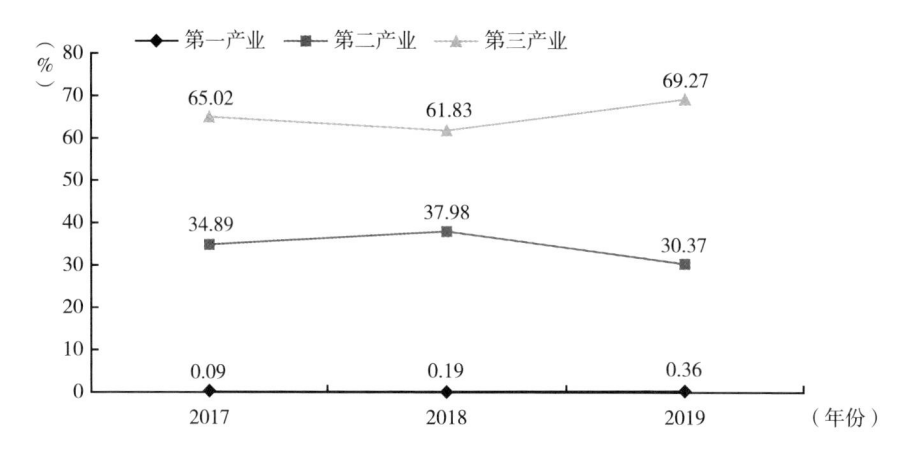

图2　2017~2019年广州市产业用工需求分布

2. 七大行业用工需求占登记招聘总量八成

从行业用工结构看，综合广州市公共就业服务机构与南方人才市场数据，制造业（占比26.68%，下同），交通运输、仓储和邮政业（19.51%），卫生和社会工作（7.73%），住宿和餐饮业（7.39%），租赁和商务服务业（6.74%），批发和零售业（6.41%），房地产业（5.34%）七大行业占据行业用工需求主体地位，合计用工需求占登记招聘总量近八成（79.80%），行业用工需求相对集中（见表1）。与2018年度数据有所不同，由于2019年度南方人才市场数据首次纳入统计，第三产业中的交通运输、仓储和邮政业，卫生和社会工作首次位列用工需求的第二、第三位。

---

① 本节数据来源于广州市就业培训信息系统。

2019年广州人力资源市场发展情况及2020年展望

表1　2019年广州市不同行业用工需求情况

单位：%

序号	行业	2019年所占比重	2018年所占比重
1	制造业	26.68	36.55
2	交通运输、仓储和邮政业	19.51	3.98
3	卫生和社会工作	7.73	0.43
4	住宿和餐饮业	7.39	7.86
5	租赁和商务服务业	6.74	11.03
6	批发和零售业	6.41	11.49
7	房地产业	5.34	8.75
8	科学研究和技术服务业	4.88	6.79
9	建筑业	3.08	1.28
10	信息传输、软件和信息技术服务业	2.74	3.03
11	金融业	2.57	1.26
12	居民服务、修理和其他服务业	2.07	4.04
13	公共管理、社会保障和社会组织	1.61	0.74
14	水利、环境和公共设施管理业	0.95	0.55
15	文化、体育和娱乐业	0.94	0.94
16	教育	0.56	0.94
17	采矿业	0.40	0.00
18	农、林、牧、渔业	0.29	0.19
19	国际组织	0.07	—
20	电力、热力、燃气及水生产和供应业	0.04	0.15
	合计	100.00	100.00

说明：2018年度数据仅含公共就业服务机构采集发布数据；2019年度数据首次整合南方人才市场数据，数据口径与往年同期相比具有一定差异。

3. 生产运输和商业服务人员用工需求占比较大

据广州市就业培训信息系统数据显示，2019年，生产运输设备操作工以及商业和服务业人员的用工需求分别占总需求的38.84%和30.11%，在人力资源市场中用工需求量居前。其次，按占比高低排序依次是专业技术人员（12.43%）、办事人员和有关人员（10.44%）、单位负责人（7.10%）、农林牧渔水利生产人员（0.23%）、其他（0.85%）（见图3）。

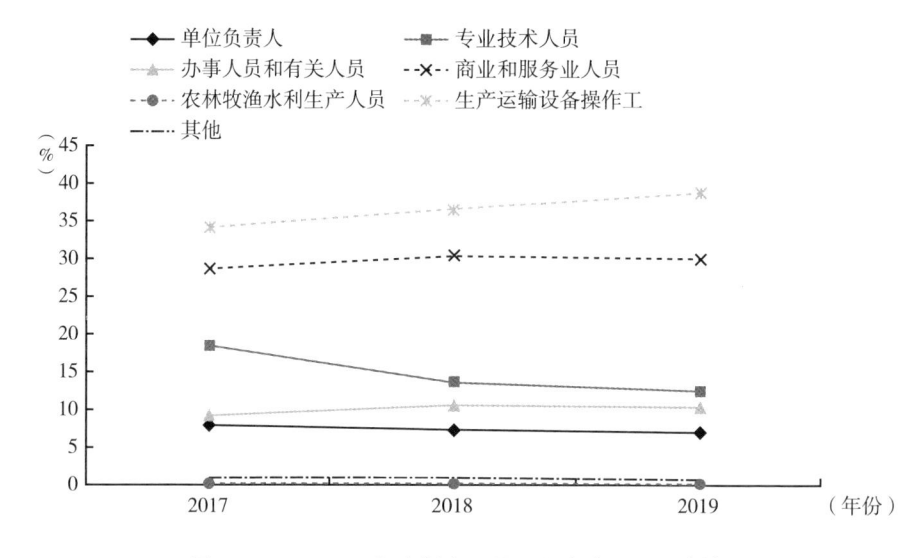

图 3　2017～2019 年广州市不同职业大类用工需求情况

4. 前十位紧缺岗位及招聘薪酬中位数

2019 年第四季度末，按职业相近原则综合公共就业服务机构和南方人才市场供求数据，需求大于求职的前十位紧缺岗位依次是营业人员、部门经理及管理人员、销售总监/经理/营销经理、计算机与应用工程技术人员、行政事务人员、餐厅/饭店服务员、治安保卫人员、客服专员/助理/网络客服、机动车驾驶员、机械冷加工工。

（三）供给特点[①]

1. 男性求职者占多数

2019 年进场求职者中男性占比为 63.19%，女性占比为 36.81%，与上年相比，男性占比提高 15.32 个百分点。

2. 35 岁以下青壮年劳动力是市场供给主体

进场求职者年龄分布中，16～24 岁占比为 23.06%，25～34 岁占比为

---

① 本节数据来源于广州市就业培训系统。

34.82%，35~44岁占比为21.11%，45岁以上求职者占比为21.01%，求职者年龄分布较为均衡。其中35岁以下青壮年劳动力仍然是市场供给主体，合计占比为57.88%，较2018年提高29.31个百分点。

3. 求职者教育水平持续优化

初中及以下学历的求职者占18.55%，高中（含职高、技校、中专）学历的求职者占23.69%，大学本（专）科学历的求职者占55.51%，硕士及以上学历的求职者占2.25%。2019年度由于整合南方人才市场数据情况，求职者受教育水平结构整体呈现优化。

二 企业用工定点监测分析[①]

（一）第四季度企业用工呈现趋紧态势

2019年第四季度，监测企业员工流失率[②]为6.95%，员工新招聘率[③]为6.38%，为2019年以来按季观察最低点；反映年末企业员工流动性有所减弱，但新招难度上扬，岁末年终企业存在用工趋紧态势。

（二）以租赁和商务服务业领衔的服务业年末招聘较为活跃

2019年第四季度，按行业观察，新招聘率排前五位的行业依次为：租赁和商务服务业（12.64%），房地产业（10.58%），制造业（7.66%），住宿和餐饮业（7.25%），居民服务、修理和其他服务业（6.60%），见表2。总体上看，以租赁和商务服务业领衔的服务业年末招聘较为活跃。

[①] 本节数据来源于广州市用工企业定点监测数据。
[②] 员工流失率=员工流失人数/（期初员工人数+本期增加员工人数）×100%。
[③] 员工新招聘率=（本期新招人数/在岗职工人数）×100%。

表2　2019年第四季度不同行业用工稳定性情况

单位：%

序号	行业	员工流失率	员工新招聘率
1	农、林、牧、渔业	7.37	5.86
2	制造业	8.46	7.66
3	电力、热力、燃气及水生产和供应业	0.46	0.49
4	建筑业	0.67	2.63
5	批发和零售业	5.09	4.27
6	交通运输、仓储和邮政业	3.91	4.22
7	住宿和餐饮业	8.39	7.25
8	信息传输、软件和信息技术服务业	18.18	4.03
9	金融业	3.92	2.13
10	房地产业	8.27	10.58
11	租赁和商务服务业	11.87	12.64
12	科学研究和技术服务业	3.43	5.41
13	水利、环境和公共设施管理业	1.94	1.94
14	居民服务、修理和其他服务业	7.78	6.60
15	教育	3.07	3.19
16	卫生和社会工作	3.63	6.34
17	文化、体育和娱乐业	3.36	5.21
18	公共管理、社会保障和社会组织	4.04	4.03

资料来源：广州市就业培训信息系统——用工定点企业监测数据；国际组织、采矿业样本较少暂不列入统计。

（三）第四季度各行业用工稳定性有所分化

2019年第四季度，按行业观察，员工流失率较高的前五大行业分别为：信息传输、软件和信息技术服务业（18.18%），租赁和商务服务业（11.87%），制造业（8.46%），住宿和餐饮业（8.39%），房地产业（8.27%）。数据显示，受春节假期及人员返乡等因素影响，以上行业岁末年终员工队伍稳定性不高（见表2）。

（四）薪酬待遇

2019年第四季度，行业工资薪酬中位数排名前三位的行业依次是：信息传输、软件和信息技术服务业，金融业，交通运输、仓储和邮政业；工资薪酬中位数分别为：6500元/月、6250元/月、5500元/月。按不同岗位类别统计，2019年第四季度，企业的普工、技工、专业技术人员、管理及其他人员的工资薪酬中位数分别为3800元/月、4500元/月、5444元/月、5677元/月。

三 求职者问卷调查分析

广州市人力资源市场服务中心2019年秋季开展"求职者就业期望及对公共就业服务需求"调查活动，通过公益性现场招聘会、腾讯大粤网、微信公众号"广东最生活"等渠道收集到4621份有效问卷。其中，男性占54.69%，女性占45.31%；18~24岁17.73%，25~34岁占57.78%，35岁以上占24.49%；"应届生初次就业"占31.25%，"失业"群体占18.59%，"跳槽择业"群体占50.16%；本市户籍占61.11%，本省外市户籍占29.48%，外省户籍占9.41%。

（一）就业状况

超过八成受访者过去半年有工作收入，其中灵活就业约占两成半。87.36%的受访者过去半年有工作收入，其中61.46%的受访者有持续稳定收入；25.90%的受访者以自由职业等灵活就业方式就业，有收入但不稳定；2.66%的受访者虽无工作收入，但有租金、投资等财产性收入；只有9.98%的受访者过去半年完全无收入。数据显示，随着互联网经济蓬勃发展，以及人们就业观念的逐渐转变，快车司机、外卖骑手、家政服务、网络直播、微商等各种灵活就业方式，为劳动者提供了广阔的就业空间，正日益成为就业市场的重要业态。

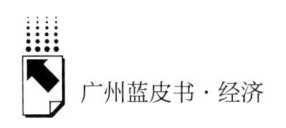

（二）求职难易的主观感受

合计43.51%的受访者评价当前求职难度处于"容易"和"较容易"区间。以5分为满分，受访样本对2020年在广州就业信心的综合评分为3.905分。

（三）择业考虑因素

求职者择业考虑的首要因素按回答频次高低依次是：经济收入（38.55%）、个人发展机会（20.15%）、专业发挥（19.70%）、用工规范（如购买五险一金、签订劳动合同等）（11.98%）、工作地点（5.45%）、工作时间（3.38%）、其他（0.79%）。可见求职者择业主要考量因素为经济收入与发展机会。

（四）留穗意愿与留穗时长

1. 广州仍占就业区位选择首位，选择在大湾区其他城市就业创业跃居第二位

在就业区位选择上，广州仍占受访样本就业区位选择的首位（占比39.23%，下同），其次是"在港珠澳大湾区其他城市就业创业"（占28.52%），再次是"在长三角地区就业"（占14.59%）（见表3）。

表3 受访者对就业区位的选择

单位：人，%

位次	就业区位选择	有效样本数	百分比
1	在广州就业创业	1813	39.23
2	在港珠澳大湾区其他城市就业创业	1318	28.52
3	在长三角地区就业	674	14.59
4	其他地区就业	318	6.88
5	返乡就业创业	229	4.96
6	说不清楚	269	5.82
	合计	4621	100.00

2. 超六成受访者愿意留穗时间在三年以上

就业年限的选择反映了求职者对城市的认同感和归属感。在回答"愿意留穗就业年限"时，受访者中31.93%选择3年以下，48.65%选择4~10年，18.70%选择愿意留穗就业10年以上，合计选择愿意4年以上中长期留穗群体占比超过六成（67.35%），侧面印证广州作为国家战略中心城市，就业机会充足，发展空间相对广阔，求职者对留穗就业生活具有相当的认同感和归属感。广州在制定各类就业政策上，应适当倾向考虑向中长期就业人群倾斜。

（五）公共就业服务的获得感和满意度

1. 六成半受访者曾获得公共就业服务，招聘信息发布获得感最高

65.39%的求职者表示曾经接受过政府部门提供的公共就业服务，按提及率高低排序依次为：招聘信息发布（67.93%）、档案服务（61.76%）、职业介绍（61.24%）、就业政策咨询（60.01%）、职业指导（54.86%）、职业培训（54.30%）、就业和失业登记服务（54.08%）、创业服务（51.42%）、就业援助服务（50.42%）、其他（3.2%）。

2. 求职者寄望公共就业服务在内容、形式、时效上进一步优化

问及"公共就业服务仍需要改进（优化）的方面"时，提及率最高的前三项分别是：服务内容（提及率55.25%，下同）、服务形式（50.08%）、服务时效（40.38%）。与2019年上半年调查相比，求职者对"互联网+"时代下的信息化建设、新媒体新工具的应用期盼改进最强烈，分别提升了14.93个和12.71个百分点（见表4）。

表4 受访者认为公共就业服务仍需改进的方面

单位：%

序号	公共就业服务仍需要改进的方面	提及率 2019年上半年	提及率 2019年下半年	变化
1	服务内容	49.60	55.25	5.65
2	服务形式	50.57	50.08	-0.49
3	服务时效	46.07	40.38	-5.69

续表

序号	公共就业服务仍需要改进的方面	提及率		变化
		2019年上半年	2019年下半年	
4	"互联网+"时代下的信息化建设	22.70	37.63	14.93
5	服务水平	37.22	33.28	-3.94
6	服务态度	26.71	27.83	1.12
7	新媒体新工具的应用	8.43	21.14	12.71
8	加强自身宣传	9.13	16.23	7.10

四 异地务工人员就业登记情况分析

（一）登记总量

截至2019年12月31日，广州实名制登记异地务工人员总量为675.30万人，同比增长7.29%，增速较2018年提升1.61个百分点。

（二）结构特征

1. 年龄结构

截至2019年12月31日，25岁以下、25～34岁、35～44岁、45岁及以上异地务工人员分别占8.94%、48.27%、27.27%、15.51%。25～44岁年龄层是异地务工人员的中坚力量。

2. 户籍来源结构

截至2019年12月31日，来自广东省内和省外的异地务工人员占比分别为36.78%、63.22%，其中，省外人员较多来自湖南、广西、湖北、四川、河南、江西等主要劳务输出地，分别占15.53%、8.52%、6.99%、5.88%、5.81%、4.70%。

3. 异地务工人员就业分布

截至2019年12月31日，广州从事第一、第二、第三产业的异地务工人员占比分别为0.14%、33.23%、66.63%，异地务工人员就业分布侧重第三产业现象明显。其中,广州异地务工人员就业占比前五名的行业分别为制造业,租赁和商务服务业,批发和零售业,居民服务、修理和其他服务业,信息传输、软件和信息技术服务业,占比依次为30.20%、13.04%、9.37%、6.46%、4.25%。异地务工人员就业行业分布与广州产业结构基本匹配。

五 2020年广州就业形势展望

2020年新春伊始,由新冠肺炎引起的疫情防控工作给广州经济和就业领域带来了深远影响,不仅对制造业、旅游文化、交通运输、住宿餐饮、租赁和商务服务业、批发零售业等多个行业一季度生产经营和劳动用工带来一定冲击,给中小微企业和私营个体经济等带来严重挑战,还对广州就业形势带来不稳定因素。鉴于疫情对就业的影响可能具有一定的滞后性,疫情蔓延何时终结尚未可知,对下一阶段企业生产复工、信心预期等将产生不可避免的影响。因此,及早预判下一阶段疫情对广州就业领域产生的影响,及早制定相关就业服务预案,改善就业环境、稳定企业发展信心、稳定就业预期,深入挖掘第三产业、中小企业和私营经济在扩大就业方面的重要作用,成为广州人社部门当前及下一阶段应对疫情挑战、"稳就业"工作必须面对的重要课题。

(一)高度关注疫情对就业形势后续影响,及早做出就业服务应对预案

从发展环境看,2020年,广州就业工作既面临国际经济贸易不确定性及经济转型发展、经济增速放缓等不利因素,也面临着粤港澳大湾区建设成为国家战略和新业态、新动能快速发展等重大历史机遇,同时新冠肺炎疫情给广州各行业经济和劳动就业将带来不可回避的冲击。因此,需高度关注疫情对广州就业形势的后续影响,加强分析研判,及早研究制定适应性就业服务预案;全面贯彻落实党的十九大精神和习近平总书记视察广东重要讲话精

神，拿出优化广州营商环境尤其是劳动力市场环境更实举措，进一步提高公共服务水平，增强广州人力资源市场的竞争力，促进人力资源市场供需平衡。同时，加大"促进就业九条"政策宣传和落地力度，提振企业发展信心，协助企业稳企稳岗；积极贯彻落实《广东省进一步促进就业若干政策措施（修订版）》，促进政策细化落地；强化政企互动，开展"促进就业九条"政策服务情况追踪回访，为企业提供更贴心、更精准的服务。

（二）深化公共就业服务供给侧改革，推动公共就业服务智能化建设

加大公共就业服务供给，提升公共就业服务效能是提升高质量就业的重要抓手，而信息网络化建设是新时代发展的必然要求，也是调研中发现企业对公共就业服务更高质量发展的主要诉求。针对求职者调查中发现的求职者寄语公共就业服务在服务内容、服务形式、服务时效上进一步优化等诉求，提出以下建议。一是融入"互联网思维"，深化公共就业服务供给侧改革。通过顶层设计、再造服务流程，结合广州市政务与数据服务管理局"数字政府"建设要求，为企业和求职者提供"互联网＋人力资源服务"服务。线下举办多层次、多元化、多主体的招聘活动，做优做强公共实体市场；线上以公共招聘服务平台建设为抓手，积极推动线上线下融会贯通，打造"全方位"市场服务。二是强化品牌建设，提升公共就业服务知晓度。继续强化"春风行动""金秋行动""民营企业招聘周"等公共就业服务品牌活动的宣传力度。既要加大对火车站、机场、港湾入口、地铁等人流聚集地的公共就业品牌宣传和服务指引力度；又要充分利用移动互联网便利，借助官网、政务平台、微信公众号、抖音、主流媒体等媒体优势，加大公共就业创业服务政策宣传力度；同时，要持续不断将"促进就业九条"等就业政策宣传贯穿于各项公共就业服务活动中。在各招聘会现场及公共就业服务办事大厅现场派发"促进就业九条"、各类《办事指南》等宣传材料，免费提供劳动就业、社会保障政策咨询、职业指导，及时帮助企业和劳动者了解政策，合理运用政策，提升公共就业服务知晓度。三是聚焦关键环节，推动公共就业服务"出新出彩"。广泛推行"互联网＋公共就业"的服务模式，逐

步建成集服务大厅、自助终端服务一体机、网站、移动应用"四位一体"的公共就业服务综合平台，为用人单位和劳动者提供智能化服务，实现公共就业服务由"面对面"向"指尖服务"转变。同时加快人员队伍专业化培训，提升服务理念，提升群众对公共就业服务满意度。

（三）抓住粤港澳大湾区建设机遇，促进人力资源市场平衡性和高质量就业

2019年，广东印发《中共广东省委全面深化改革委员会关于印发广州市推动"四个出新出彩"行动方案的通知》，为广州全面提升城市中心功能，建设先进制造业强市，打造全球定制之都，建设现代服务业强市，创建国家级营商环境改革创新试验区，建设世界级高铁枢纽、世界级都市数字交通体系定下系列战略部署，也必将引领广州产业结构和就业结构不断优化提升，为推动实现更高质量就业提供更广阔的空间；广深港澳在产业融合、就业创业、公共就业服务等方面必将实现更广范围接轨，将为广州进一步优化就业结构，提升就业质量打开重要的窗口期。建议紧紧抓住粤港澳大湾区建设历史机遇，推动劳动力素质提升，推动实现更高质量就业。具体来说包括以下几点。一是高度关注技术进步对人力资源市场结构性的影响，持续稳步推进居民受教育水平提升，促进劳动者就业技能和素质提升，促进人力资源市场平衡性和更高质量就业。二是加快人才队伍建设，围绕就业创业重点群体，广泛开展就业技能培训，帮助低技能劳动者适应产业转型升级需要。三是倡导实体企业发挥主体作用，积极开展校企合作、订单式培训、顶岗培训，加快实用性人才队伍建设，缓解企业人才短缺。四是进一步营造公平就业环境，维护劳动者合法正当权益，在经济增长的同时实现收入同步增长。

（四）探索应用就业"大数据"，提高市场监测研判水平，为广州经济高质量发展保驾护航

继续加强对广州人力资源市场形势的监测预警预测，尤其是加强对重点行业、企业在重要时间节点如春节前后劳动力返岗返流动情况的密切关注，

及时研判人力资源市场波动态势；促进就业服务数据跨业务、跨区域、跨部门共享；推动互联网、大数据、人工智能与就业服务深度融合，探索拓展应用就业"大数据"，探索建设劳动者"就业电子档案袋"；为决策提供真实准确的数据支撑；进一步加强人员队伍专业素质和能力建设，全面加强人力资源市场分析研判，为推动广州实现高质量发展提供坚实统计保障。

参考文献

广州年鉴编纂委员会编《广州年鉴》（2009～2019年），广州年鉴社。

广州市人力资源市场服务中心：《广州市人力资源市场供求分析报告》（2009～2019年）（内部材料）。

产业经济篇
Industrial Economy

B.6
广州推进产业基础高级化、产业链现代化的思路与建议

王玉印 许 剑*

摘 要： 新冠肺炎疫情对产业基础、产业链产生广泛而深远的影响，广州必须围绕产业链部署创新链、围绕创新链布局产业链，大力构建现代产业体系，不断提升产业核心竞争力，才能贯彻落实好中央关于扎实做好"六稳"工作、全面落实"六保"任务的重大部署。本文概括总结了广州产业基础情况，深刻剖析部分重点产业的产业链发展情况，客观分析了存在的主要短板，结合外部环境的有利条件，有针对性地提出了广州推进产业基础高级化、产业链现代化的对策建议。

---

* 王玉印，广州市工业和信息化局综合与政策法规处（行政审批处）处长、一级调研员，研究方向为产业政策的调查研究和制定等；许剑，广州市工业和信息化局电子信息工业处处长，研究方向为电子信息产业发展的政策建议并组织实施等。

关键词： 产业基础能力　产业基础高级化　产业链现代化

广州作为国家重要的中心城市和省会城市，是粤港澳大湾区核心引擎之一，随着国家"一带一路"倡议、支持深圳建设中国特色社会主义先行示范区等战略的稳步推进，广州的独特地缘优势更加突出，经济腹地和发展空间得到进一步拓展。广州是国家先进制造业重要基地、华南地区工业门类最齐全的城市，拥有较为完整的工业体系和产业基础、不断健全的产业链、丰富的人力集聚资源、较为强劲的市场活力、不断跃升的创新能力，制造业综合实力和配套能力居全国前列。然而，这次新冠肺炎疫情对全球产业链、供应链产生了严重影响，从长期来看，特别会对一些长链条行业，如汽车、电子信息、半导体、机电等行业产生更大的影响。因此，围绕产业链部署创新链、围绕创新链布局产业链，对贯彻落实好中央关于扎实做好"六稳"工作、全面落实"六保"任务具有重大现实意义。

一　广州推进产业基础高级化、产业链现代化的重要意义

（一）构建现代产业体系的现实需要

当前，广州产业发展正处于新旧动能转换的攻关期，到了滚石上山、爬坡过坎的关键时期，自主创新能力有待强化、产业结构不够合理、发展质量和效益偏低等问题依然突出。特别是在新冠肺炎疫情的严重影响下，未来形势将更加复杂严峻，必须深刻领会中央最近提出"要坚持底线思维，做好较长时间应对外部环境变化的思想准备和工作准备"的总体判断和要求，坚持目标导向、问题导向、结果导向，认真分析问题形势。必须积极推进产业基础高级化、产业链现代化，进一步增强粤港澳大湾区现代产业协同发展，强化基础研究和关键核心技术攻关，促进下游企业抱团发展，推动产业

链与供给链、创新链一体化，提高供给体系质量和效益，积极抢占产业价值链高端，构建具有国际竞争力的现代产业体系。

（二）提升产业竞争力的客观需求

总体来看，广州汽车、电子信息、装备制造等产业呈现"规模较大、大而不强"的现象，汽车、电子、石化等支柱产业边际效益逐年递减，超高清视频、集成电路、人工智能、机器人等新兴产业尚处于培育起步阶段，新旧动能转换接续尚未到位，亟待培育具有国际竞争力的新的支柱产业。同时，一些关键基础材料、核心基础零部件（元器件）、基础软件严重依赖进口，关键技术受制于人。重视产业基础、产业链发展，既是提升广州产业链安全性和自主性水平，应对全球产业链变化的客观要求，也是广州未来构筑新的比较优势和竞争优势，持续提升产业在全球范围内竞争力的必由之路。

（三）建设好粤港澳大湾区的必然要求

"发展活力充沛、创新能力突出、产业结构优化、要素流动顺畅、生态环境优美的国际一流湾区"是粤港澳大湾区未来三年的建设发展目标，广州作为粤港澳大湾区中心城市，必须突出产业基础高级化、产业链现代化的工作重点，强化广深"双城联动"、广州—佛山极点带动，加快推进南沙粤港澳全面合作示范区、粤港澳大湾区国际商业银行等平台项目建设，以好项目好平台吸引更多港澳资源要素，共同提升大湾区产业基础、产业链水平，真正发挥广州核心引擎作用，增强对周边区域经济发展的辐射带动作用。

二 广州产业基础能力和产业链水平现状

（一）整体情况

1.产业基础比较雄厚

新中国成立以来，特别是改革开放后，广州的产业基础能力进步飞速，通过早期承接劳动力密集型的加工制造业，迅速融入国际产业分工体系，工业体系覆盖35个工业大类，服务业体系则不断向高端迈进，跃升为华南地区产业体系最完善的经济强市，产业综合实力、配套能力位居全国前列。近年来，广州顺应新一轮科技革命和产业变革趋势，积极抢抓以互联网、大数据、物联网、云计算、区块链、人工智能等为代表的新一代信息技术发展机遇，突出"工业化和信息化"两化融合与"制造业和服务业"两业融合，持续推动IAB、NEM等新兴产业发展壮大，创建了全省首家国家制造业创新中心、7家省级制造业创新中心、5家国家级工业设计中心、21家省级工业设计中心，打造了22家国家重点实验室、233家省重点实验室，两化融合、绿色发展等多项指标位居全国前列，为进一步提升产业基础能力奠定了坚实基础。

2. 部分产业链条完整，竞争力较强

汽车产业链比较完备。广州整车制造国内领先，拥有一批有较强行业影响力的整车制造企业，2017~2019年整车产量在国内城市排名居于前列。传统汽车关键零部件基本能实现省内配套，集聚了一大批汽车零部件企业，产品涵盖主流汽车零部件种类。软件和信息服务业全国领先。广州软件和信息服务业收入约占全国总收入的5.8%，规模位列全国前列，增速连续15年超过15%。在移动音乐、网络音频、视频直播等互联网娱乐领域发展出一批全国领先的优秀企业，语言识别、图像识别、机器人、无人机等细分领域在市场上具备较强实力。拥有国家超级计算广州中心等一批产业技术支撑平台。

3. 部分产业潜力大，竞争力有待提高

集成电路产业处于建链补链阶段。拥有安凯微电子、慧智微电子、泰斗微电子、润芯、硅芯、高云半导体等一批细分领域龙头设计企业，2019年18家集成电路设计代表企业营业收入约20亿元。2019年9月正式投产的粤芯半导体项目填补了广州芯片制造环节的空白。封装测试发展较快，拥有兴森快捷、安捷利、风华芯电、丰江微电子等一批集成电路封装企业，但基本以中低端封装为主。服务平台加快完善，广州国家现代服务业集成电路设计产业化基地是全国十个国家级的集成电路设计高新技术产业化基地之一。超高清视频产业处于强链补链阶段。新型显示环节实力较强，乐金显示、视源电子、广州创维等企业全球领先，奥翼电子在纳米电泳电子纸方面拥有国际专利，2019年超高清与新型显示制造业产值约1800亿元。超高清内容产业快速成长，龙头企业四开花园已生产的超高清（4K）节目数量居全球第一。

（二）部分重点产业情况

1. 汽车

（1）整车制造国内领先

经过多年发展，广州整车产量在国内城市中已排名第一位（2019年总产量近300万辆）。传统整车制造企业有：广汽本田、广汽丰田、东风日产、广汽乘用车、广汽菲亚特、东风启辰、北汽（广州）、广汽新能源汽车、广汽比亚迪、广汽日野。造车新势力企业有：小鹏汽车、宝能汽车、恒大汽车、小马智行、文远知行。改装车企业有：广日专用汽车有限公司、捷厉中警羊城特种车厂、广州环境卫生机械设备厂等。汽车产品涵盖乘用车、商用车、改装车及相关配套汽车零部件，除传统汽车外，还有新能源汽车、智能网联汽车。

（2）传统汽车关键零部件基本能实现省内配套

广州及周边地区集聚了一大批汽车零部件企业，产品涵盖发动机动力系统、驱动系统及传动系统、悬挂及制动系统、车身系统、电气系统、新能源汽车和智能网联汽车零部件等主流汽车零部件种类。广汽本田、东风日产已建立较成熟的供应商体系，广汽本田、广汽丰田、东风日产零部件国产化率达到95%。传统汽车的汽油发动机、自动变速器及组件、汽车电子产品，以及车身系统、制动系统、车轮系统及组件、进排气系统、内饰座椅等基本实现省内配套。

（3）新型汽车部分零部件依赖进口

动力电池、驱动电机、电控系统是新能源汽车三大关键零部件。广州部分整车企业的电控系统为自主或合作开发。动力电池企业主要有广州鹏辉能源科技股份有限公司、广州力柏能源科技有限公司，广汽时代和时代广汽动

力电池项目正在建设。广州整车企业已量产车型的电机较多依靠外购，部分合资企业采用日产公司（自制）进口电机。

2. 集成电路

（1）拥有一批细分领域龙头设计企业

安凯微电子在低照度图像传感器处理器领域国内领先，点读笔应用及安防监控领域具有一定市场优势。慧智微电子是国内领先的射频器件厂商，为实现软件定义的4G/5G射频多模前端提供解决方案。昂宝电子在显示器背光驱动等数模混合芯片领域具有优势。泰斗微电子是国内首个集成了射频、基带与闪存的"三合一"解决方案的厂家，实现车载北斗导航领域"换芯"。润芯信息技术的北斗卫星导航射频芯片各项技术指标和销量中国第一。硅芯的光存储和光电驱动芯片国内领先。高云半导体在自主FPGA产品的研发及产业化方面国内领先。

（2）制造能力填补空白

一直以来，广州半导体产业链一直缺少芯片制造这一环节，上游芯片设计企业必须向外寻找芯片制造产能。2019年9月正式投产的粤芯半导体项目已填补广州在芯片制造这一环节的空白。

（3）封装测试发展速度较快

广州拥有兴森快捷、安捷利、风华芯电、丰江微电子等一批集成电路封装企业，但总体处于行业低端。兴森快捷是国内最大的印制电路样板小批量板快件制造商之一；风华芯电拥有20余条国际先进水平的半导体封装测试自动化生产线，可生产22个封装系列、1000余个品种的半导体分立器件和集成电路。此外，晶科电子计划在南沙建设年产值15亿的大功率LED芯片模组、半导体先进封装及智慧照明产品生产线。

（4）服务平台加快完善

广州国家现代服务业集成电路设计产业化基地是全国十个国家级的集成电路设计高新技术产业化基地之一。2018年，广州集成电路科学与工程研究院、深圳市微纳集成电路与系统应用研究院广州分院、广州集成电路设计与应用总部基地正式启动建设。

3. 超高清视频

（1）新型显示产业加速发展

广州拥有乐金显示、视源电子、广州创维等全球领先企业，奥翼电子在纳米电泳电子纸方面拥有国际专利。超视堺10.5代液晶面板产线、乐金显示8.5代OLED面板、日本电气硝子基板玻璃生产、LG化学偏光片制造等重大项目推进顺利。

（2）超高清内容产业快速成长

4K数字内容龙头企业四开花园已生产超过6000小时的超高清（4K）节目；广东广播电视台综艺4K超高清频道于2018年10月正式开播，成为全国首个4K超高清直播频道；广州广播电视台联合超高清上下游产业链企业，正积极筹建全球超高清产业演示展示中心；广东优创合影有限公司投资建设运营广州4K内容产业园。

（3）应用示范社区创建加快推进

截至2018年底，广州已创建了全省首个4K电视网络应用示范社区（广氮花园南区）和首个国家广电标准（AVS2）应用示范社区（坚真花园），探索建设了南沙区深湾村等一批4K电视网络应用示范村，全市已形成包括10个示范社区、7个示范村及相关营业厅在内的151个超高清体验点，带动4K签约用户超过150万户，推动4K电视年产量超过250万台。

（4）产业研发创新能力不断提升

广东聚华印刷及柔性显示中心是广东省唯一一个国家级制造业创新中心，柯维新数码研发的AVS2 4K超高清编码器助力中央广播电视总台开播国内首个超高清卫星电视频道，扳手科技首创国产高速、高清摄像机，天誉创高、魅视电子研发的4K超高清拼接屏控制系统等高端成果加快产业化。

（5）技术应用场景逐步成熟

视源电子、珠江智联等企业积极发展超高清+远程医疗等新业务，佳都集团、高新兴科技集团积极加强4K超高清在交通及安防监控领域的应用，产业创新集聚发展态势已初步形成。

4. 软件和人工智能

(1) 软件和信息服务业发展形势较好

围绕信创产业、人工智能、区块链、信息消费，与华为等合作加快布局信息技术应用创新产业发展，落地落成一批基础平台和重大项目。全市基本形成"双核（天河软件园、黄埔软件名城示范区）、两区（广州人工智能与数字经济试验区、白云湖数字科技城）、多点（南沙国际人工智能产业园、番禺万博中心、越秀黄花岗科技园、荔湾电子商务等）"的软件产业布局。天河软件园培育出了网易、酷狗、佳都、UC、中移互联网等知名软件企业，创造了千亿级产值；广州人工智能与数字经济试验区成功吸引了腾讯、阿里巴巴、唯品会、欢聚时代等一批国内互联网行业巨头落户，预计2022年将再创千亿级软件产业集聚。网易、唯品会、三七互娱等8家企业入选2019年互联网百强企业榜单，数量排名全国第三；中望龙腾、巨杉软件、中兴新支点等基础软件质量不断增强，汇量科技、奥飞数据、虎牙直播3家企业2018年陆续上市。2019年，广州软件和信息服务业收入突破4000亿元，同比增长18.5%。

(2) 细分领域的龙头企业突出

广州在语言识别、图像识别、机器人、无人机等细分领域在市场上具备较强实力，在全国居于领先水平。在自然语言处理方面的代表性企业有科大讯飞（语音识别和处理领域的领军企业，其产品与服务占据国内44%的市场份额）。在图像识别领域代表性企业有佳都新太科技（为全球提供人脸识别、视频结构化、大数据和移动支付技术与服务，处于世界领先水平）、云从科技（人脸识别国家标准起草与制定企业）、铂亚公司（图像识别技术处于全球领先水平）、像素数据（公共安全领域人脸识别）。在无人机领域代表性企业有亿航智能。在服务机器人领域代表性企业有广州安望信息科技（开发出全球第一个手机应用的智能机器人——小i机器人）等。

(3) 人工智能初步形成产业集聚态势

广州目前已初步形成六大人工智能产业园区。琶洲粤港澳大湾区人工智能与数字经济试验区已成功引进腾讯、阿里巴巴、树根互联等20多家互联网总部企业。天河软件园是国家级软件产业基地、国家新型工业化产业示范基地（软件和信息服务），软件业务收入占全市约40%。黄埔智能装备产业园已集聚智能装备及机器人企业70多家，形成了从上游关键零部件、中游整机到下游应用集成的完整产业链。广汽智联新能源汽车产业园将构建智联新能源汽车整车制造、动力总成及核心零部件制造等多功能的综合产业链生态系统。思科智慧城已集聚思科公司、城云科技等公司，尚阳科技、优思得、晨宇汇佳等多家合作伙伴将陆续进驻。南沙国际人工智能价值创新园以亚信、微软广州云、云从、小马智行等为核心，打造全国一流的"AI+"智能城市示范区和全球领先的人工智能产业核心聚集区。

三 广州产业基础和产业链面临的挑战

（一）核心基础零部件（元器件）、工业软件等依赖进口

汽车产业方面，高端发动机、自动变速箱、电子车身稳定系统、四驱系统等关键核心零部件还需国外采购。控制系统、高速轴承、优良密封件等基础零部件，以及上游产业的零部件车规级基础元器件、配方性基础原材料严重依赖进口。超高清视频产业方面，高端透镜、芯片、惯性传感器等主要依赖进口。工业机器人及智能装备方面，精密减速器、伺服电机、伺服驱动器、控制器等高可靠性基础功能部件以及传感器等关键元器件长期依赖进口，部分高端工业软件仍需进口。

（二）产业链关键环节存在缺失

汽车产业方面，广州新能源汽车、智能网联汽车还处于起步阶段，动力电池、控制系统、驱动电机三大关键零部件以及充电设施等产业基础还比较薄弱。集成电路产业方面，相比国内其他先进城市，广州芯片制造能力仍然较弱。超高清视频产业方面，4K图像传感器芯片和显示驱动芯片等核心部件还不能实现本地化制造。软件与人工智能产业方面，广州软件企业主要集

聚在利润较高的娱乐、互联网等环节，基础软件、核心工业软件等环节创新能力和投入动力明显不足，缺失数据库、中间件等关键环节；人工智能缺乏多学科、多行业、多领域深度融合和应用。

（三）产业链头部企业缺乏

集成电路产业方面，广州缺乏大型电子终端企业，本地无法产生大量的集成电路有效需求。超高清视频产业方面，缺乏能够贯穿网络建设、网络传输、网络终端的超高清视频领军企业，4K超高清的新型视听终端产品缺少知名生产企业和知名品牌。软件产业方面，广州虽有网易、北明、UC、酷狗、唯品会等一批行业领军企业，但对比腾讯、百度、阿里巴巴等巨头而言，对产业的整体带动作用相对有限。人工智能产业方面，根据乌镇智库《2018全球人工智能发展报告》，人工智能企业数量上广州排名第五（148家），相比先发城市，规模偏小。

四 广州推进产业基础高级化、产业链现代化的有利条件

挑战与机遇并存，危机和希望同行。实现产业基础高级化、产业链现代化，不会一帆风顺。2018年、2019年，广州经济在转型升级、动力转换中运行平稳，稳中趋优，稳中育新，高质量发展有利条件不断累积。虽然外部环境变化带来严峻挑战，但只要积极应对，就可以化压力为动力，推动经济发展迈上新台阶。具体来看，广州打好产业基础高级化、产业链现代化的攻坚战具备以下几方面有利条件。

（一）凝心聚力打好攻坚战

党中央明确提出加大新基建力度、稳健的货币政策要更加灵活适度、"六稳"、"六保"等系列重大部署，为未来经济工作定下总基调，也为广州市工业和信息化发展带来新机遇、新方向。同时，广东省委、省政府提出的

强核、立柱、强链、优化布局、品质、培土"六大工程",广州市委、市政府提出的"八大提质工程",自上而下、坚定信心、下定决心,打好产业基础高级化、产业链现代化攻坚战。广州应结合本土优势,把握产业发展主动权,突出协同发展和开放合作,不断增强产业创新、竞争力,全力以赴推动广州建设先进制造业强市,为实现"四个出新出彩"、老城市新活力做出贡献。

(二)具备良好的物质和创新基础

2019年,广州实现地区生产总值23628.60亿元,研究与试验发展(R&D)经费支出超650亿元,聚集了全省80%的高校、97%的国家级重点学科、69%的国家重点实验室以及58%的独立研究机构,建成了全省唯一的国家级制造业创新中心,300多家省级以上企业技术中心。这些都为广州打好产业基础高级化、产业链现代化攻坚战提供了坚强的物质技术基础。

(三)拥有优越的政策保障和营商环境

近年,广州全面实施"先进制造业强市"战略,先后密集出台实施60多份重要政策规划,谋划实施数字经济新基建三年行动,以全球视野构建广州先进制造业立体式政策体系,为产业基础、产业链发展提供了强大的政策保障。按照市场化国际化法治化的要求,从深化审批服务便利化改革、加快工程建设项目审批制度改革、完善企业投资管理体制、推进贸易便利化改革、建立以"信用+监管"为核心的新型市场监管体制等七个方面,进一步加大营商环境改革力度。认真落实国家和省的简政放权、加大改革开放力度等要求,细化实施降低制造业企业成本、民营经济20条、优先保障工业用地、村级工业园整治提升、简化用电审批流程等举措,最大化减轻制造业企业成本负担,每年为制造业企业降低成本超百亿元。对标国内外先进城市"获得电力"最高水平,在2019年度国家发改委、南方能监局和广东省营商环境系列评价中,广州"获得电力"排名位居全国各大城市第一方阵。

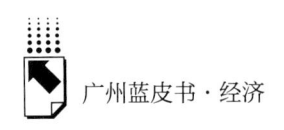

（四）粤港澳大湾区建设提供的战略机遇

《粤港澳大湾区发展规划纲要》明确了城市群发展面临的挑战是产业升级，珠三角地区传统制造业优势明显，未来要从制造业向"智造业"转变，每个区域分工协作，发挥广州的商贸、物流优势，深圳的科技创新优势、港澳的金融信息优势，进行产业链的整合完善，优势互补，进一步提升产业基础。因此，粤港澳大湾区区位优势明显、经济实力雄厚、创新要素集聚、国际化水平领先、合作基础良好，将为广州打好产业基础高级化、产业链现代化攻坚战提供重大的战略机遇。

五 广州推进产业基础高级化、产业链现代化的思考与建议

提升产业基础能力，推进产业链现代化是一项庞大的系统工程，必须认真落实好中央财经委员会第五次会议提出的指导方针和政策要求，加大政策制定力度，谋划重点工作，整合各方资源，分类组织实施，切实增强产业自主能力。建议重点做好以下几方面工作。

（一）进一步完善顶层设计

研究制定全市打好产业基础高级化、产业链现代化攻坚战行动方案和工业"五基"发展目录，积极谋划布局"新基建"，加强全市层面的统筹规划、分类施策，明确政府部门、市场主体职责分工，强化部门协同和上下联动，确保各项政策措施的落实。

（二）加强基础核心技术攻关

一是聚焦广州重点发展领域，集中优势资源，加大对核心技术、工艺和基础材料的研发攻关，着力解决一批制约产业链升级的技术瓶颈和"卡脖子"问题。二是推进汽车、新型显示、机器人等重点行业制造业创新中心

建设，加快突破关键基础材料、核心基础零部件等共性技术的工程化、产业化瓶颈。

（三）完善产业公共服务能力

一是充分利用大型骨干和龙头企业、科研院所、高校和第三方机构，建设一批产业技术基础公共服务平台、试验检测类公共服务平台，提升检验检测认证、知识产权应用与保护、标准制定等技术基础支撑能力。二是鼓励数字信息类企业积极构建基于人工智能、区块链、云计算、大数据、工业互联网等新兴技术平台和架构的产业公共服务平台，促进生产要素有序流动和共享。

（四）推进实施"数字新基建"行动

市区联动齐抓共建，兼顾广州既有基础和长远发展，重点选择"5G、人工智能、工业互联网、充电基础设施"四大领域专项行动，明确发展重点任务，打造一批新基建试点示范项目，以融合应用为突破，以区域示范为牵引，以数据内容为要素，以人才集聚为根本，以生态构建为支撑，加大政策支持和组织保障，催生广州市发展新基建的头雁效应。

（五）提升产业协同创新能力

一是推动下游企业与上游基础配套企业的协同创新，实施"产业链协同创新""强链补链一条龙"行动，把下游龙头企业作为重要的发力点，发挥产学研用相结合的机制优势，鼓励支持产业链上下游核心企业围绕关键核心技术联合攻关。二是加大科技体制改革力度，优化科技金融服务体系，促进科技成果产业化。三是加强与香港、深圳、佛山等的产业技术对接合作，推动广深港澳科技创新走廊建设，促进各方创新机制和创新政策协同。打造创新型企业集群，围绕主导产业，结合广州国家级先进制造业产业集群建设，集中力量引进一批位于产业链高端环节、拥有核心技术、带动力强的行业龙头企业。

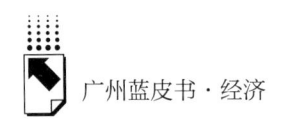

（六）加速汇聚现代产业发展要素

一是加大人才保障力度。深入实施"1+4"人才政策，引进急需的"高精尖缺"产业领军人才和创新团队，打造一批具有创新精神和国际视野的企业家队伍，培养一批具有工匠精神的高技能人才队伍。二是加大资金支持力度。强化产融合作，发展多层次资本市场，拓展企业融资渠道，充分发挥广州市工业转型升级发展基金等政府基金的撬动作用，大力引入社会资本，提升金融资本服务产业链现代化的能力。三是提升产业大数据的治理和应用，强化数据确权、数据流动交易、数据安全和隐私保护，加强数据标准规范研究，推动多方大数据场景的开放。四是促进信息化与工业化深度融合，实施发展工业互联网行动和智能制造行动，推进制造业数字化、网络化、智能化改造，以新技术、新业态和新模式改造传统制造业，加快形成服务型制造体系。

参考文献

谷建全：《"高级化+现代化"推动制造业高质量发展》，《经济日报》2020年2月22日，第012版。

卢周来：《我国产业基础能力和产业链水平如何提升》，《开放导报》2020年第1期。

胡奎：《坚决打好产业基础高级化、产业链现代化攻坚战》，《浙江经济》2020年第1期。

罗仲伟、孟艳华：《"十四五"时期区域产业基础高级化和产业链现代化》，《区域经济评论》2020年第1期。

李毅中：《努力提升工业基础能力和产业链水平》，《中国工业报》2020年1月15日，第001版。

吴兴旺：《打好产业基础高级化产业链现代化攻坚战》，《学习时报》2019年12月25日，第006版。

梁启东：《打好产业基础高级化、产业链现代化的攻坚战》，《中国城市报》2019年10月21日，第010版。

盛朝迅：《推进我国产业链现代化的思路与方略》，《改革》2019年第10期。

B.7
广州发展新一代信息技术产业的战略与对策研究

袁 杰*

摘 要： 当前，以大数据、云计算、人工智能等为代表的新一代信息技术及关联产业迅速发展，深刻改变着经济社会发展面貌，也成为全球主要国家、经济体和先进城市之间竞争的焦点。近年来，广州从城市发展战略的高度，大力推进新一代信息技术产业发展，既出现难得的历史机遇，也面临深层次矛盾问题，需要从发展战略、体制机制、政策措施等多方面予以积极应对。

关键词： 新一代信息技术产业 创新产业 广州

新一代信息技术产业是国家明确的七大战略性新兴产业之一[1]，也是城市产业竞争的主战场。2017年广州提出大力发展IAB产业，2018年3月颁布实施加快IAB产业发展五年行动计划。新一代信息技术产业发展势头良

---

* 袁杰，中共广州市委政策研究室（改革办）经济研究处三级调研员，负责广州市域经济调查和研究工作。

[1] 国家确定的七大战略性新兴产业分别是：新一代信息技术、高端装备制造、绿色低碳、生物医药、数字经济、新材料、海洋经济。新一代信息技术方面，广州重点发展新型显示、集成电路、新一代信息通信、基础硬件、工业互联网、物联网及车联网、云计算及大数据、互联网及软件服务、新一代信息技术服务业、量子通信、区块链、太赫兹12项技术及关联产业。

好，新型显示、车联网、工业互联网等领域走在全国全省前列。但广州新一代信息技术产业总体处于发展攻坚期，技术研发和成果转化能力不强、世界一流的企业和产业集群缺乏等问题仍较突出，对经济高质量发展的引领力支撑力有待提升。

一 新一代信息技术产业理论分析与经验借鉴

（一）理论分析

新一代信息技术产业，不仅是信息技术各个分支如集成电路、计算机、通信、软件等的纵向升级，更是信息领域整体平台和产业的代际变迁。20世纪80年代以前普遍采用的大型主机和简易哑终端，被认为是第一代信息技术平台；其后至21世纪初广泛使用的个人计算机、互联网和服务器，被认为是第二代信息技术平台；近年来，以移动互联网、社交网络、云计算、大数据为代表的新一代信息技术平台蓬勃发展。网络互联的移动化和泛在化、信息处理的集中化和大数据化、信息服务的智能化和个性化，是新一代信息技术的基本特征，以信息化和工业化深度融合为主要目标的"互联网+"是新一代信息技术产业的集中体现。展望今后一段时期，信息技术产业将加速从制造业为主转向软件和服务业为主，从关注设备、软件到更多关注数据，从侧重产品生产到重视构建产业生态环境，从虚拟的网络空间到虚实结合的人机物融合，未来各行各业都将成为互联网产业的一环。

（二）经验借鉴

新一代信息技术及产业由于其战略性、引领性和渗透性，受到世界主要国家特别是西方发达国家的高度重视。美国2011年2月发布创新战略报告，对构建新时期创新所需的信息科技生态系统做出全面战略部署。其后，通过集中科学家、企业家进行技术和商业模式创新，发挥新一代信息技术对其他产业的渗透作用，美国新一代信息技术产业发展迅猛，2019年市场规模达

1.6万亿美元，占全球总规模的31%，包揽了全球市值前十的大数据公司，在芯片/半导体、人工智能领域处于领先地位。德国先后发布"2015数字化德国""信息通信技术2020创新研究计划""高技术战略2025"等科技战略文件，明确信息技术产业发展重点领域、目标任务和经费投入，实施"德国科学创新之家"项目，为相关领域的国内外专家交流合作提供平台。日本早在2009年就宣布了由三大领域十大计划构成的"未来开拓战略"，明确提出建立世界最高能效的云数据中心，利用信息技术构筑亚洲知识经济圈等，并积极实施国际标准化战略，通过主动发布相关技术标准、主办和参加重大国际会议等，积极主导全球相关技术和产业发展。西方发达国家新一代信息技术产业的发展历程表明，清晰的战略规划指引，连续的资金和研发投入，富有吸引力的政策、市场和人文环境，集聚、融合、开放的创新产业格局，是加速包括新一代信息技术在内的高新技术产业发展的根本路径。

二 广州新一代信息技术产业发展现状分析

2019年，广州市新一代信息技术产业产值819.50亿元，增长6.0%，高于工业平均增速1.2个百分点，占全市GDP的比重为3.47%，较2018年上升0.44个百分点。创建了全省唯一的国家制造业创新中心（广东聚华国家印刷及柔性显示创新中心）、唯一的智能网联汽车与智慧交通应用示范区、全省首个4K电视网络应用示范社区（天河广氮花园）和工业互联网产业基地及首批省市共建超高清视频产业基地。总体上看，广州推进新一代信息技术产业发展，具有产业基础、市场活力、区位交通、物流体系等优势，但也面临其他城市激烈竞争和自身固有矛盾问题，机遇与挑战并存，正处于由量变向质变、由局部突破向整体跃升的关键期。

（一）创新驱动力提升，但自主创新水平仍然不高

广州加快建设聚华国家印刷及柔性显示创新中心、中科院空天信息研究院粤港澳大湾区研究院暨太赫兹国家科学中心等重大创新平台，组建一批产

学研技术创新联盟，实施开放式协同创新，加大促进成果转移转化力度，不断完善提升华南（广州）技术转移中心功能，谋划打造五山－石牌高教区广州科技成果转化基地。但从创新成果产出和科技成果转化率看，效率仍不够高，制约了自主创新水平的提升。截至2019年底，全市有效发明专利量58434件，每万人发明专利拥有量39.2件，远低于北京（112件）、深圳（106.4件）、上海（53件）。2019年PCT国际专利申请量1622件，较上年下降14.5%。

（二）产业竞争力增强，但经济带动效益仍然较弱

新型显示产业方面，广州支持奥翼电子公司主导制定显示领域的国际标准，成功引进海康威视华南研发总部；集成电路产业方面，泰斗微电子是国内首个集成射频、基带与闪存"三合一"解决方案的厂家，广州润芯的北斗卫星导航芯片各项技术指标和销量全国第一；新一代移动通信产业方面，京信通信引领全球小型化多制式基站天线技术，移动通信天线产能全球第一、市场占有率全球第二；卫星导航方面，全市卫星导航企业数量约占全国1/5，海格通信、中海达、南方测绘、广州润芯等一批企业聚合成北斗产业"广州军团"；工业互联网产业方面，工业互联网标识解析国家顶级节点落户广州，海尔、机智云、中船互联等30余家工业互联网平台集聚广州开发区，68家平台商和服务商入选广东省工业互联网产业生态供给资源池，数量居全省第一。但广州尚未形成高、中、低配套的完整产业链，特别缺乏拥有产品定价权、产业控制权的领军企业；整个产业增加值仅占全市GDP的3.47%，LG 8.5代OLED、粤芯芯片等重点项目短期内产能释放有限，对经济发展的带动力还在继续壮大的过程中。

（三）人才支撑力汇聚，但结构和总体素质仍不理想

近年来，广州相继出台产业领军人才"1+4"政策、"广聚英才计划"以及关于高层次人才认定、服务保障和培养资助等3份文件，在全球范围延揽人才力度不断加大。广州评选奖励的创新领军人才、产业高端人才、急需紧缺人才中，来自新一代信息技术等IAB产业的都是最多的。在广州开发

区设立全国首个产教融合示范区,首批进驻区块链、物联网等 7 个产业学院;在广州大学等高等院校开设网络空间安全、大数据技术与应用、数字影像技术和物联网技术应用等重点学科,从 2019 年起连续 3 年给予财政支持。但广州对人才的吸引力还不够强,战略科学家、基础研究领域领军者等高端人才缺乏,产业中端人才、技术骨干人才缺口更大,人才总量、人才结构与产业发展的需要不相适应。根据教育部发布的报告,目前我国在制造业中新一代信息技术产业的人才缺口最大,至 2025 年这一缺口将达 950 万人,抢人大战只会越来越激烈,广州培育、引进相关人才的紧迫性进一步凸显。

(四)服务保障力度强化,但产业发展环境仍未达到一流

广州已建立 IAB 产业发展联席会议制度,全市 11 个区和有关 20 多个市直部门为成员单位。制定出台价值创新园区、集成电路、超高清视频、工业互联网等产业专项政策,基本构建覆盖产业链、创新链、人才链、资金链的政策体系。设立 20 亿元的"中国制造 2025"产业发展资金,引导企业与社会资本注入,与三一集团共同设立工业互联网基金,实缴资金 9.4 亿元。优先保障先进制造业项目用地,简化项目审批流程,加强知识产权运用和保护。但对比一些先进城市,广州对创新产品、自主品牌的支持力度还不够大,领域不够集中,支持和服务缺乏持续性,造成一些创新创业项目难以做大;从项目立项到规划选址、用地报批、供地等周期较长,影响部分项目建设投产、如期释放效益。

三 广州发展新一代信息技术产业的战略与对策建议

抢抓粤港澳大湾区和深圳中国特色社会主义先行示范区"双区"建设以及广州、深圳"双城联动"重大机遇,按照建设先进制造业强市的既定部署,大力营造良好发展环境,促进新一代信息技术与实体经济、市民生活深度融合,狠抓 IAB 产业发展五年行动计划等配套产业政策举措落地落细落实,为广州推动高质量发展、创造高品质生活提供关键支撑。

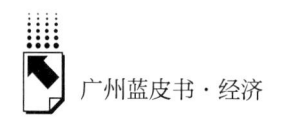

（一）抓技术攻关

通过创建一批工作站、实验室等创新载体引入人才。打造跨界融合生态，搭建更多技术交流、产业交流、人才交流的公共平台，促进共性技术研发联动、上下游企业创新协同，聚力突破关键核心技术。实施"穗芯"计划，主动参与并争取国家集成电路产业基金支持，加快粤芯半导体项目建设。集中精锐力量，突破大数据与云计算SDN架构、容器技术与微服务、新一代云操作系统、云计算安全等一批关键技术。

（二）抓融合发展

积极布局5G移动通信网络，加快互联网协议第六版（IPV6）改造，加快建设4K电视网络应用示范社区、智能网联汽车与智慧交通应用示范区，推动智慧灯杆试点和智能电网建设。引导利用新技术、新产业、新业态改造提升传统产业，推动制造业加快数字化转型，推动两化融合试点示范。导入4K影视、动漫、电竞等新一代信息技术特色产业，高质量建设花果山超高清视频产业特色小镇，力争到2020年建成"世界显示之都"、国家超高清视频应用示范区和国家超高清视频产业内容制作基地。加快培育一批龙头企业、独角兽企业和行业隐形冠军，落地一批引领性、标志性的大项目，打造产业链完整、技术水平高、竞争优势强的新一代信息技术产业体系。

（三）抓环境营造

深化"放管服"改革，开放民营资本进入基础电信领域竞争性业务。鼓励支持相关企业在资本市场融资。重点打造价值创新园区，加快村级工业园区整治提升，培育新型显示、互联网等千亿级产业集群。市区联动谋划创建"制造业高质量发展国家级示范区"，推动共建国家级软件产业基地和国家大数据综合试验区、超高清视频产业特色小镇。支持高校加大学科领军人才培养引进力度，优化设置新兴工科专业，大力弘扬科学家精神、企业家精神和工匠精神，培养一批创新型企业家、领军人才和技能人才。

（四）抓开放合作

加强与粤港澳大湾区城市产业合作交流，携手打造以珠江东西两岸为重点的高端电子信息制造产业带和先进装备制造产业带，创建穗港澳产业合作示范区。与佛山共建广佛产业合作示范区，打造广佛同城新一代信息技术及相关配套产业万亿级产业集群。鼓励跨国公司、国外机构等在穗设立技术研发机构、智能制造示范工厂。支持本地企业与国际优势企业加强合作。深化与国际组织、相关国家在标准制定、知识产权等方面的交流合作。

（五）抓政策落实

充分发挥广州IAB产业发展联席会议制度作用，各区各有关部门加强政策、资源统筹，建立高效精干的协调联动机制和执行督办机制，定期研究解决政策落实推进过程中的重大问题。建立健全新一代信息技术产业统计监测体系，统一统计口径，定时发布产业统计分析报告，及时准确反映广州新一代信息技术产业发展状况。围绕数字经济、集成电路、新型显示等重点产业及细分领域，出实招硬招，形成最佳政策组合，着力解决"最后一公里"问题。

参考文献

广州市工业和信息化局：《〈广州市加快IAB产业发展五年行动计划（2018～2022年）〉实施情况的报告》（内部材料）。

李国杰：《新一代信息技术发展新趋势》，《中国信息化周报》2016年5月23日，第007版。

赵刚：《新一代信息技术产业发展的国际经验分享》，《中国科技财富》2011年第9期，第18～19页。

B.8 广州发展人工智能产业的战略与对策研究

李正举[*]

摘　要： 习近平总书记指出"人工智能是引领新一轮科技革命和产业变革的重要驱动力,是推动我国科技跨越发展、产业优化升级、生产力整体跃升的重要战略资源"。广州抢抓人工智能产业发展新机遇,多措并举推动发展,取得了显著进步。但对比国内外先进城市,仍存在一些不足和短板,建议从提高政策供给、加强技术研发、推广示范应用、集聚高层次人才、培养引进企业、营造良好环境等方面下更大功夫。

关键词： 人工智能　技术创新　广州

习近平总书记在十九届中央政治局第九次集体学习时强调："加快发展新一代人工智能是我们赢得全球科技竞争主动权的重要战略抓手,是推动我国科技跨越发展、产业优化升级、生产力整体跃升的重要战略资源。"广州必须加快培育壮大人工智能产业,全方位、立体式推进经济社会"赋智赋能",力争在新一轮科技革命和产业变革中实现与时俱进。

一　国内外人工智能产业发展政策简述

人工智能正在引领着新一轮科技革命和产业变革,具备溢出带动性很强

---

[*] 李正举,中共广州市委政策研究室（改革办）经济研究处三级主任科员。

的"头雁"效应，正深刻改变着人们的生产生活模式、思维方式，推动人类社会迎来人机协同、跨界融合、共创分享的智能时代，已经成为国家核心实力的重要组成部分。当前，国内外都在加紧布局人工智能产业发展，积极抢占产业链、价值链中高端。

（一）全球产业发展政策情况

根据中研产业研究院分析，2019年，全球人工智能核心产业市场规模超过718亿美元，相比2018年增长29.2%，其中基础层市场规模约为143.6亿美元，技术层市场规模约为222.6亿美元，应用层市场规模约为351.8亿美元。放眼全球，各国政府已深刻认识到人工智能在国家综合实力中的重大作用，以美、德、日等为代表的发达国家相继发布了《国家人工智能研究与发展战略规划》《联邦政府人工智能战略要点》《人工智能技术战略》等20余份专项政策，并在人工智能规范化管理、核心技术、专业人才、产业扶持等方面做出重点部署。

（二）国内产业发展政策情况

我国人工智能起步较晚（起步于1987年），但发展迅速，特别是得益于庞大的消费市场和大规模工业体系，2012年我国人工智能方面的专利申请就超越美国，成为全球拥有人工智能专利最多的国家。2017年，国务院相继制定《促进新一代人工智能产业发展三年行动计划（2018~2020年）》《新一代人工智能发展规划》等政策规划，提出"到2020年，我国人工智能总体技术和应用要与世界先进水平同步，人工智能核心产业规模将超过1500亿元，带动相关产业规模超过1万亿元；到2025年，核心产业规模超过4000亿元，带动相关产业规模超过5万亿元；到2030年，核心产业规模超过1万亿元，带动相关产业规模超过10万亿元，成为世界主要人工智能创新中心，智能经济、智能社会取得明显成效"。

国内各省份和主要城市都在聚力人工智能产业发展，加大政策供给力度，纷纷制定行业专项发展计划（方案），仅2018年就有20多个省市人

工智能政策出台。北京印发《关于加快培育人工智能产业的指导意见》（2017年），提出"到2020年，新一代人工智能总体技术和应用达到世界先进水平，涌现一批特色创新型企业，初步成为具有全球影响力的人工智能创新中心"；上海印发《关于本市推动新一代人工智能发展的实施意见》（2017年），提出"到2020年基本建成国家人工智能发展高地，成为全国领先的人工智能创新策源地、应用示范地、产业集聚地和人才高地，局部领域达到全球先进水平"；天津印发《新一代人工智能产业发展三年行动计划（2018~2020年）》（2017年），提出"到2020年人工智能产业总体水平位居全国前列，人工智能核心产业规模达到150亿元，带动相关产业规模达到1300亿元"。这些政策的相继出台，能够看出各省市发展人工智能产业的信心和决心，也为我国人工智能产业发展按下了加速键。2018年，广东印发实施《加快发展新一代人工智能产业实施方案》，提出"到2020年人工智能产业规模、技术创新能力和应用示范均处于国内领先水平，部分领域关键核心技术取得重大突破，一批具有地域特色的开放创新平台成为行业标杆，人工智能成为引领广东产业创新发展的重要引擎，形成广东经济新的增长点"。对比相关政策文件可以看出，2020年将是我国人工智能产业发展重要的跃升期，前期的政策扶持红利和市场需求将会推动产业高速发展，但国内企业更多处于成长期，大部分基础性的元器件、算法程序、应用软件等关键技术仍未能掌握，竞争力整体较弱；同时也是新一轮政策集中谋划出台期，结合"十四五"规划，未来人工智能扶持政策将会更加注重提升产业核心竞争力，加快培育壮大一批产业链、创新链、供应链上的龙头企业和专精特新企业，努力在国际产业规则制定中掌握更多话语权。

二 广州人工智能产业发展现状分析

广州人工智能产业尚处于起步阶段，产业总体规模约占全省1/4，根据《广州市关于推进新一代人工智能产业发展的行动计划（2020~2022年）》，预计到2022年广州市人工智能产业规模将超过1200亿元，打造8个产业集群，建设10个人工智能产业园，培育10家以上行业领军企业，推动形成50个智能经济和智能社会应用场景，推进实施100个应用示范项目，争取创建国家级人工智能创新试验区、人工智能先导区。

（一）广州人工智能产业发展相对优势

一是细分领域龙头企业相对突出。在语音识别、图像识别、机器人、无人机等细分领域，市场竞争力较强，居全国领先水平。在自然语言处理方面代表性企业有科大讯飞（语音识别、语言技术处理领域的领跑企业，国家四大人工智能开放创新平台之一）。在图像识别领域代表性企业有云从科技（人脸识别国家标准起草与制定企业）、铂亚公司（图像识别技术处于全球领先水平）、佳都科技（为全球提供人脸识别、视频结构化、大数据和移动支付技术与服务，处于世界领先水平）、像素数据（公共安全领域人脸识别）。在无人机领域代表性企业有亿航智能，开发全球第一款低空全自动载人飞行器——亿航184，以及用于农业植保的极飞科技，其农业无人机市场竞争力走在全国前列。在服务机器人领域代表性企业有安望信息科技（开发出全球第一个手机应用的智能机器人）等。

二是人工智能支撑体系相对完善。在检验检测方面，拥有中国电器科学研究院、广州机械科学研究院、工信部电子第五研究所等机构，智能装备产品及机器人综合检验检测能力华南第一。在高等教育研究方面，集聚了华南理工大学广州市脑机交互关键技术及应用重点实验室、中山大学人机物智能融合实验室等一批高校科研平台。共性技术研发方面，拥有广州中科院沈阳自动化研究所分所、广东省自动化研究所、华南理工大学机器人实验室、暨南大学机器人与视觉研究中心等一批高水平新型研发机构，人工智能与数字经济广东省实验室也已落户琶洲。企业重点研发机构方面，成立了广州国际人工智能产业研究院、佳都科技全球人工智能研究院、广州智能软件产业研究院、云从人工智能视觉图像创新研发中心、小马智行人工智能研究院等。此外，国家超级计算广州中心天河二号超强的计算能力，可为人工智能发展

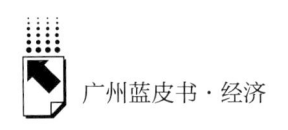

提供研发条件、技术支撑和产业技术合作平台。

三是人工智能产业形成集聚态势。产业基础能力决定产业发展高度，广州作为华南地区工业体系最完善的城市，产业链条较为齐全，有助于人工智能产业集聚发展，形成规模效应。结合价值创新园建设，广州市初步形成六大人工智能产业园区。琶洲粤港澳大湾区人工智能与数字经济试验区已成功引进腾讯、阿里巴巴、三一集团华南总部、树根互联等20多家互联网总部（区域总部）企业。天河软件园是国家级软件产业基地、国家新型工业化产业示范基地（软件和信息服务），软件业务收入占全市约40%。黄埔智能装备产业园已集聚国机智能、海格通信、巨帆、瑞松等智能装备及机器人企业近百家，形成从上游关键零部件、中游整机制造和检验检测到下游应用集成的全产业链发展模式。思科智慧城已集聚思科公司、城云科技等公司，尚阳科技、优思得、晨宇汇佳等多家合作伙伴将陆续进驻。广汽智联新能源汽车产业园着力构建智联新能源汽车整车制造、动力总成及核心零部件制造等多功能的综合产业链生态系统，引入了宁德时代等相关核心链上企业。南沙国际人工智能价值创新园以亚信、微软广州云、云从、小马智行等为核心，打造全国一流的"AI+"智能城市示范区和全球领先的人工智能产业核心聚集区。

（二）存在的不足和短板

一是缺乏有影响力的本土企业。广州人工智能产业发展的最大短板就是能够产生集群效应和带来裂变效果的龙头企业缺失，以及新创企业数量不足。虽然广州人工智能产业各方面指标数据均在全国排前五位，但和北京、上海、深圳等城市差别较大，仍处于全国第二梯队。根据《广东省人工智能产业技术发展研究报告2018》分析，在全国人工智能领域创业公司分布中，近一半位于北京，1/3在上海和深圳，位于广州的不足1/10。根据乌镇智库《全球人工智能发展报告（2018）》，人工智能企业北京第一（995家），深圳第二（556家），上海第三（468家），杭州第四（221家），广州第五（148家）。据量子位《中国人工智能年度评选榜单2018》显示，中国人工智能领航企业前十名，均被北、深、杭包揽，其中北京7家、深圳2家、杭州1家。同时，广州人工智能产业的投融资活跃度不高，根据亿欧智库统计，2017年广州人工智能相关投融资频次43次、总金额14亿元，明显低于北京（620次、550亿元）、深圳（172次、87亿元）、杭州（88次、25亿元）。广州人工智能产业对资本市场吸引力不足，极大限制了企业特别是初创企业发展壮大。

二是人工智能专业人才结构性短缺。人才是产业发展的核心资源。广州地区高校人工智能专业学科建设起步较晚，配套师资力量较为薄弱，还没有形成全国领先的系统性课程培养体系，并且京沪深杭等地出台更优惠的人才引进政策，导致优秀高校毕业生外流。人工智能核心领域高端专业人才匮乏，前沿基础理论和关键核心技术研发等方面领军型、研究型人才不够，高级技能人才短缺。在"中国人工智能创业领军20人"名单中，广州仅有1名。"2018中国人工智能杰出人物榜"40人名单中，广州仅2人上榜。

三是基础研究和前沿技术研究比较薄弱。人工智能发展是靠应用层的市场需求和技术层、基础设施层的进步共同形成合力推动的。但受限于投资机会、市场需求和投入回报率，很多企业将更多精力用在应用层，政府的投资扶持也更倾向于可更快见效的应用层企业。从产业链的角度看，广州在基础设施层、技术层较为薄弱，缺乏整体迈进，偶有单兵突破，大多数企业只处于应用层，仅有语音识别、图像识别等在技术层、基础设施层实现了低水平突破，但仍缺乏多学科、多行业、多领域深度融合和应用。

四是人工智能应用场景不够开放。虽然广州市拥有医疗保健、物流、零售、教育等诸多数字化程度高的产业，积累大量优质数据，但数据和应用场景对人工智能企业开放程度不高。一方面是因为人工智能产业、技术、服务标准化体系不健全不完善，如健康医疗大数据运营及监管的相关法律法规体系不健全，数据安全与隐私保护有待规范，数据标准规范也亟须统一；再如现行法律未对无人驾驶汽车的地位和行驶标准做出界定与要求，发生交通事故的定性及处理问题等方面仍然存在争议等。另一方面缺乏统筹整合机构，众多数据较为分散，且许多公共数据保管单位为国家或

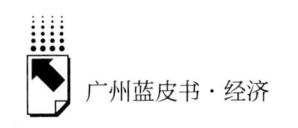

省级部门，广州市无权限要求其开放更多数据，省市协同发展仍存在一定障碍。

三 广州发展人工智能产业的战略与对策建议

人工智能产业作为支撑未来发展的战略性新兴产业，关乎广州发展全局、发展长远，必须坚定不移支持做强做优做大。

（一）加大高水平政策供给

抓好新出台行动计划的实施，强化政策兑现力度。健全政府、企业、行业组织和产业联盟、智库等的协同推进机制，由专门市领导负责推动人工智能产业，定期研究解决人工智能产业发展面临的问题，更有针对性地规划布局产业发展。推进广州人工智能智库建设，组建人工智能专家咨询委员会，邀请国内外人工智能领域知名企业家、专家学者为广州市政策制定和企业发展提供咨询指导，并鼓励多为广州发声做宣传。加大科技研发普惠性支持力度，鼓励龙头企业积极承担国家、行业和地方人工智能推广应用、关键共性技术研发、行业标准制定等，积极抢占市场，提升国际人工智能产业规则制定话语权。支持开展人工智能创新创业和技能大赛，支持龙头企业举办国际性的行业研讨会、圆桌会等，积极引进世界人工智能产业领域高水平展销会，提升广州市人工智能产业显示度。

（二）加强关键核心技术攻关

聚焦集成电路、高端元器件等核心"卡脖子"问题，加大财政支持力度，通过"揭榜制"等方式鼓励企业和研发机构深钻细研、合力攻关。引导和鼓励企业通过"揭榜制"、自主研发、市场并购、合资合作、设立海外研发机构等方式，与高等院校、科研机构开展资源整合和整体协同创新，积极承接国家重大科技项目，攻克关键共性技术、核心技术瓶颈。加快人工智能与数字经济广东省实验室建设，支持建设一批人工智能工程技术研究中心、企业技术中心、新型研发机构等创新载体。支持建设开源开放平台，依托龙头企业构建基于开源开放技术的软件、硬件、数据、检验检测、应用协同的新型产业生态。充分利用区块链技术，打造国内区块链发展先行地。帮助企业梳理短期、中期、长期技术攻关项目并给予支持，围绕产业链上下游核心企业开展联合技术攻关。加快建设南沙国际人工智能产业研究院、广州智能软件产业研究院、科大讯飞华南人工智能研究院、云从人工智能视觉图像创新中心等现有人工智能产业研发平台建设，促进研发平台尽快落地运行。

（三）推动重点领域示范应用

加快5G基建、大数据中心等新型基础设施建设，推进传统基础设施智能化改造升级，精准选取应用场景，推动人工智能与实体经济的深度融合。加快5G产业园建设，引领5G商用布局。促进人工智能在工业领域设计、制造、运维环节的应用，鼓励人工智能在消费、交通、安防等服务和教育、医疗等民生领域的推广，促进无人零售等新兴商业模式的创新发展。完善首台（套）政策，探索建立创新产品政府首购制度，支持人工智能创新产品在政府部门先行先试。共建粤港澳大湾区大数据交易中心，积极探索大数据衍生产品交易。更好利用广州市数据资源，完善政务数据资源共享开放政策，研究数据开放负面清单制度，提供更多开放数据和应用场景，打通企业和大数据之间的使用壁垒。

（四）加快集聚一批高水平人才

产业发展、企业做强，关键在人才，要有一流的科学家、研发团队，一流的企业家、创业家。积极推进"广聚英才计划"，大力引进高素质、创新型人工智能领域的领军人才和团队。推广人才开发路线图，会同企业梳理产业链上掌握关键技术的科技团队和领军人才，提供优惠政策支持企业靶向引进。鼓励和支持优秀人才在穗申请和承担人工智能领域政府科技计划、基金项目和产业化项目。支持中山大学、华南理工大学等高等院校建立人工智能

研究学院，鼓励开展人工智能前沿领域、应用领域的学科建设，支持科研院所、高校、产业联盟和骨干企业合作建设人才实训基地，更有针对性地培养人才。加强与国内外有实力的人工智能企业及研究院所合作，统筹利用国内外创新资源，不求所有、但求所用，不断提升人工智能产业创新能力和国际竞争力。

（五）注重引进培育并重

发展人工智能产业不是简单通过形成政策、资金和资源洼地来争夺稀缺资源，必须引进和培育并重。依托现有的价值创新园和"互联网＋"小镇，引进培育龙头骨干企业，集聚产业链、价值链、供应链上下游企业协同发展，鼓励发展供应链金融，打造人工智能产业发展集聚区。推动基于网络的虚拟产业集群建设，通过产业链、价值链、供应链、创新链的互联互接激发关联企业创新创造行为。科学梳理国际国内人工智能产业图谱，围绕基础层、技术层和应用层的领军企业开展产业链招商，更多采用敲门招商、园区招商、以商招商、中介招商等创新方式，支持人工智能企业在穗设立创新研发机构，推动孵化项目就地落户。更加注重本地企业培养，推动省级人工智能产业园、部市共建软件产业基地等载体建设，促进人工智能与经济社会各领域的融合进一步深化，在资金扶持、应用场景开放、市场采购等方面适当向本土企业倾斜，在关键领域、重点行业逐步实现软件系统国产化。

（六）完善人工智能产业发展环境

加强人工智能领域相关法规、科学伦理和社会问题研究，完善保障人工智能发展的法规和伦理道德框架。支持人工智能企业与金融机构加强对接合作，充分发挥人工智能产业引导基金撬动社会资本的放大效应，支持市场成立人工智能发展基金，大力支持人工智能中小微企业发展。鼓励金融机构开发针对人工智能企业的集合债券、集合票据等信贷产品，在风险可控的前提下，积极拓宽抵质押品范围。降低企业创新成本，加快建设一批产业公共服务平台，推动产业基础能力高级化，提升可靠性试验验证、标准制修订、计量检测、认证认可等能力，鼓励企业参与乃至主导平台建设。加强人工智能知识产权保护，开展知识产权快速协同保护工作，加大侵权惩治力度，构建人工智能领域知识产权保护体系。鼓励多主体开展人工智能科普活动，提高社会公众对人工智能的整体认知和应用水平。

参考文献

中研产业研究院编《2020～2035年中国人工智能行业前景预测与市场调查研究报告》。

乌镇智库：《全球人工智能发展报告（2018）》。

量子位：《中国人工智能年度评选榜单2018》。

涂圣伟：《产业基础能力和产业链水平如何提升?》，中国经济网，http://www.ce.cn/xwzx/gnsz/gdxw/201909/03/t20190903_33069478.shtml。

张泽民：《关于我国人工智能产业发展中主要问题的思考》，《中国集体经济》2020年第7期，第149～150页。

李明、曹海军：《中国央地政府人工智能政策比较研究：一个三维分析框架》，《情报杂志》2020年第3期，第1～9页。

B.9 广州推动邮轮产业发展的对策研究

黄健 谢兆吉[*]

摘 要： 本文分析了邮轮产业的内涵特征及国内外发展概况，介绍了目前广州邮轮产业的基本情况，总结了广州发展邮轮产业的有利条件以及面临的挑战与问题。在此基础上，提出了优化政策引导、完善基础设施及配套服务、延伸产业链条、整合旅游资源、完善应急管理体系、重视人才培训六方面的对策建议。

关键词： 邮轮产业 旅游 广州

一 邮轮产业的内涵特征及国内外发展概况

邮轮旅游作为一种新型的旅游方式，涵盖了旅游业的各种产品和业态。近年来，亚洲邮轮旅游市场持续高增长，对国际货物贸易和服务贸易都产生了积极影响。加快邮轮产业发展，是广州建设国际航运枢纽，实施开放战略，强化国家重要中心城市和国际商贸中心地位的重要举措。

（一）邮轮产业的内涵和特征

狭义的邮轮产业主要指邮轮接待，特别是港口和目的地接待；广义的邮

---

[*] 黄健，广州国际航运研究中心主任，工程师、高级物流师；谢兆吉，广州国际航运研究中心副主任，经济师、高级物流师。

轮产业则涵盖了上、中、下游三个产业链环节，即上游产业——邮轮设计与建造，中游产业——邮轮经营，下游产业——邮轮码头的建设与经营。邮轮产业以邮轮休闲旅游为载体，逐渐形成船舶制造、港口服务、邮轮供应、旅游观光、餐饮购物等为基础的产业链条。其中，邮轮设计与建造是典型的资本与技术密集型产业，需要大量的配套产品和技术服务。管理营运邮轮公司需要庞大的资金链和具有丰富营运经验的高层次管理运营团队。邮轮码头服务和目的港接待则对所在区域消费资金流、物流和信息流拉动作用巨大。因此，从广义上来看邮轮产业并非单体经济，其依托庞大的产业链体系可以产生高达1∶10的产业乘数效应，兼备资本密集型、技术密集型和劳动力密集型三大经济特征，是一个几乎涵盖第一、第二、第三所有产业的综合性特殊产业。

（二）国内外邮轮产业发展概况

在邮轮设计与建造领域，欧洲国家如意大利、德国、芬兰、法国等凭借其深厚的建筑艺术底蕴和先进的理念技术形成对全球邮轮建造业的寡头垄断局面。根据最新数据显示，2018～2027年10年间已明确共有99艘豪华邮轮在建或拟建，平均每年建造10艘，其中2018～2022年5年间共有81艘，平均每年建造16艘。在上述豪华邮轮新造船市场中，全球排名前三的邮轮建造企业意大利芬坎蒂尼、德国迈尔造船厂和法国大西洋造船厂就持有其中大部分订单，按总吨计，占据全球约90%的市场份额。国际邮轮协会发布的《2017年欧洲邮轮产业经济贡献报告》显示，仅2017年邮轮新船建造、现有邮轮维修及翻新就为欧洲带来56.3亿欧元的直接经济贡献。因此，高技术要求、建造经验积累以及高附加值也导致邮轮建造新势力要想进入该市场需要突破极高的门槛和壁垒。邮轮经营方面，嘉年华集团、皇家加勒比集团、诺唯真集团占据了全球行业前三的领先地位。2019年，根据公司财报显示，嘉年华集团营业收入为208.3亿美元，同比上涨10.3%，创历史新高；净利润为29.9亿美元，与上年相比下跌5.1%，净利润率为14.4%。皇家加勒比集团营业收入为109.5亿美元，净利润为19.1亿美元，分别同

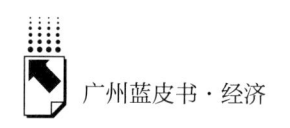

比增长15.4%和4.9%，净利润率为17.4%。诺唯真集团营业收入64.6亿美元，净利润9.3亿美元，分别同比增长6.6%和下跌2.1%，净利润率为14.4%。三大邮轮巨头公司占据了超过市场3/4的份额。

相对而言，我国在上述两个领域仍处于起步探索的阶段。2019年9月，招商局集团在其海门基地交付首艘国产极地探险邮轮"GREG MORTIMER（格雷格·莫蒂默）"号，开创了中国邮轮制造的先河。另外中船集团与嘉年华集团、芬坎蒂尼集团在首届进博会上签约2+4艘吨位13.5万吨中的首艘国产大型邮轮已在上海开工建造。同月，由中国旅游集团和中国远洋海运集团共同投资运营的中国民族邮轮品牌"星旅远洋"旗下首艘豪华邮轮"鼓浪屿"号在厦门首航。我国在邮轮旅游市场规模上具有良好的发展前景和市场潜力。2019年，全球邮轮市场规模预计达到2870万人次，而全年我国邮轮码头累计接待船舶804艘次，同比下降11%；累计出入境旅客总数413.49万人次，同比下降14%。在经历了前几年的高速增长后，我国邮轮市场整体规模虽然出现了下降，但是占全球市场份额已经达到14.4%，比2018年市场份额（9.6%）提高了4.8个百分点。总体来看，我国主要仍处于邮轮产业的下游，大部分邮轮港口城市还仅限于邮轮码头提供的停靠服务，少量船用物资供应以及邮轮母港商贸服务。这也是目前国内各主要邮轮港口城市竞争和寻求突破的关键领域。

二 广州邮轮产业发展现状和发展条件分析

（一）广州邮轮产业基本情况

广州市委、市政府高度重视邮轮产业发展，出台多项促进政策，着力将邮轮旅游打造成广州滨海旅游新名片。2017年1月出台《关于加快广州国际邮轮产业发展的若干措施》，全方位促进邮轮产业发展。2018年4月印发《广州市人民政府关于印发建设广州国际航运中心三年行动计划（2018～2020年）的通知》（穗府函〔2018〕78号），提出广州将推动实施南沙、黄埔双邮轮母港发展战略，进一步优化广州邮轮产业发展基础设施。2019年5月修订出台《关于加快广州国际邮轮产业发展的若干措施》，原《措施》同时废止。

1. 邮轮市场快速发展

2016年1月南沙开辟国际邮轮航线，开启广州国际邮轮母港新纪元，当年广州共接待邮轮104航次，接待出入境邮轮游客32.6万人次，占全国邮轮旅游总人数的10%，紧随上海、天津，跃居全国第三，成为全国增速最快的邮轮母港。2017年，香港云顶集团"云顶梦"号、"世界梦"号邮轮以及嘉年华公司"维多利亚"号邮轮以南沙港为母港开通越南、日本、中国香港、菲律宾邮轮航线，当年共接待邮轮122艘次，接待出入境邮轮游客40.35万人次，同比增长24.1%。2018年，云顶集团"世界梦"号邮轮以南沙为母港经营，开通了中国香港、菲律宾、日本等航线，当年共接待邮轮94艘次，接待出入境邮轮游客48.12万人次，同比增长19%。

2. 基础设施逐渐完善

2019年11月17日，全国单体规模最大的广州南沙国际邮轮母港正式开港。广州南沙国际邮轮母港位于广东自贸区南沙新区片区，总规划岸线1.6公里，规划建设4个10万~22.5万总吨邮轮泊位，可停靠目前世界上最大的邮轮。项目分两期建设，将逐步建成航站楼、航站楼商业、海员俱乐部、海员之家、150米超高航运中心等。一期岸线总长770米，规划建设建筑面积6万平方米的航站楼及1个10万总吨和1个22.5万总吨邮轮泊位，年设计通过能力75万人次，总建设面积50万平方米。同时南沙国际邮轮母港还是国内首家与城市轨道交通无缝接驳的邮轮母港，便捷的集疏散交通体系将为邮轮旅客带来更加顺畅便捷的服务。

3. 船舶建造迈入邮轮产业上游领域

2016年，广船国际有限公司参股的中船邮轮科技发展有限公司成立，目前中船邮轮科技发展有限公司已主要负责首艘国产大型邮轮工程，将为豪华邮轮设计与建造积累宝贵的经验。2018年4月，广船国际有限公司与丹麦OSK CHINA（HK）设计公司合资成立的广州中丹船舶设计有限公司

（SINODANE）在荔湾区正式揭牌，这是中国诞生的首家以设计豪华客滚船和豪华客船等为主的船舶设计公司，同时也标志着广船国际在豪华客滚船和豪华客船的设计和建造领域实现了全覆盖。

（二）广州发展邮轮产业的有利条件

1. 国家战略提供良好的发展契机

2019年2月，中共中央、国务院印发《粤港澳大湾区发展规划纲要》，其中对大湾区旅游发展中的邮轮产业发展进行了指导。纲要提出，推进大湾区旅游发展，依托大湾区特色优势及香港国际航运中心的地位，构建文化历史、休闲度假、养生保健、邮轮游艇等多元旅游产品体系，丰富粤港澳旅游精品路线，开发高铁"一程多站"旅游产品，建设粤港澳大湾区世界级旅游目的地。有序推动香港、广州、深圳国际邮轮港建设，进一步增加国际班轮航线，探索研究简化邮轮、游艇及旅客出入境手续。逐步简化及放宽内地邮轮旅客的证件安排，研究探索内地邮轮旅客以过境方式赴港参与全部邮轮航程。推动粤港澳游艇自由行有效实施，加快完善软硬件设施，共同开发高端旅游项目。探索在合适区域建设国际游艇旅游自由港。支持澳门与邻近城市探索发展国际游艇旅游，合作开发跨境旅游产品，发展面向国际的邮轮市场。

2. 具有较好的腹地条件

广州是粤港澳大湾区核心城市之一，一直以来都是国家重要中心城市。广东是中国经济第一大省，2019年广东GDP已突破10万亿大关，达到10.77万亿，人均GDP接近9.5万元，人均可支配收入3.9万元。同时广州人口规模接近1500万，广东人口规模已超过1.1亿。何况，作为"华南门户"的广州，还拥有湖北、湖南、江西、广西、贵州等省份广阔的客源腹地。按照国际邮轮产业发展经验，当人均GDP达到6000~8000美元时，邮轮旅游消费需求将迅速增加，邮轮产业会快速发展。因此广州面对的是一个具有巨大潜力的邮轮消费市场。

3. 具有便捷的交通网络

广州是国家重要的综合交通枢纽。航空方面，广州白云国际机场是我国三大国际航空枢纽机场之一，飞行4F级，已成为中国面向东南亚和大洋洲地区的第一门户枢纽。2019年机场旅客吞吐量7338.61万人次，同比增长5.26%；货邮吞吐量192.22万吨，同比增长1.67%；起降架次为49.12万，同比增长2.90%。铁路方面，广州南站作为全国"八纵八横"核心站之一，旅客到发数量常年保持全国前列。公路方面，广州境内拥有"七纵七横"的高快速路网。城市轨道交通方面，截至2019年12月，广州地铁共有13条运营线路，总长为513公里，共269座车站，开通里程居全国第三，世界前五，日均客流量预计达820万人次。

4. 具有丰富的旅游资源

广州历史悠久，文物古迹众多，拥有独特的岭南文化，旅游资源丰富，有花城广场、广州塔、白云山、长隆旅游度假区、珠江夜游、陈家祠、宝墨园、沙面、圣心大教堂、岭南印象园、沙湾古镇、越秀公园、南越王博物馆、中山纪念堂、黄埔军校、海珠湖国家湿地公园、南海神庙等著名景点。2018年，广州接待过夜旅游人数6532.55万人次，比上年增长4.1%。其中，入境旅游者900.63万人次，与上年持平；境内旅游者5631.92万人次，增长4.8%。旅游业总收入4008.19亿元，增长10.9%。旅游外汇收入64.82亿美元，增长2.7%。

5. 具有得天独厚的气候环境

广州地处亚热带沿海，属海洋性亚热带季风气候，以温暖多雨、光热充足、夏季长、霜期短为特征。全年平均气温20~22℃，是中国年平均温差最小的大城市之一。相对北方邮轮港口受严寒冬季限制每年航线运营时段只有三个航季，广州地处亚热带，气候宜人，邮轮全年适航，可选航线目的地数量较为丰富，向北可至韩国、日本及中国台湾地区，向南可至新加坡、马来西亚、印度尼西亚、泰国及菲律宾等旅游胜地，保证了旅游航线的多样性。

6. 具备邮轮产业链发展基础

广州是我国三大造船基地之一，依托南沙船舶与海洋工程装备产业基础优势,以龙穴造船基地、国家级智慧海洋创新研究院、大岗重型装备产业园等园区为载体,在船舶设计、制造、修理、船用设备和配套产品及售后服务产业,已形成了完整基础产业链。同时,广州航运基础发展较好,聚集了一批国内外知名航运公司地区总部,全球规模最大的散货运输船队中远海运散货运输有限公司、全球规模最大的特种船运输船队中远海运特种运输股份有限公司、中外运华南总部等航运企业总部均落户广州。

(三)广州发展邮轮产业面临的挑战和问题

1. 市场竞争比较激烈

广州国际邮轮母港2019年累计接待船舶93艘次,较上年同期减少4艘次,同比下降4%;累计出入境旅客总数44.19万人次,同比下降8%。其中,接待母港船舶92艘次,同比下降5%,母港邮轮出入境旅客总数44.16万人次,同比下降8%。2019年接待访问港船舶1艘次,实现了零的突破。国内其他邮轮港口城市中,厦门2019年的增长势头良好,成功引进了星旅远洋国内运营总部落户;深圳保持稳步增长,蛇口太子湾邮轮母港由招商集团运营,其在国内持有多个邮轮母港的股份,航线统筹能力以及与邮轮公司的开发合作方面具有明显优势(见表1、表2)。

表1 2018年、2019年中国邮轮港口旅客人数统计

单位:人次,%

序号	邮轮母港	累计出入境旅客总数			母港邮轮出入境旅客总数		
		2019年	2018年	增幅	2019年	2018年	增幅
1	上海	1893446	2752902	-31	1810786	2685949	-33
2	天津	725533	683886	6	686458	644434	7
3	三亚	6435	20059	-68	0	6883	-100
4	厦门	413717	324802	27	395977	292669	35
5	青岛	176287	109984	60	158866	102556	55
6	舟山	16048	0	—	16048	0	—
7	大连	88507	84470	5	78689	72415	9
8	广州	441924	481237	-8	441641	481237	-8
9	深圳	373098	364608	2	367959	364516	1
10	合计	4134995	4821948	-14	3956424	4650659	-15

表2 2018年、2019年中国邮轮港口接待船舶艘次统计

单位：艘次，%

序号	邮轮母港	2019年累计艘次	2018年累计艘次	2019年增长	2019年母港累计艘次	2018年母港累计艘次	2019年增长
1	上海	258	403	-36	225	374	-40
2	天津	121	116	4	104	99	5
3	三亚	4	20	-80	0	13	-100
4	厦门	136	96	42	128	85	51
5	青岛	51	44	16	45	40	13
6	舟山	5	0	—	5	0	—
7	大连	39	37	5	33	32	3
8	广州	93	97	-4	92	97	-5
9	深圳	97	89	9	96	88	9
10	合计	804	902	-11	728	828	-12

2. 邮轮旅游产品仍需进一步开发

广州的邮轮旅游产品有待进一步开发。旅游目的地单一，目前邮轮公司开通的航线冬季和夏季都只有长、短线各一条。在大湾区内，广州和深圳经营的邮轮航线雷同，游客选择从广州抑或深圳出发的区别不大，容易造成区域内竞争大于合作，也使得邮轮旅游变成一次性消费，游客在体验式尝鲜之后很难再次选择邮轮旅游。此外，邮轮旅游基本还是一个独立的旅游项目，并没有与本地丰富的旅游资源形成联动，也没有充分利用广州综合交通枢纽的优势，与空港、高铁站的联系有待加强。

3. 邮轮旅游有待普及

邮轮旅游发展方兴未艾，游客在选择出游项目时通常将邮轮旅游当作新鲜事物。邮轮旅游主要通过旅行社来进行实体分销，宣传推广投入有限，力度不足，各自为战，渗透率一直不高。这也导致目前广州的邮轮旅游客源主要还是集中于本地和珠江西岸周边城市，对于客源市场的开拓还远远不足，没有发挥出广州本应有的腹地优势。此外，邮轮旅游消费观念还需要进一步引导，游客简单将邮轮当作一种交通工具，邮轮消费具有明显的中国特色。

4.邮轮产业链发展有待突破

相比于国内其他城市，广州虽然具备较好的船舶设计与建造以及航运基础，但由于我国在邮轮产业链总体尚处于入门阶段，在产业链发展方面有待突破。上海由于天然的区位优势和城市知名度使得其拥有国内第一邮轮客源市场，此外其境内还有江南造船、上海外高桥造船、上海交通大学、上海船舶研究设计院以及中国远洋海运集团等一系列相关产学研单位机构，具备更好的发展基础。邮轮船供服务方面，由于涉及关税、检验检疫等因素，一直以来在广州没有得到有效的开展。

5.产业抗风险能力有待提升

2020年初，新冠肺炎疫情暴发，对正常的生产生活产生很大影响，邮轮旅游更是受到严重波及。"世界梦"号、"钻石公主"号、"威斯特丹"号邮轮等先后出现疫情，给邮轮旅游市场蒙上了一层阴影。目前疫情在我国逐步得到控制，在世界范围内却出现了加剧蔓延的趋势，全球确诊病例节节攀升。广州邮轮市场仍然由需求侧主导，受到大环境的影响，全年情况不容乐观。政府暂时很难有行之有效的救市措施，邮轮码头及相关公司短时间内对于邮轮停航、游客取消旅游出行的现状也无能为力，对产业抗风险能力提出了一道难题。

三 广州推动邮轮产业发展的对策建议

（一）优化政策引导，提升邮轮产业发展环境

近年来，我国各邮轮港口城市为促进邮轮产业发展，都竞相出台一些政策文件指导支持。总体来看，主要还是集中在需求侧，通过财政补贴来推动邮轮公司挂靠和吸引游客上船。这样的补贴政策效果不能持久，难以形成邮轮公司和邮轮游客的黏性，一旦财政吃紧补贴中断，客源市场就会流失。而且只要一个城市出台了这样的补贴政策，其他城市就不得不跟进，形成恶性循环。从长远来看，还是应该从供给侧发力，邮轮政策不应仅仅体现在政府

扶持和补贴上，而是聚焦在建设基础设施、提升口岸环境、强化市场监管、建立标准规范、强化要素集聚等一系列目标之上。一是提升邮轮产业定位，广州需要尽力争取国家相关部委的支持，积极申请邮轮旅游发展试验区以争取更加便捷的邮轮产业发展政策，做好邮轮产业发展规划，建立邮轮经济发展体系。二是提升口岸的服务能力，通关智能化改造继续完善邮轮旅客快速通关系统。三是推广实施邮轮船票管理制度，鼓励邮轮公司进行船票直销，直接与游客建立明确的民事法律合同关系，取代目前主要打包给旅行社进行分销揽客的模式。四是降低制度性成本，港口方的一些非经营性收费可以免除或者适当降低，借此降低邮轮经营公司的运营成本，这比单纯补贴更科学一些。

（二）完善基础设施及配套服务，提升邮轮旅游体验感

邮轮港口建设是系统工程，需要大量的综合配套作支撑，一个成功的邮轮港，不仅要承担普通客运港口职能，还需具备餐饮、金融、交通、购物、观光、娱乐、会议会展等其他经济要素。一是继续加快推进广州南沙国际邮轮母港工程建设，进一步完善邮轮码头的配套项目。鼓励将邮轮母港综合体和城市规划结合起来打造城市新地标，让邮轮经济所带来的土地增值效益能够惠及相应的开发商，以激活投资主体的热情。二是大力开发邮轮母港的商贸服务功能，搭建邮轮免税商业服务平台，商贸服务水平应该向国内知名的空港看齐。三是继续提升邮轮母港的集疏运能力，争取形成集公路、城际轨道、水路、航空于一体的交通网络，推动发展"飞机+邮轮""高铁+邮轮""邮轮+游船"，积极发展空海、海陆、江海联运旅游产品，更好地提升邮轮游客邮轮旅游的便捷性。

（三）延伸产业链条，挖掘邮轮产业经济贡献

由于邮轮旅游的特殊性，大部分消费都是在船上完成。目前，广州邮轮旅游市场对本地的经济贡献度有限，广州在邮轮产业链的拓展上需要深入挖掘。邮轮建造与设计方面，鼓励广船国际扎实完成豪华客滚船的建造订单，

并积极参与首艘国产大型邮轮的建造，积累经验。鼓励区域内造船企业依托南沙船舶与海洋工程装备产业基础优势，承接大型豪华邮轮维修、保养任务以及建造中小型邮轮。邮轮经营方面，进一步优化营商环境，吸引邮轮总部型企业入驻。支持广州邮轮码头经营企业、实力较强的旅行社或旅游电商、大型国有企业等，购置国外二手邮轮，尽快进入邮轮旅游市场。邮轮船舶物资供应方面，建议广州本地政府部门、海关监管部门以及龙头企业组成联席机构，积极发挥南沙片区自贸试验区以及保税港区的通关优势，研究国内采购、保税贸易供轮以及国际采购、邮轮直供等多种业务模式，制定风险可控的操作方案。

（四）整合旅游资源，丰富邮轮旅游产品

依托粤港澳大湾区旅游、交通、产业等合作机制，促进大湾区邮轮经济协同发展。规划覆盖粤港澳大湾区的景点旅游线路，推动省市际邮轮直通车发展。建立健全应急处置协调机制，构建粤港澳大湾区邮轮旅游守信联合激励和失信联合惩戒机制。一是开发多母港邮轮航线，单一母港航线不仅限制了游客多样化的需求选择，也会一定程度上限制邮轮市场的规模，降低抵抗市场风险的能力。互为母港的邮轮旅游发展将使得游客来源多样化、旅游产品丰富化，吸引多个母港城市游客参与邮轮旅游。二是加快邮轮旅游目的地建设，推动邮轮旅游和全域旅游协同发展，加强特色产品和精品线路设计，探索内河游、沿海游与岸上观光整合，实现邮轮旅游与珠三角优质旅游资源的联动。三是支持邮轮公司组织运营具有岭南文化特点的邮轮主题航次，鼓励岭南文化演出团体、演艺项目、艺术品等在邮轮上展演展销。四是争取尽快实施境外邮轮旅游游客144小时免签政策，开发访问港挂靠航线。进一步整合广州腹地旅游资源，科学搭配代表性景点，合理安排游览观光路线，挖掘"食在广州"饮食文化，发挥"千年商都"品牌优势，提升广州邮轮旅游综合效益。

（五）完善应急管理体系，健全突发公共事件应急预案

由于受到新冠肺炎疫情影响，迄今已有4艘国际邮轮先后遭遇拒绝靠港

或者在船隔离等处置。因为这种突发卫生公共事件受到国际舆论的普遍关注，在邮轮行业还是不多见的，对 2020 年全球邮轮客源市场乃至整个邮轮产业打击都是巨大的。若能率先建立起一整套应急管理体系，健全类似突发公共事件应急预案，相信会在国际社会起到垂范作用，或许能够推动国际邮轮行业改善规则，发出中国声音。以突发公共卫生事件为例，一是要根据靠港邮轮大小提前规划建设或者确定一批符合疾控要求的隔离场所，在前期规划过程中最好能够兼顾非疫情期间的社会常态化运营，在启动重大突发公共卫生事件响应的时候能够快速调整成专用隔离区域。二是要提前编制专业的应急防疫预案，快速调整隔离区域，调集防控物资，召集防疫工作人员，满足隔离区域的基本生活保障，并对相关人员进行定期演练。三是要组织多部门，例如卫健委、疾控中心、边检、海关、海事等对邮轮母港应对重大突发卫生公共事件的软硬件进行综合评估，确保整体安全可控。

（六）重视人才培训，培养邮轮专业人才

随着我国邮轮市场的迅猛发展，国际邮轮企业对中国市场的重视与日俱增。邮轮设计与建造、国际邮轮乘务及管理专业以及英语、旅游管理、酒店管理等外语和经管类人才，都是邮轮产业各方面急需的人才。因此，要高度重视邮轮产业人才建设，一方面加速引进与邮轮产业发展有关的经营管理及技术人才，另一方面有必要建立校企合作培养邮轮专业人才的机制，使得人才供给能够满足高端邮轮服务业的需求。

参考文献

中共中央、国务院：《粤港澳大湾区发展规划纲要》，2019 年 2 月 18 日。

B.10
广州民宿业服务状况调查报告

广州市消费者委员会课题组[*]

摘　要： 近年来，广州民宿业作为新兴业态呈现蓬勃发展态势，行业规范化问题日益受到广泛关注。广州市消委会调研发现，广州民宿业岭南文化、乡村自然风貌及民俗特色鲜明，但民宿业在立法、行业标准、监管职能界定等方面尚不完善，个别民宿在规范经营方面存在一定欠缺，安全设施与安全管理不完善等。基于调研结果，调研组对广州民宿业规范化发展提出了对策建议。

关键词： 民宿业　旅游业　酒店服务

一　调查背景、目的与思路

（一）调查背景

"民宿"二字源自日本的Minshuku，根据国家旅游局发布的旅游行业标准《旅游民宿基本要求与评价》（LB/T 065-2019）[①]对民宿的定义，旅游

---

[*] 课题组组长：张开仕，广州市消费者委员会副主任。课题组成员：李琼、谭琛铧，广州市消费者委员会；黄艾麒，深圳深略智慧信息服务有限公司广州分公司总经理；陈兴涛，深圳深略智慧信息服务有限公司研究经理。

① 2017年8月15日（原）国家旅游局批准并公布《旅游民宿基本要求与评价》（LB/T 065-2017）标准，2017年10月1日起实施。2019年7月3日，文化和旅游部批准并公布旅游行业标准《旅游民宿基本要求与评价》（LB/T 065—2019），该标准自发布之日起实施。相对2017年的旧标准，2019年的新标准对旅游民宿定义增加经营用客房楼层与建筑面积限制。

民宿是指利用当地民居等相关闲置资源,经营用客房不超过4层、建筑面积不超过800平方米,主人参与接待,为游客提供体验当地自然、文化与生产生活方式的小型住宿设施①。但在我国民宿行业具体发展实践中,民宿概念更为宽泛。据不完全统计,2018年广州市进入旅游统计的民宿有近千家,总体呈现快速增长势头②。2018年12月,广州市出台《关于促进和规范乡村民宿发展的意见》,把乡村民宿作为农村产业振兴战略的重要抓手、全域旅游的重要支撑和满足新时代人民群众对美好生活向往的重要载体,将通过一系列资源和政策的支持,让广州乡村民宿旅游发展成为游客心目中岭南文化的代表内容之一。2019年3月,广州市文化广电旅游局印发《广州市民宿旅游发展专项规划(2018~2035年)》,提出广州民宿旅游未来将打造3大特色片区、8大重点发展区以及20个标杆示范片区等。但民宿的发展尚处于探索中,目前还没有真正意义上的统一的法律法规,随着民宿行业的兴起,同时存在着监管主体缺失、第三方平台的责任归属等问题亟待解决。《旅游法》中将民宿等非标准化的住宿领域的监管下放到各个省、自治区、直辖市,要求各地根据情况出台关于民宿的标准(见《旅游法》第四十六条,"城镇和乡村居民利用自有住宅或者其他条件依法从事旅游经营,其管理办法由省、自治区、直辖市制定"),而目前各省都还没有非常明确的标准出台,主要是一些行业协会的自律性文件,或者各地市县一些零散的规定,位阶都不高。法律的缺失和监管的空白,一方面导致民宿违规建造造成的扰民问题、消费纠纷等现象时有发生,消费者合法权益难以有效保障;另一方面也导致了相关部门执法的非常态化,使得民宿行业发展面临双重困境。

(二)调查目的

此次调查,通过网络问卷和体验式消费调查相结合,真实、客观反映广

---

① 根据所处地域的不同可分为城镇民宿和乡村民宿。
② 陈川:《广州民宿旅游发展规划出台 未来将打造3大特色片区》,广州日报大洋网,2019年04月11日,http://news.dayoo.com/guangzhou/201904/11/139995_52535707.htm?from=singlemessage。

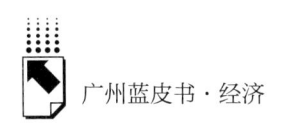

州民宿业服务与消费的综合情况，了解消费者对民宿消费的需求，反映消费体验与感受，分析广州民宿业品牌、口碑的评价等相关信息。立足调查结果，从民宿行业发展、消费需求和消费维权等方面向经营者、普通消费者及政府监管部门提供参考建议，为政府制定民宿规范，推动民宿行业健康良性发展提供支撑。

（三）调查思路

根据（原）国家旅游局发布的《旅游民宿基本要求与评价》（LB/T 065－2017）、国家信息中心发布的《共享住宿服务规范》等政策性文件，以及消费者满意度调查的一般理论与方式方法，结合民宿运营及消费所涉及的主要环节等，建立民宿服务水平评价指标体系。根据调查指标体系与计划采取的调查方法特点，设计网络调查问卷与体验式消费调查问卷。在数据处理上，建立统计线性模型，将所采集的评价数据进行清洗、核实、校对，并最终整理确认。问卷满意度评分项目直接按比例进行转换，将对应指标项目加权平均处理，最终把各项指标转换成按 100 分制计算分数。

二 网络调查设计与分析

（一）设计说明

网络问卷调查对象是在广州有民宿消费经历的消费者，包括团体、家庭及个人等各种形式，共计采集 2172 份有效样本，男女比例约为 1∶1。调查内容为广州民宿现状概况、服务品质、消费者感受、运营合规性等情况，获取消费者对民宿的总体认知情况、民宿消费情况、民宿服务满意度等相关信息，监测与评估民宿服务现状总体水平。

（二）调查分析

1. 广州民宿业服务现状总体评价情况

网络调查结果显示，广州民宿业服务评价总得分为 74.5 分。其中，"风

格特色"相对评价最高，为75.1分；其次是"周边环境"，评分为74.8分。表明广州民宿业依托广州丰富的历史建筑遗存与独特的岭南、广府文化风格，以及完善的城市基础设施、商业配套等，在风格特色与周边环境方面形成一定优势。

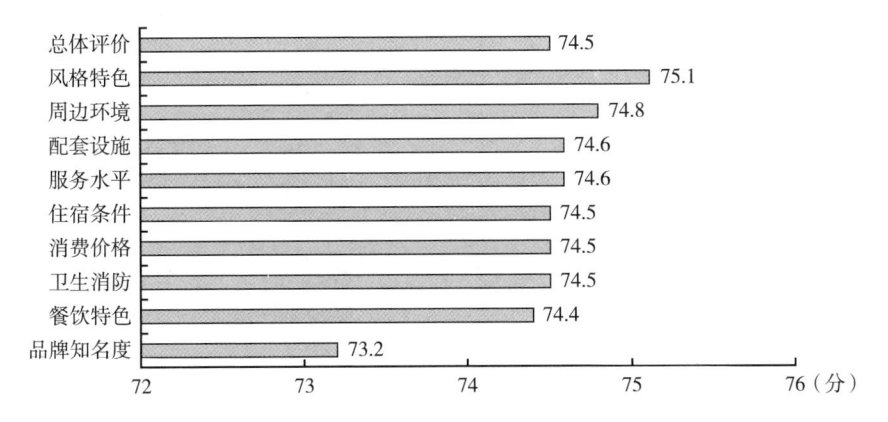

总体评价	74.5
风格特色	75.1
周边环境	74.8
配套设施	74.6
服务水平	74.6
住宿条件	74.5
消费价格	74.5
卫生消防	74.5
餐饮特色	74.4
品牌知名度	73.2

图1 被访者对广州民宿业服务现状评价情况

说明：本文所有图表均根据本次调查数据而得。

"配套设施""服务水平""住宿条件""消费价格""卫生消防""餐饮特色"评价相对较低，分别为74.6分、74.6分、74.5分、74.5分、74.5分、74.4分。表明广州民宿业整体运营与服务水平有待进一步提高。原因主要是民宿行业内部发展良莠不齐，特别是个别"民宿"为个人住宅、公寓等简单改造，配套设施与卫生条件较差，服务较差甚至是无人服务，并不具备民宿特色，但通过第三方平台以"民宿"名义经营，降低了广州民宿业服务的总体评价。"品牌知名度"评价最低，为73.2分，表明目前广州民宿业发展处于起步阶段，尚未形成强大的品牌影响力。此外，行业内优秀民宿品牌相对较少，民宿行业发展更多是依托城市丰富的文化与旅游资源、完善的基础设施与商业配套。

2. 广州民宿业产品与服务的优势与不足

被访者对广州民宿业产品与服务满意的方面主要有："民宿类型多，房源丰富"，占45.3%；"遵守法律法规，进行身份登记"，占42.0%的比例；

"房源信息真实,支付方便快捷",占39.6%;"公平诚信,明码标价"占36.7%等(见图2)。

被访者认为广州民宿业产品与服务存在不足的主要有:"设施较简陋,配套不齐全",占35.7%;"管理不规范,住宿登记有漏洞",占28.0%;"周边环境差,出行不方便",占26.4%;"安全防盗不完善,个人隐私性较差",占26.3%等(见图3)。

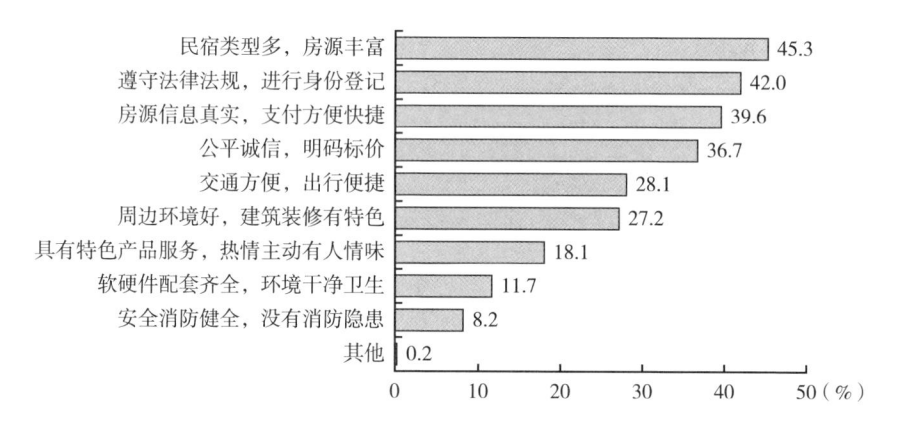

项目	百分比
民宿类型多,房源丰富	45.3
遵守法律法规,进行身份登记	42.0
房源信息真实,支付方便快捷	39.6
公平诚信,明码标价	36.7
交通方便,出行便捷	28.1
周边环境好,建筑装修有特色	27.2
具有特色产品服务,热情主动有人情味	18.1
软硬件配套齐全,环境干净卫生	11.7
安全消防健全,没有消防隐患	8.2
其他	0.2

图2 被访者对广州民宿产品与服务满意情况

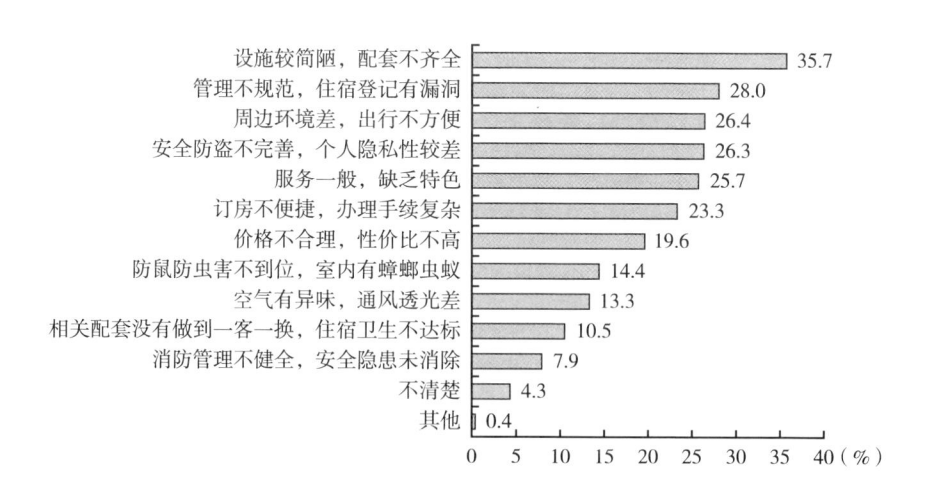

项目	百分比
设施较简陋,配套不齐全	35.7
管理不规范,住宿登记有漏洞	28.0
周边环境差,出行不方便	26.4
安全防盗不完善,个人隐私性较差	26.3
服务一般,缺乏特色	25.7
订房不便捷,办理手续复杂	23.3
价格不合理,性价比不高	19.6
防鼠防虫害不到位,室内有蟑螂虫蚁	14.4
空气有异味,通风透光差	13.3
相关配套没有做到一客一换,住宿卫生不达标	10.5
消防管理不健全,安全隐患未消除	7.9
不清楚	4.3
其他	0.4

图3 被访者认为广州民宿业存在的不足情况

3. 对民宿房源介绍及其真实性、一致性的评价情况

被访者在第三方平台订购民宿时，认为"房源丰富，介绍详细，方便选择民宿"的有 37.52%，比例最高；认为"房源少，质量一般，较难选择理想民宿"的有 8.64%（见图 4）。在入住时，认为"房源介绍与实际一致"的有 23.11%；认为"房源介绍与实际基本一致"的有 47.84%，比例最高；认为"房源介绍与实际差异较大，货不对版"的只有 3.82%（见图 5）。综合数据可知，大部分被访者对房源介绍以正面评价为主，广州民宿业房源较多，介绍基本清楚，能够较好满足消费者选购需求；同时，大部分民宿房源介绍基本上与实际一致，但也有较小比例的民宿房源介绍存在一定的虚夸成本，甚至个别货不对版。不一致问题主要表现为："内部环境与配套设施"，占 43.3%；"服务项目与服务质量"，占 35.8%，"住宿条件"，占 30.3%（见图 6）。

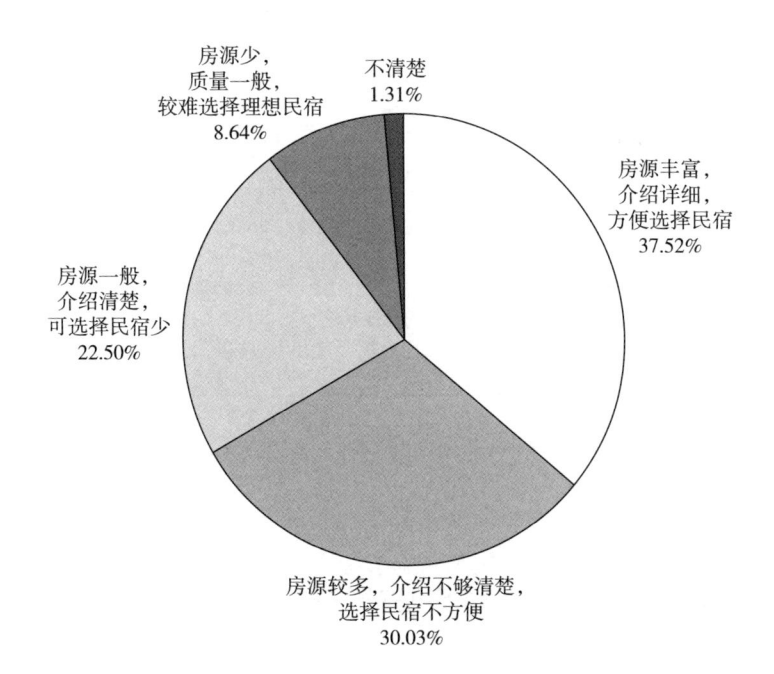

图 4 被访者在民宿平台上订购民宿时对房源的评价或感受

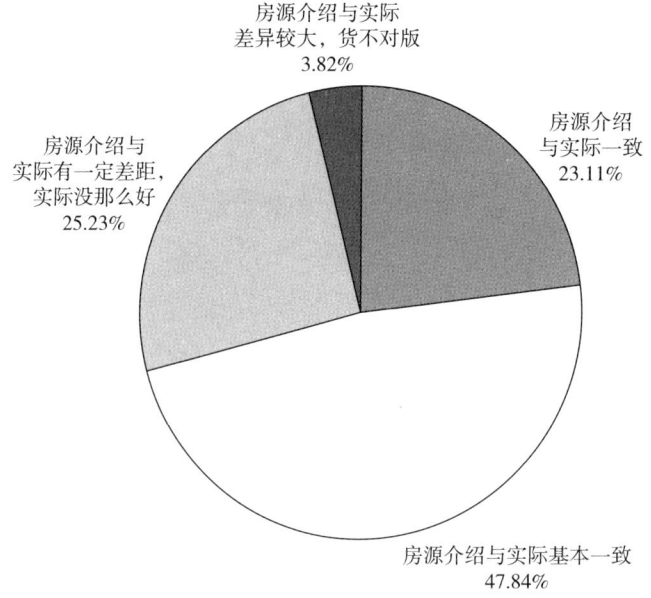

图5 体验民宿房源介绍是否与实际一致情况

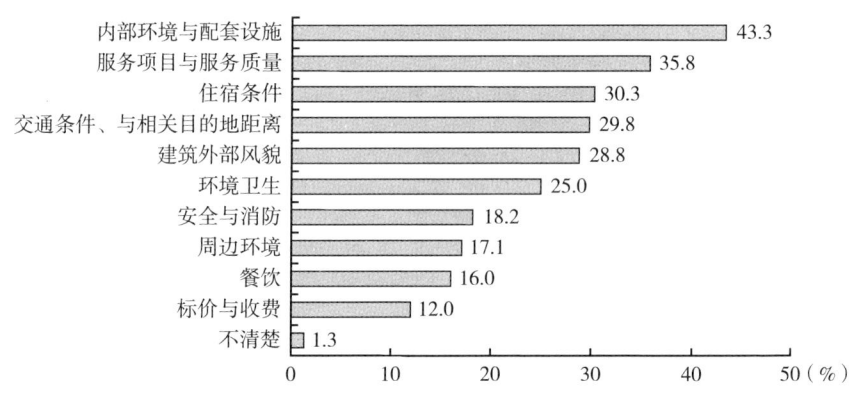

图6 被访者认为广州民宿业房源介绍与实际不一致问题情况

三 体验调查设计与分析

（一）设计说明

体验调查采取调查人员以消费者身份，在第三方平台预订民宿并入住的形式，全程体验民宿服务水平及软硬件配套情况等。调查对象是广州辖区内的民宿，越秀、荔湾、海珠、天河、白云、黄埔、番禺、南沙、增城、从化等均覆盖，共计调查20个不同区域、不同类型与不同档次、收费的民宿。

根据指标体系制定民宿服务体验评价问卷，并根据其在各个指标项的评分表现进行综合评分；同时根据各个民宿的总体评分表现划分评价等级，即根据民宿在"软硬件配套""服务品质""品牌形象"等方面的表现及体验者主观感受等进行综合评定，具体如下：根据评分表现，将评分转化为评价等级，其中85分及以上评价等级为★★★★★，80分及以上、85分以下为★★★★☆，75分及以上、80分以下为★★★★，70分及以上、75分以下为★★★☆，65分及以上、70分以下为★★★，60分及以上、65分以下为★★☆。

（二）调查分析

1. 民宿体验调查总体情况

根据对20家广州不同类别的民宿体验式消费调查结果，20家民宿平均服务评分为72.7分，最高分为90.3分，最低分为63.8分，最高分与最低分相差26.5分。从各级指标的评分表现看，一级指标"软硬件配套"评分为72.7分，"服务品质"为73.5分，"品牌形象"为70.2分（二级指标和三级指标评分具体见表1）。"网络信息服务"在所有二级指标中评价最高，主要是依托中国完善的网络服务与第三方平台整体发展水平；"环境与建筑"评分相对较高，为74.4分，主要是依托广州丰富的历史文化遗存与完善的城市基础设施建设、商业配套等。但民宿经营者整体运营水平不高，包括反映其运营投入及服务水平的"产品与服务"在二级指标中评分最低，"配套设施""卫生与安全""品牌形象"评分也相对不高。

2. 城市民宿充分利用历史建筑，岭南文化与民俗特色鲜明

体验式消费调查发现，优质的城市民宿注重发掘广州丰富的历史文化遗存价值，强调与周边的历史文化氛围相融合，建筑物风格和结构、内部装修装饰呈现独特的艺术设计理念，地方特色与文化特色鲜明，同时充分利用完善的城市基础设施、商业配套以及第三方运营平台进行发展（见表2）。

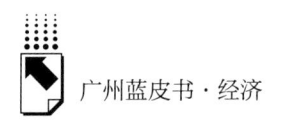

表 1　体验式消费调查各个指标评分情况表

一级指标	评分	二级指标	评分	三级指标	评分
软硬件配套	72.7	环境与建筑	74.4	主体建筑与环境的协调性	72.0
				建筑和装修特色与风格的鲜明性	71.5
				周边环境与配套设施(如餐馆、便利店等)	80.5
				地方风物特色鲜明性	71.0
				地方风物体验方便性	72.0
				交通条件与停放交通工具方便度	79.5
		配套设施	72.8	客房装饰整体效果	75.5
				住宿设施、寝具安全舒适度与卫生整洁度	72.0
				客房照明、遮光效果和隔音措施	75.0
				餐饮设施安全舒适度与卫生整洁度	70.0
				卫生间、洗浴设施及提供24小时冷热水	76.0
				公共空间设计风格与整体效果	73.8
				辅助设施(如娱乐设施、咖啡吧)	65.5
				家具、家电等其他配套设施	74.5
		卫生与安全	71.1	消防设施与消防管理	70.0
				安全管理	72.5
				卫生管理	70.5
				消毒措施	66.9
				通风及无异味、无潮霉	73.5
				卫生间通风防潮及卫生清理	70.0
				防鼠、防虫、防蚊等措施	74.4
服务品质	73.5	产品与服务	69.8	设计、运营和服务体现地方特色和文化	69.0
				有特色产品或服务	67.1
				产品与服务的创新性	65.3
				提供特色餐饮服务	67.5
				收费项目明码标价、诚信经营	78.5
				民宿主人服务水平与服务特色性	72.0
				提供与组织宾客乐于参与的活动	67.8
				产品与服务整体体验价值	71.0
		网络信息服务	81.0	网络推广、宣传	77.0
				通过网络获取相关信息方便度	81.0
				通过网络获取相关信息全面性、具体性	78.0
				线上预定、支付服务便捷度	87.9

续表

一级指标	评分	二级指标	评分	三级指标	评分
品牌形象	70.2	品牌形象	70.2	建筑和装饰为宾客营造生活美学空间	71.0
				建筑和装饰体现当地特色	69.5
				传播优秀地方文化	68.0
				引导绿色环保	72.1

说明：各级指标满分均为100分。

表2　部分城市民宿特色体验

民宿店名	房费(元/天)	预定平台	评价等级	特色体验
民国别墅	450	Airbnb（爱彼迎）	★★★★★	地方特色和文化特色鲜明，与周边的历史文化氛围融为一体，建筑物具有浓郁的时代特征和地域特色，风格中西合璧，自然和谐；各项设施完备，烘托出一股浓郁的民国风
广州东山口民国别院	359	携程	★★★★★	建筑物的风格和结构有特色，形态优美、细节丰富。房间装修美观、舒适，虽然不豪华，但温馨、风格统一鲜明，基础设施较为完备
"陈家祠"一居	296	途家	★★★★☆	装饰装修从平面布局到色彩搭配都生动活泼；设施完备，外部交通便利，居住、出行和游玩皆方便舒适。房东主动介绍周边的旅游和餐饮地点，介绍设施使用

3. 乡村民宿凸显广州古村风貌、乡村风俗风情

广州的乡村民宿主要依托其自然资源、乡村风光、农事和饮食，发展富有乡村特色的精品民宿。体验调查发现，乡村民宿能充分地体验到广州古村风貌、乡村风光、农事和饮食以及客家山区的风俗风情等（见表3）。

4. 个别民宿运营与管理水平整体不高

从建筑选址、经营规模规范性看，大部分经营者符合民宿建筑选址及经营规模的要求①，合规运营，也有部分民宿在经营规模等方面超标。20家民宿中有5家"（城市民宿）在封闭小区内经营，存在扰民问题等"，占体验

---

① 说明：根据目前对民宿经营的一般要求，民宿单栋建筑的客房数量不得超过14间，城市民宿不得在封闭小区内经营，以及乡村民宿应避开易发山洪、泥石流等自然灾害的高风险区域等。

表3　部分乡村民宿特色体验

民宿店名	房费(元/天)	预定平台	评价等级	特色体验
乐泉生态农庄	362	途家	★★★★★	经营规范、服务优良、设施完备，能够使人在舒适的基础上较为充分地体验到客家山区的风光、农事和饮食。经营者服务热情，主动引导与陪同
百花山庄度假村	288	Airbnb（爱彼迎）	★★★★★	装饰装修较好，内部设施完备，外部交通便利，居住、出行和游玩皆方便舒适，民宿房东积极与客人交流，以交朋友、拓视野为宗旨，因此让客人感受到非常亲切、舒适
广州慕吉云溪山居	405	Airbnb（爱彼迎）	★★★★☆	外部生态环境优美，房子是20世纪60年代的土砖房，乡土特征与风情浓郁（由于房子年代较老，室内空间相对较小）
45号码头·栖迟—慢岛上的休闲民宿	194	同程	★★★★☆	外部环境优美，漫步至拥有几百年历史的深井古村内，感受淳朴的民风。同时，民宿附近有处军事基地，一般有夏令营、军训的小朋友的家长，会陪同并预订。

调查样本总数的25%；有2家"单幢建筑的客房数量超过14间（套）"，占总数的10%等（见图7）。

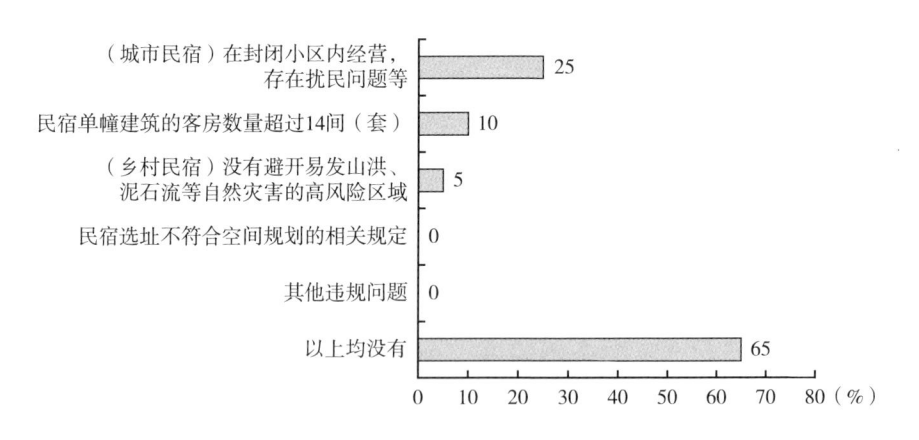

图7　民宿建筑选址、经营规模规范化情况

从经营规范性看，20家民宿中有10家"没有将营业执照及相关证照置于经营场所显著位置"，占总数的50%；"不能为消费者开具发票""从事食品销售、餐饮服务，没有摆放食品经营许可凭证"，各有2家，各占总数的10%（见图8）。

从安全设施与安全管理完善性看，部分民宿经营者安全意识相对不足，没有很好履行安全生产与消防责任。20家民宿中有9家"没有安装及配备相关消防设施，或消防器材管理不善随意摆放"，占总数的45%；有8家"没有制定安全管理制度和应急预案"，占总数的40%等（见图9）。

项目	百分比(%)
没有将营业执照及相关证照置于经营场所显著位置	50
不能为消费者开具发票	10
从事食品销售、餐饮服务，没有摆放食品经营许可凭证	10
没有依法申请商事登记，无照经营	0
用其他营业执照经营，营业执照经营范围不是"民宿服务"	0
开具的发票不是住宿类	0
直接为顾客服务的人员没有有效健康证明	0
其他违规问题	0
以上均没有	40

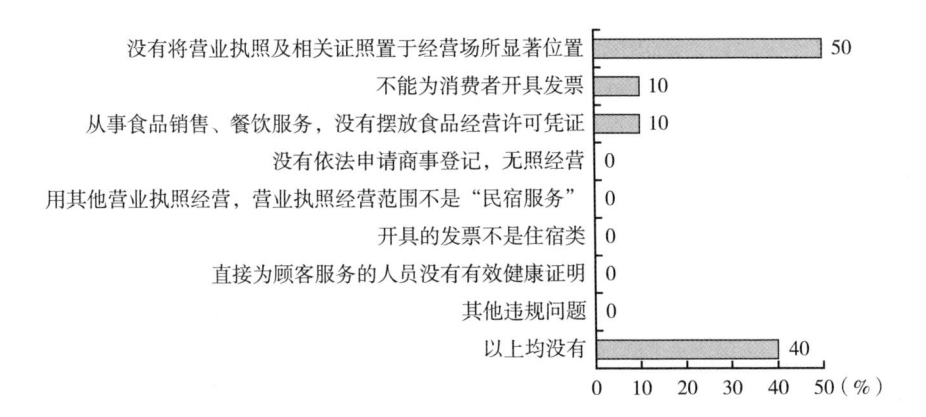

图8 体验调查民宿规范经营情况

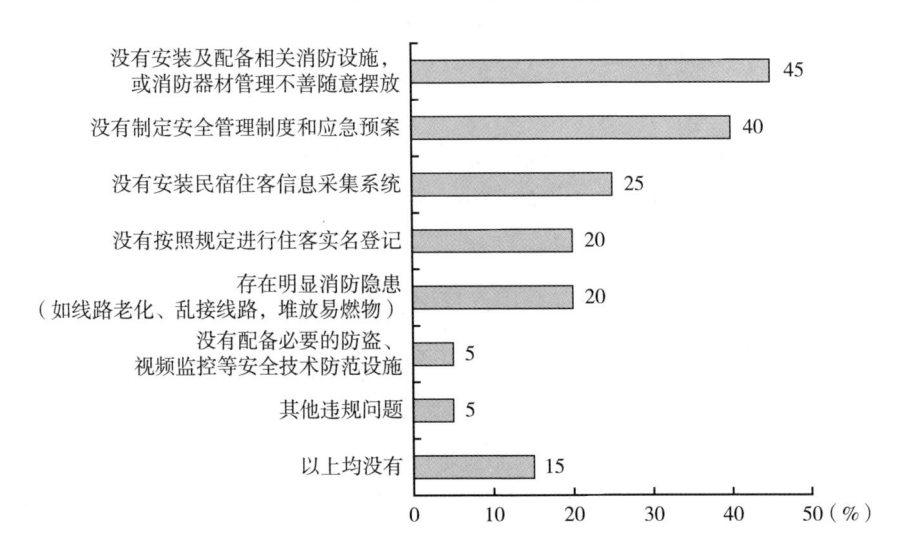

项目	百分比(%)
没有安装及配备相关消防设施，或消防器材管理不善随意摆放	45
没有制定安全管理制度和应急预案	40
没有安装民宿住客信息采集系统	25
没有按照规定进行住客实名登记	20
存在明显消防隐患（如线路老化、乱接线路，堆放易燃物）	20
没有配备必要的防盗、视频监控等安全技术防范设施	5
其他违规问题	5
以上均没有	15

图9 消防安全和消防设施情况

四 调查结论与对策建议

（一）调查结论

1. 广州打造岭南文化的民宿特色突出

广州民宿业服务总体水平良好，民宿岭南文化特色突出。网络调查数据显示，广州民宿业服务评价总得分为74.5分，评价较高；特别是民宿风格特色评价最高，为75.1分。同时，体验调查结果显示，20家民宿中大部分民宿服务水平较高，地方文化特色鲜明，包括城市民宿与周边的历史文化氛围融为一体，充分体验老城区市民生活，建筑物风格和结构、内部装修装饰具有一定艺术设计理念等；乡村民宿凸显广州古村风貌、乡村风俗风情，能充分地体验到农事和饮食以及客家山区的风俗风情等。广州市在荔湾区、越秀区等具有西关风情、岭南文化特色的地区均出现一些不错的特色城市民宿；在从化区、增城区、花都区涌现了一批具有古村风貌、乡村风光、农事和饮食以及客家山区的风俗风情等特色民宿。

2. 民宿行业的发展主要依托成熟的第三方运营平台

目前，国内提供民宿在线订房服务的第三方平台众多，经调查统计，包括携程、去哪儿、Booking、飞猪、途家、Airbnb（爱彼迎）、小猪、木鸟等20余家，民宿经营者主要通过第三方平台进行推广宣传、获取客源、订单等。网络调查与体验调查结果均表明，主流第三方平台房源较为丰富、介绍清楚、选择方便，消费者在平台操作预定、支付等流程也方便快捷。一定程度上，互联网行业的飞速发展带动了民宿行业的兴起与发展，GPS定位服务为一些较有特色而地理位置偏远的民宿提供了便利。

3. 广州民宿行业品牌宣传力度不足

网络调查数据显示，品牌知名度评价偏低，为73.2分。体验调查发现，民宿主要经营主体一般规模较小，房间数量有限；民宿经营者主要通过第三方平台进行推广宣传、发布房源信息及获取客源、订单等，宣传方式较为单一。调查结果表明目前广州民宿业发展处于起步阶段，尚未形成强大的品牌影响力，行业内优秀民宿品牌较少，更多是依托城市丰富的文化与旅游资源、完善的基础设施与商业配套，借助第三方平台运营发展。

4. 立法与监管不完善，部分民宿的内部管理与服务等存在欠缺

部分民宿提供的硬件设施不完善，卫生服务不到位；甚至个别"民宿"并不具备民宿特色，仅为简单改造的住宅、公寓以及自建房屋，便以"民宿"名义在第三方平台经营，第三方平台并未进行严格审核。同时，经营者安全意识相对不足，没有很好履行安全生产与消防责任，例如，20家体验调查民宿中有9家没有安装及配备相关消防设施，或消防器材管理不善随意摆放，占体验调查样本总体的45%。

总体上看，广州民宿业总体水平较高，不过也存在内部服务水平差异较大，行业发展良莠不齐的问题。一定程度上，这也是民宿行业当前发展阶段的典型性特点，行业渐成消费热点，优质民宿开始涌现，但因行业标准不清晰、法律法规及监管制度等不够完善，"跟风"问题等也开始显现。

（二）对策建议

1. 充分发掘广州地区岭南文化特色，着力打造精品民宿

广州作为有着2000多年历史的文化名城，老城区里仍保留着众多可以进行多方面活化利用的历史建筑及其他老房子，广州也被列为全国首批历史建筑保护利用试点城市之一。同时，广州市人民政府办公厅印发的《广州市历史建筑保护利用试点工作方案》（穗府办函〔2018〕43号）中也提出，"鼓励历史建筑变身民宿、咖啡馆等，研究资金补贴和奖励的相关措施"。对于乡村民宿，广州出台了《关于促进和规范乡村民宿发展的意见》，把乡村民宿作为农村产业振兴战略的重要抓手、全域旅游的重要支撑和满足新时代人民群众对美好生活向往的重要载体。围绕这一政策，广州实施了多项措施[1]。

---

[1] 陈熠瑶：《广州民宿蓬勃发展　城市乡村并蒂花开》，《中国旅游报》2019年2月28日，http://www.ctnews.com.cn/art/2019/2/28/art_113_35453.html。

2. 加强规范化建设，完善民宿行业相关法律法规

一方面，明确民宿行业与酒店行业的定义、区别，对民宿的建筑如何为功能服务、民宿的个性和共性之间的关系、民宿的经济性和社会性如何协调、民宿和当地社区的共建共享等方面给予更为明确的规范与引导。加快研究出台广州市民宿行业标准，并通过行业标准指导星级民宿评选工作，引导与促进民宿经营规范，在满足消费者在住宿、安全、卫生等方面的基本需求的基础上，通过品质、特色评定，促进民宿提供更优质的服务，推动行业整体发展。文化和旅游部发布的新版《旅游民宿基本要求与评价》（LB/T 065—2019），已确立了星级评定制度，且旅游民宿评定实行退出机制。

另一方面，加快完善民宿行业立法，使得民宿的发展有法可依，监管部门能够依法行政。民宿等共享经济新业态具有去中心化、跨区域和跨行业的特征，现有监管制度尚不健全，难以完全适用；有些传统的管理方式和行业许可制度制约了新业态的发展[1]。因此，需要抓紧研究和加快修订适应民宿等共享经济新业态的相关法律法规，研究明确民宿统计范围和统计口径，创新统计调查和动态监测方法，全面反映民宿经济发展状况，不断提高民宿经济治理的制度供给水平。

3. 明确政府职能，确立民宿行业监管职责

2019年6月21日，广东省政府发布了《广东省民宿管理暂行办法》，自2019年9月1日起施行，该办法全面系统地对民宿的开办条件与程序、经营规范、监督管理及法律责任等做出了明确的规定，明确民宿管理遵循"政策引导、属地统筹、部门监管、行业自律"的原则。该办法的发布加强了广东省各地市民宿经营规范力度，是推动民宿业健康发展的有力举措。建议根据"放管服"改革的思路，加快完善民宿行业立法，对民宿定义、管理原则、法律责任等予以明确规定；同时行业主管部门及各相关监管部门加强事中事后监管。同时，加强网络监管，明确第三方平台责任。根据民宿行

---

[1] 蒲晓磊：《民宿立法寻求规范与促进平衡点》，原载《法制日报》2019年7月30日，中国经济网转载，http://www.ce.cn/culture/gd/201907/30/t20190730_32757005.shtml。

业平台化经营特点,明确界定第三方平台应该承担的各项责任,包括民宿房源审查、对房东"炒信"[①]以及其他违规行为的监管、消费纠纷协调化解、严重侵权与问题房源及时下架等。

4.加强行业自律,推动民宿业诚信经营

在行业内树立标杆、制定行业标准,提升广州民宿总体质量,提升整体服务水平。2019年1月28日,在广州市文化广电旅游局进行业务指导下,广州市民宿行业协会正式成立,这一举措有助于推动广州市民宿行业规范化建设,对引领行业标杆和提升行业品质起着标志性作用。同时,发挥消费者组织的社会监督职能,结合当前广州市放心消费创建工作的整体工作布局与具体要求,搭建共建共享共治消费平台,推动优质民宿品牌、企业参与诚信建设活动;开展消费调查,对民宿一些深层次问题进一步研讨与提出建议,不断推动广州民宿业特色化、品牌化优质发展。

5.拓宽宣传渠道,向广大消费者推荐优质民宿

一是充分发挥广州市民宿行业协会的服务功能,协会加强星级民宿评选工作,携手消费者组织,遴选及推介优质民宿品牌供广大消费者参考和选择。二是重视媒体宣传,树立舆论导向,加强优质民宿的广泛宣传。此外,针对问题民宿及时曝光,强化媒体监督。三是重视旅游部门、旅游协会、民宿协会与第三方平台的沟通与合作,合力构建旅游与住宿的共同发展,为消费者到广州旅游、住宿、餐饮等消费提供更为便利的渠道,提升广州旅游业的综合发展水平。

[①] "炒信"是指在电子商务及分享经济领域以虚构交易、好评、删除不利评价等形式为自己或他人提升信用水平,包括但不限于因恶意注册、刷单炒信、虚假评价、刷单骗补以及泄露倒卖个人信息、合谋寄递空包裹等违法违规行为。

B.11
越秀区高端专业服务业发展现状及对策研究

广州市越秀区统计局课题组[*]

摘　要： 高端专业服务业是现代产业链中"微笑曲线"两端服务环节的核心部分，是技术进步和产业业态创新发展的助推器，发展高端专业服务业可以极大地推动区域产业竞争力。越秀区作为广州中心区，高端专业服务业有一定的产业基础，紧抓粤港澳大湾区建设契机，大力发展高端专业服务业，对越秀区实现活力蜕变，具有十分重要的战略意义。本文在总结越秀区高端专业服务业发展现状与特征的基础上，对越秀区发展高端专业服务业的优劣势、存在的机遇挑战进行分析，通过借鉴发达地区经验做法，提出相关对策建议。

关键词： 服务业　高端专业服务业　越秀区

一　越秀区高端专业服务业发展现状与特征

目前，我国对高端专业服务业的行业划分标准尚未统一，根据《广州市建立新兴产业运行统计监测体系工作方案》，高端专业服务业包括贸易代理服务、法律服务、会计审计及税务服务、咨询服务、广告服务、人力资源服务、

---

[*] 课题组成员：杨秀钦，越秀区统计局局长；冯嘉茹，越秀区统计局副局长；钟雅慧、杜福华、汤亚丽、黄斯亮，越秀区统计局。

会议展览及相关服务、工程技术与设计服务、工业及专业设计服务、知识产权服务10个行业大类、32个行业小类,其中贸易代理服务所属行业为批发和零售业,其他类别所属行业为其他营利性服务业。本文按照此标准进行分析。

(一)越秀区高端专业服务业发展总体情况

越秀区高端专业服务业起步早,产业基础扎实,单位数量和营业收入总量在广州排在各区前列。2018年越秀区高端专业服务业企业①共533家,占全区规模以上企业数量的15.46%;实现营业收入424.98亿元,增长11.8%。其中,广告服务业、工程技术与设计服务业、咨询服务业企业数较多,分别为155家、149家、81家(见表1)。

2018年度广州市高端专业服务业重点企业名单中,越秀区共有36家企业入选,占全市27.07%,入选企业总数在全市居第二(见表2)。其中,工程技术与设计服务共有17家企业入选,入选企业数量最多,占全区的47.22%。

表1 2018年越秀区高端专业服务业发展情况

行业名称	企业数量(家)	营业收入 绝对值(亿元)	营业收入 增速(%)
贸易代理服务	2	0.91	37.4
法律服务	27	8.45	22.2
会计审计及税务服务	23	8.87	2.5
咨询服务	81	18.98	9.3
广告服务	155	125.17	5.3
人力资源服务	54	205.06	19.8
会议展览及相关服务	22	4.84	9.9
工程技术与设计服务	149	47.56	14.4
工业及专业设计服务	9	1.53	-5.3
知识产权服务	11	3.61	-58.6
总 计	533	424.98	11.8

说明:本部分所有关于越秀区及广州市高端专业服务业发展现状的数据均来源于第四次全国经济普查。

① 本文高端专业服务业企业均为规模以上企业。

表2　2018年度广州市高端专业服务业重点企业各区分布情况

单位：家

区域	企业数量	区域	企业数量
天河区	66	番禺区	3
越秀区	36	白云区	3
黄埔区	10	从化区	2
海珠区	9	南沙区	1
荔湾区	3	全市合计	133

（二）越秀区高端专业服务业主要特征

1. 重点行业发展较快

广告服务、工程技术与设计服务、咨询服务三个行业初具规模，企业数量分别为155家、149家、81家，合计占高端专业服务业企业总数的72.23%。贸易代理服务、法律服务、人力资源服务、工程技术与设计服务等行业营业收入增长较快，增速均超10%。

2. 产业集聚态势初步形成

高端专业服务业企业主要集中在黄花岗街、梅花村街和华乐街三条街道，分别有89家、56家和45家，合计占全区的35.65%。营业收入规模位居前三的街道为黄花岗街、大塘街和珠光街，营业收入分别为97.57亿元、68.68亿元和44.51亿元，合计占全区的49.59%。建设街高端专业服务业单位密度最高，每平方公里有企业48.35家；大塘街高端专业服务业营业收入密度最高，每平方公里实现营业收入64.80亿元。

3. 产业园区起步良好

国家商标品牌创新创业（广州）基地和国家版权贸易基地（越秀）是越秀区现有的两个高端专业服务业产业园区，两个园区发展方向均为知识产权服务。其中，国家商标品牌创新创业（广州）基地已进驻广东战略知识产权研究院、猪八戒网华南总部等13家品牌专业机构；商标审查协作广州中心年实审量230万件，增长60%，占全国的1/3。

国家版权贸易基地致力打造版权综合服务平台、版权交易平台、版权保护平台、版权金融平台四大服务平台。2018年该基地获得兰博基尼、保时捷、布加迪、宾利、奥迪五大国际汽车品牌的中国大陆地区独家代理授权，品牌授权运营中心落户版权基地服务大厅。

另外，广州越秀国际会议中心是越秀区目前在建的会展服务园区，预计2020年建成。该中心已确定由法国智奥会展集团运营，未来将打造成粤港澳大湾区高端、精品中小型商务会议举办地。

（三）越秀区高端专业服务业重点行业分析

1. 法律服务

法律服务包括律师及相关法律服务、公证服务、其他法律事务3个行业。在全面依法治国深入推进的时代背景下，越秀区法律服务业面临着空前发展的机遇。2018年越秀区法律服务业营业收入增速达到22.2%，增势强劲，但行业规模不大，2018年没有营业收入超亿元企业。27家法律服务企业中，律师及相关法律服务企业26家，其他法律事务企业1家，列入2018年度广州市高端专业服务业重点企业名单的企业共2家。

2. 会计审计及税务服务

会计审计及税务服务在国家政治经济生活中起着重要作用，一方面担负着塑造市场经济微观主体，规范企业经营活动的重任；另一方面又是市场经济的"经济警察"，为市场经济的健康发展保驾护航。2018年越秀区会计审计及税务服务企业共有23家，营业收入超亿元企业仅1家。

3. 咨询服务

咨询服务包括市场调查、社会经济咨询、健康咨询、环保咨询、体育咨询、其他专业咨询与调查等6大行业。2018年越秀区咨询服务企业共有81家，其中市场调查企业12家、社会经济咨询企业54家、健康咨询企业1家、环保咨询企业3家、其他专业咨询与调查企业11家。2018年营业收入超亿元企业共有2家。

4. 广告服务

广告服务包括互联网广告服务和其他广告服务 2 个行业。2018 年越秀区广告服务企业共 155 家,其中互联网广告服务企业 11 家,其他广告服务企业 144 家。互联网广告服务企业的发展规模较小,目前仅有 1 家企业营业收入超亿元;其他广告服务企业规模较大,营业收入超亿元企业共有 16 家。

5. 人力资源服务

人力资源服务包括公共就业服务、职业中介服务、劳动派遣服务、创业指导服务和其他人力资源服务 5 个行业。2018 年越秀区人力资源服务企业共 54 家,其中职业中介服务企业 15 家、劳动派遣服务企业 30 家、其他人力资源服务企业 9 家。越秀区人力资源服务发展相对成熟,2018 年营业收入超亿元企业共有 16 家,营业收入超 10 亿元企业共 4 家。

6. 工程技术与设计服务

工程技术与设计服务包括工程管理服务、工程监理服务、工程勘察服务、工程设计活动、规划设计管理、土地规划服务 6 个行业。2018 年越秀区工程技术与设计服务共有 149 家企业,其中工程管理服务企业 32 家、工程监理服务企业 19 家、工程勘察服务企业 9 家、工程设计活动企业 85 家、规划设计管理企业 4 家。2018 年营业收入超亿元企业 11 家。

二 越秀区高端专业服务业发展 SWOT 分析

(一)优势

一是产业基础扎实。越秀区第三产业发达,2019 年第三产业增加值占 GDP 的比重接近 97%,现代服务业增加值占第三产业增加值的比重接近 65%,接近发达经济体的产业结构。高端专业服务业规模居广州前列,广告服务、人力资源服务等行业呈现规模化发展态势。

二是公共服务发达。专业服务业离不开高端专业化人才的支持,而完善的公共社会服务是吸引专业人才不可或缺的关键因素。越秀区集聚全市乃至全省的优质教育、医疗卫生等公共服务资源，公共服务满意度连续5年居全省各区（县）第一，连续2年荣获南都广州城市治理榜人类发展指数金奖。优质的公共服务助力越秀区打造高端人才聚集地。

三是营商环境优越。近年来，越秀区纵深推进全面深化改革，强化制度供给和政策创新，"开办企业最快一天"获国务院全国通报表扬，专业化精细化政府法律服务的社会治理新模式获评2018年第五届"中国法治政府奖"提名。不断优化的营商环境成为越秀区吸引高端专业服务企业的重要砝码。

（二）劣势

一是产业规模化不足。上海市黄浦区、深圳市福田区、香港等专业服务业比较发达的地区，专业服务业占区域经济的比重已超过10%，成为区域的支柱产业。越秀区高端专业服务业占地区生产总值的比重预计低于10%，难以对全区经济形成有力支撑；规模虽然居于全市首位，但是产业缺乏新增长点，近年来没有产业巨头入驻，产业发展依靠原有的几家龙头企业支撑，增长速度日益放缓，相对兄弟城区的优势正逐渐缩小。

二是高端引领效应有待提升。越秀区高端专业服务业的龙头企业偏少，有行业影响力的企业稀缺。2018年全区高端专业服务业营业收入超亿元的企业48家，营业收入超10亿元的企业仅6家，无超百亿企业，企业实力不足。天河区集聚全球四大会计师事务所，世界五大地产行，广州十大律师事务所和以光辉国际、万宝盛华等为代表的广州70%的人才中介公司。在这些龙头企业的带动下，天河区的高端专业服务业发展势头强劲，营业收入增速比越秀区高近10个百分点。另外，越秀区存量商业物业建设年份早、新建优质商务物业较少，对高端专业服务业龙头企业的吸引力减弱，一方面导致招商引资质量下降，另一方面导致现有企业外迁他区，越秀区高端专业服务业竞争力不断弱化。

三是产业特色不显著。虽然高端专业服务业在黄花岗街、建设街呈现一定的聚集态势，但产业特色不够显著。目前，全区只有国家商标品牌创新创业基地和国家版权贸易基地相对有特色和知名度，但两个园区的行业影响力较弱，对全区经济贡献能力有限。与兄弟城区相比，越秀区差距明显。天河区律师事务所和律师的数量分别突破广州的35%和50%，均居全市各区首位，其中广州法律服务业第一高楼——广州东塔现有10多家律所、超过2000名律师进驻，包括大成律师事务所、金杜律师事务所等全球知名律师事务所。自广交会展馆迁入海珠区后，会展业已发展成为海珠区的名片，仅2018年琶洲地区就举办展会225场，其中包括世界航线发展大会、国际金融论坛、海交会、创交会、中国工业互联网大会、首届粤港澳大湾区创投论坛交流会等一批具有国际影响力的品牌展会。

（三）机遇

一是粤港澳大湾区建设的深入推进，使港澳进一步与珠三角城市群融为一体，从而带动珠三角国际化进程。香港地区是亚太地区首屈一指的专业服务中心，专业服务实力雄厚，聚集大批国外专业服务机构和专业人才，专业服务业具有国际竞争力。越秀区应主动创造条件，与港澳共建专业服务业机构，借鉴港澳地区专业服务业发展经验，积极开拓经济腹地，提升产业能级。

二是粤港澳大湾区建设已被确定为国家战略，中央主导粤港澳大湾区建设，将向世界推介大湾区，并配置大量资源，助推大湾区高质量发展，由此带来的巨大商机将吸引全球的创新资源和人才集聚。越秀区应持续改善营商环境，吸引优质资源为我所用，从根本上提升专业服务业生产效率。

（四）挑战

一是宏观经济形势不稳定。目前，全球经济日益复杂多变，一方面是全球经济增速普遍下滑；另一方面，贸易保护主义升级，我国商品和服务出口面临着越来越大的压力。国内制造业面临低端产能过剩、高端产能不足的困境，与制造业息息相关的生产性服务业增速放缓。受宏观经济形势影响，越秀区服务业近年来增速回落，高端专业服务业发展受限。

二是产业竞争加剧。近年来，各地均意识到发展专业服务业对优化经济结构、促进产业转型的重要作用，纷纷通过出台扶持政策推动专业服务业发展。在粤港澳大湾区范围内，香港是亚太地区首屈一指的专业服务中心，产业优势地位难以撼动；广州市天河区、广州市海珠区、深圳市福田区等城区高端专业服务业发展势头迅猛，已经或正在超越越秀区成为高端专业服务业的集聚地，越秀区专业服务业发展的传统优势逐渐消退。

三 发达城市发展高端专业服务业的经验借鉴

（一）纽约

纽约商务服务业高度发达，该区域聚集了法律、会计、管理咨询、信用评级、公共关系等领域的众多高精尖人士，以及实力最强的商务服务公司及机构。纽约商务服务业占美国商务服务业的比重超过10%，对纽约地区经济总量贡献率达10.5%。在法律领域，纽约占全美法律服务企业100强排行榜的37个席位以及10强的9个席位。在会计服务领域，全球四大会计师事务所总部位于纽约，并在全美会计师事务所50强中占有14个席位。在管理咨询领域，纽约在全美50强公司排行榜中占19个席位，其中包括位居10强的博思艾伦、普华永道、麦肯锡、德勤、奥纬。这些商务服务机构不仅数量众多，而且主要聚集于曼哈顿地区，呈高度聚集发展态势。

（二）新加坡

由于得天独厚的地理位置、健全的法律体系、完善的税收制度、稳定的政治以及较高的生活水准，新加坡已成为亚太地区重要的专业服务业中心之一。[①] 2017年，新加坡专业服务业增加值占地区生产总值的比重接近14%，

---

① 新加坡专业服务业包括建筑设计与工程服务、咨询、会计、法律以及广告业等。

专业服务业企业数量占企业总数的23.9%，主要集中于四大领域：审计、会计和管理咨询，市场开发服务（包括市场调研、广告和公共关系），人力资源服务和法律服务。

（三）香港

香港拥有全球最自由的经济制度，连续24年被美国传统基金会评选为全球最自由经济体，聚集埃森哲、科尔尼、麦肯锡、普华永道、毕马威、德勤等全球知名的专业服务机构和专业人才，专业服务实力雄厚。专业服务业增加值占香港地区生产总值的12%，就业人口约52万人，是香港的支柱产业之一。[①] 在"一带一路"倡议、粤港澳大湾区建设的背景下，面对专业服务业释放出的巨大需求，香港在法律、会计、项目管理、城市规划、争议调解及仲裁等方面都有无可替代的优势。

（四）主要做法

1. 注重产业的扶持和引导

在产业结构向更高端阶段迈进的过程中，需要有效市场和有为政府共同发挥作用。1996年香港成立服务业推广策略小组，2001年成立"中小企业市场推广基金"，2002年推出1亿港元的"专业服务发展资助计划"，2016年特别设立2亿港元的"专业服务协进支援计划"，重点支援香港专业服务行业对外交流；同时，香港特别行政区各部门频繁参加各种国际活动、举办巡回推介活动、签订国际合作协议，推广及提高专业服务业竞争力。纽约政府针对曼哈顿地区逐渐出现的产业"空心化"现象，着手扩展曼哈顿的城区范围，并针对第三产业进行专门规划，制定更适应纽约的可持续发展规划。为保持服务业的发展后劲，抓住数字时代的机遇，新加坡政府推出"服务与数字经济蓝图"，辅助服务业企业进行数字转型，立志建设全球性的服务中心。

---

① 香港的专业服务业主要包括法律服务、会计服务、审计服务、建筑及工程活动、技术测试及分析、科学研究及发展、管理及管理顾问活动、信息科技相关服务、广告及专门设计服务等。

2. 注重营商环境的提升和优化

新加坡努力打造亲商环境，以知识产权保护、规则监管以及整个生态圈作为竞争优势，如新加坡贸工部旗下的亲商小组拟与能源市场管理局协力减少中小企业能源申请程序，将能源接入期从 30 天减少至不超出 19 天。纽约政府建立完备的知识产权保护机制，为企业提供知识产权组合分析、估价、交易等服务，大力推动知识产权融资担保，促进企业不断创新。

3. 注重市场的开拓和推广

为协助专业服务业企业开拓市场，香港特别行政区积极磋商自贸协定，为企业争取更佳条件进入其他市场，通过香港贸易发展局积极推广香港专业服务优势，并在世界各地设置驻海外经济贸易办事处多达 12 个，不断加强与其他国家的联系；同时，积极拓展内地办事处网络，2017 年新增天津、浙江、广西等 4 个联络处，办事处总数已达 16 个，均匀覆盖全国。

4. 注重人才的培养和引进

新加坡能够步入世界先进国家行列，最重要的原因是其完善的人才资源发展战略。新加坡的人才政策不会随着国家领导人的更迭而发生变化，延续性很强；政府定期会对企业和研究机构的管理人才进行培训，安排公务人员和企业领导人才双向交流；政府人力部在海外设立多个"联系新加坡"的据点，作为吸引和引进海外专业人才的前哨；企业在招聘、培训外来人才方面的支出，以及为外来人才提供高薪和住房等福利待遇的支出可以享受减免税。

四 推动越秀区高端专业服务业加快发展的建议

国内外服务业发展规律表明，专业服务业的空间集聚是其发展到一定阶段的必然规律。越秀区的高端专业服务业发展较为成熟，产业呈现出一定的集聚效应，未来仍需进一步提升产业竞争力，增强对全区经济的贡献率。

（一）提升产业辐射带动能力

一是加大招商引资力度。开展专业服务业定向招商和宣传推介活动，引

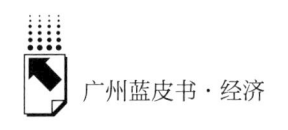

进法律、会计审计、管理咨询、专业技术服务等领域的全球知名机构和行业龙头企业。对落户越秀区的世界500强、中国500强、中国服务业100强的专业服务企业总部，以及影响带动力强、经济贡献突出的新引进机构，按照其对越秀区社会经济的贡献程度予以奖励。

二是引导本土企业"走出去"。一方面，密切关注粤港澳大湾区服务业开放政策，及时向企业做好政策宣讲和落实工作，支持企业与港澳台地区企业在专业服务领域的深度合作；另一方面，鼓励企业拓展国际化业务，支持企业与国外企业开展业务合作，跨境实施资源整合和资产重组，在境外设立或并购研发机构、合作开展创新研发活动。搭建服务"一带一路"的开放合作平台，为企业参与国际竞争提供咨询、会计、法律等支援服务，降低企业投资风险。

（二）打造高端专业服务业集聚区

一是加大品牌宣传力度，提升越秀区高端专业服务品牌知名度。支持设计领域企业、工作室和个人参评德国IF设计奖、德国红点奖、红棉奖、中国广告长城奖等全球性、全国性奖项。支持行业协会、产业联盟等社会组织发展，鼓励龙头企业、行业协会等在越秀区举办全球性和全国性的大赛、会议、论坛、展览等活动。

二是结合辖区内专业服务业发展特点，重点打造"律师楼""会计师楼""设计师楼"等专业楼宇，形成粤港澳大湾区高端专业服务业集聚高地。加大力度推进国家版权贸易基地（越秀）发展，打造集知识产权创造、运用、保护和贸易于一体的高端服务平台。

（三）加大对龙头企业的支持力度

一是强化政府部门的服务意识，对越秀区高端服务龙头企业要做精做细服务，从工商登记、土地使用、财税政策等方面加大扶持力度，切实解决高端服务企业税负偏高、因公出入境申请不便、高端服务人才招调困难等问题。参照执行重大投资项目审批制度，对高端服务业项目审批设立"绿色通道",进一步简化程序,提高效率。二是扶持引导中小微专业服务业企业向专业化细分领域发展,推动专业服务精品化、个性化发展,提升专业服务业的质量和效益。三是创新完善政府采购操作执行,提升政府采购信息公开共享水平,逐步加大政府购买会计审计、税务鉴证、法律服务、工程咨询评估、城市规划和设计等专业服务力度,逐步提高政府采购中购买本区高端服务产品的比例,扩大企业市场规模。

(四)持续推进营商环境改革

持续推进商事制度综合改革,推进新开办企业"照章户税一天联办"服务;推进"人工智能+机器人"全程电子化商事登记,打通企业注册登记全流程信息共享链条,推进商事登记"跨境通"服务。加快数字政府建设,建设政务服务云平台、数据资源整合和大数据平台。推进法治化建设,依法平等保护各种所有制经济产权,依法保护民营企业、中小企业的合法权益,营造公平竞争环境。加强对港澳商业行会规则的研究和学习,实现行业内三地企业的连接与交流。加强行业信用体系、标准体系等软环境建设,着力规范各行业经营行为,提升从业人员执业水平,营造更加规范有序的专业服务市场环境。

(五)优化人才结构

一是积极引进具有国际视野的、诚信规范的、高端专业水平的、风险管理意识高的专业服务机构和专业人士来越秀区执业,提升行业国际化水平。提高海外人才出入境、工作许可等事项办理的便利化程度,探索海外留学归国人才开设律师事务所等试点。建立与国际规则接轨的高层次人才招聘、薪酬、科研管理、安居、社会保障等制度。

二是加大人才培养力度。举办各种形式的讲座、培训班等,开展继续教育培训,促进本土人才的持续、稳定发展。邀请外国专业服务专家来越秀区交流、讲座。培育会计、律师、咨询、知识产权等行业的涉外人才,鼓励开

展反倾销业务和 WTO "两反一保" 等的学习和交流，使企业熟悉掌握国际标准，为企业开拓国际业务打下坚实基础。

参考文献

广州市统计局、国家统计局广州调查队编《广州统计年鉴 2019》，中国统计出版社，2019。

广州市发展和改革委员会：《广州市建立新兴产业运行统计监测体系工作方案》（内部报告），2018。

区域发展篇

Regional Development

B.12 广州城市空间布局现状、问题与优化对策

虞 水*

摘 要： 本文梳理了广州城市空间格局的发展历程、主要特征及存在问题，在借鉴国际先进城市经验的基础上，从构建美丽国土、优化网络化格局、提高用地效益、建设轨道都市、促进产城融合、塑造特色风貌等方面提出优化广州城市空间布局的若干政策建议。

关键词： 空间布局 优化对策 广州

---

* 虞水，广州市人民政府研究室城市发展处副处长，研究方向为城市规划与区域发展战略。

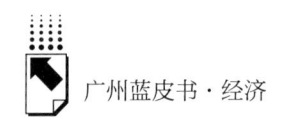

城市空间布局一直都是城市发展研究和管理的重点与焦点，对认识城市发展规律、在空间上合理布局各类资源、提升运行效率具有重要意义。广州拥有2230多年的建城史，从"千年商都"和"一口通商"城市，到如今的国家中心城市、国际商贸中心和综合交通枢纽，已成为实际管理人口超过2000万、具有国际影响力的大都市。在取得巨大发展成就的同时，广州也面临资源紧缺、环境恶化、交通拥堵等许多挑战。进入新时代，广州要践行新发展理念，认真落实习近平总书记对广州"实现老城市新活力"的重要指示精神，牢牢把握国家"一带一路"、粤港澳大湾区建设和广东省"一带一核一区"建设等重要机遇，持续优化空间布局，支撑城市向高质量、高品质发展转型，推动实现老城市焕发新活力。

一 广州城市空间布局现状与问题

（一）广州城市空间布局现状

广州空间发展主要经历四个阶段。第一阶段是从古代到新中国成立初期，从古代城址千年未变，到近代引入西方城市规划理念，城市空间逐渐突破城墙限制，发展为云山珠水的单中心空间结构。第二阶段是从新中国成立初期到2000年，城市空间进入沿珠江水系前后航道轴带拓展阶段，形成"旧城－天河－黄埔"三大组团格局。第三阶段是从2000年到2010年，在战略规划"南拓、北优、东进、西联"八字方针引领下，广州相继推动一系列新区和重大交通基础设施建设，促进城市格局从"云山珠水"向"山城田海"跨越式发展。第四阶段是从2011年至今，以"中调"战略为引领，后亚运时期城市空间从"战略拓展"走向"战略聚焦"，持续推进形成多中心网络化空间布局。广州城市空间格局主要呈现以下特征。

1. 山水格局日益凸显

以2000年战略规划为开端，广州城市山水格局从传统的"云山珠水"走向了"山水城田海"的大山大海格局。依托北部山脉，以及北树南网、串岛成链、江聚入海的水乡地理风貌，广州已总体形成了鲜明的北部山林、中部沿江、南部滨海的独特城市空间格局。

2. 单中心城市向多中心网络化空间演变

经过历版规划引导实施，广州空间框架逐步稳固，重点地区和新区功能布局日益完善，城市空间实现了由单中心向多中心网络化转变。一是中心发展强核形成。中心区域建设呈现明显的沿白云山、珠江两岸密集分布的态势，广州旧城—珠江新城的集聚发展明显，番禺北部地区逐渐融入中心区域发展。二是两条城市发展轴带日益强化。从中心城区往新塘方向的东进轴带发展明显，而从花都新华到中心城区，再到番禺市桥的南北联系轴也正在形成。三是外围城区中心发展不断完善。花都、番禺地区中心培育较为成熟，从化街口、增城荔城和新塘、南沙等新集聚核也在初步形成。

3. 建设用地逐渐趋于饱和

广州现状建设用地已逐渐趋于饱和，用地分布呈现两方面特征：一是中心城区建设用地规模已逼近规划上限，其中越秀、海珠、荔湾、天河建设用地基本无增长，用地趋向饱和；二是新增建设用地增长集中在中心城区边缘及外围城区，以重点发展平台地区为主。外围城区用地增长大大高于中心城区，以南沙、增城、黄埔、花都占比最大，主要集中在广州南站、空港经济区、南沙明珠湾区与龙穴岛、知识城、科学城等地区。

4. 交通基础设施不断完善

当前广州枢纽格局和多层次交通网络基本形成，综合交通枢纽地位不断巩固。一是交通枢纽布局不断完善。基本形成了以广州白云国际机场、广州港南沙港区为龙头，以广州站、广州东站、广州南站等为核心，以公路客货运枢纽站、地铁枢纽站为补充的空间布局。二是基本形成了以轨道交通为骨干，常规公交为主体，出租车、水上巴士等其他交通方式为补充的多层次城市公共交通体系。目前，广州现状15条地铁线路，运营里程478公里，日均客流量超过900万人，各项指标均居全国前列。

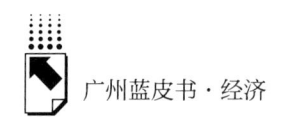

（二）存在问题

1. 空间结构均衡性有待强化

中心城区高度集聚，外围城区发育不足，中心与外围发展缺乏联动性。人口和优质资源仍然高度集聚在中心城区，中心城区功能疏解趋势不明显，外围城区与重要发展平台能级不强，职住平衡还不尽如人意。

2. 生态环境保护水平有待提升

建设用地扩张下生态环境有退化趋势，部分结构性生态用地被侵占，呈现部分组团连片发展的趋势。绿地结构和服务覆盖率不尽合理，如广州城乡公园体系在规模结构上呈"倒三角"形态，大型郊野生态公园数量占比超过一半，而与市民日常生活结合更为紧密的社区公园数量不足。

3. 交通网络互联互通仍有短板

一是交通枢纽集疏运水平不高。当前白云机场、广州南站等交通枢纽建设日趋完善，但对比上海虹桥汇集铁路、磁悬浮列车、航空、地铁、轻轨、公交、公路客运和出租车8种交通方式为一体的枢纽功能，以及深圳大空港新城汇集宝安机场、海港、高铁、地铁、城际、高快速路等多种交通运输方式于一体的联运体系，广州交通枢纽的设施一体化建设与连通水平有待提升。二是中心城区与外围城区快速连通能力不足，交通高峰时期中心城区连接外围片区主要道路潮汐交通现象明显，呈现出组团之间快速、直连通道不足的问题，花都、从化和增城等仍处于1小时交通通勤范围，与中心地区联系时间仍然偏长。

4. 城乡混杂问题仍然突出

广州市域广袤、城乡并存，二元化结构一直是广州发展的瓶颈之一。当前广州有城中村272处，城村交杂，虽然城中村为很多外来人口提供了"市场化的廉租房"，但由于房屋密度高、街巷狭窄拥挤、基础设施不完善等形成了许多安全隐患，城市空间品质与风貌特征亟待提升。

5. 土地利用效率仍然偏低

目前全市标图入库的"三旧"图斑约600平方公里，批发市场、物流园、村级工业园等存量低效用地规模较大。土地节约集约利用不足，2017年广州建设用地地均GDP为10.65亿元/平方公里，低于深圳（19.77亿元/平方公里）（见图1），更不及香港（58.9亿元/平方公里）、新加坡（45.21亿元/平方公里）等①。工业用地开发强度较低、轨道站点综合开发水平不高等问题比较突出。

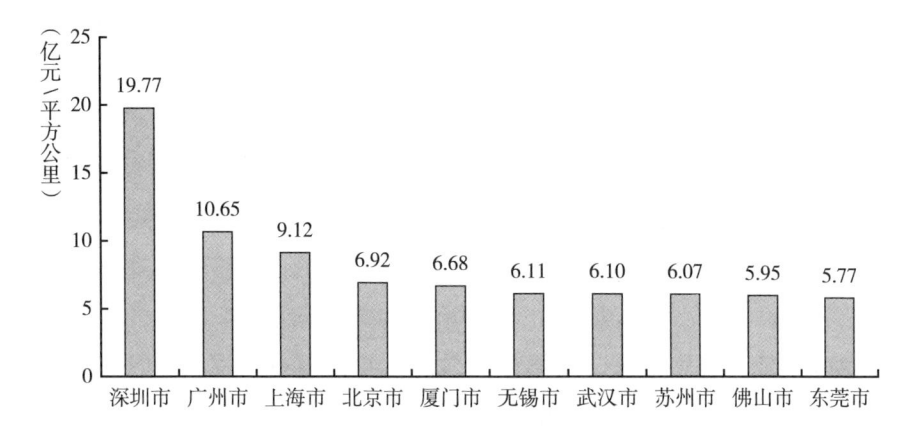

图1 我国主要城市建设用地地均GDP比较

二 国际大都市优化城市空间布局的经验启示

（一）伦敦

20世纪30年代开始，为防止城市无限制蔓延扩张，伦敦制定了《绿带法》并在其外围地区开展新城建设，促进了城市人口向外扩散，逐步形成多中心网络格局。一是以围合型城市绿带限制城市无序蔓延。在1944年大伦敦规划中，规划了宽度8～15公里、面积2000余平方公里的环城绿带。政府专门制定了《绿带法》，明确按照绿地"动态平衡、总量增长"的思

---

① 自然资源部：《全国城市区域建设用地节约集约利用评价情况通报》（2017年）；《广州市土地利用第十三个五年规划（2016～2020年）》。

路,严格控制开发建设。绿带建设也作为主要指标纳入政府关键绩效指标考核(KPI),实行年度考核问责。二是推动新城建设实现中心城区人口和产业的疏解。20世纪以来,伦敦建设了三代新城,对伦敦人口和功能疏解发挥了重要作用。英国政府将新城建设从大都市战略提升至全国战略,于1945年成立新城委员会(New Town Committee),并于1946年颁布《新城法》,为新城建设提供坚实的体制和政策保障。三是以轨道交通为核心的公共交通系统支撑城市网络化发展。伦敦是全球最早建设地铁和城际铁路的城市。伦敦充分利用了原有中心城区的十几个火车站,与市内重要的商务、商业、行政中心紧密连接。轨道交通的快速拓展为新城和郊区的发展奠定了坚实的基础,有力地支撑了伦敦城市空间结构的优化拓展。

(二)巴黎

为应对工业革命带来的大城市病,1965年巴黎在区域规划中首次提出建设新城,以产业"疏解"为先导,向外围地区疏散中心区过于集中的人口。一是在"极化-平衡"理念指引下构筑多中心城市空间格局。《巴黎大区2030》提出形成"市中心+9个副中心+5个新城"的多中心结构,提出"极化与平衡"的城镇化理念,其中"极化"是指在城镇化地区进一步增加用地强度,提升功能混合性,从而提供更多的住房和就业岗位,"平衡"是指通过在大区尺度上培育更多城市中心,以实现平衡的生活和公平的地域发展,以改变单中心的极化空间结构,同时防止城市蔓延。二是以产业"疏解"为先导,推动就业、人口均衡分布。以产业"均衡化"发展为规划重点,法国国家领土整治规划从1950年开始编制,政策核心是通过市场手段调节企业收益,引导企业向巴黎中心地区以外的地区聚集。制造业、仓储物流业等相继向外围地区疏解,释放了巴黎中心地区的土地,保障了金融等技术密集型企业在中心地区的选址需求。三是依托市郊铁路完善放射状交通网络,加强中心地区与外围地区联系。为支撑产业和人口外迁,提高中心地区与外围地区的交通联系,巴黎持续推进连通"多中心"的交通体系规划。一方面,巴黎规划了5条市郊铁路快线,平均每条快线长度约为100公里,平均每站间距接近 3 公里。另一方面，采取"穿越型"的线网体系设计，即在郊区利用现有铁路线为主、在市区采取地下线形式，实现了中心地区与外围地区以及外围新城之间的高效、便捷联系。

（三）新加坡

新加坡作为闻名遐迩的"花园城市"，通过新市镇规划建设、TOD 导向的土地开发，在满足居住需求以及经济社会发展要求的同时，实现了人口和产业的有序发展。一是优先划定生态保护底线，构筑"绿心+带"城市结构。新加坡早在 1971 年版概念规划中就提出"花园城市"的规划构想，优先确定严格保护的中央蓄水区和自然公园作为中心绿肺，依托快速交通走廊连接的组团式新市镇布置在外围，各组团之间由绿化隔离带分割，形成城市绿网。通过设立区域中心、次区域中心、市镇中心，形成有序发展的多中心网络化城市空间格局。二是公共交通导向（TOD 模式）引导城市空间的有序开发。围绕 TOD 模式，新加坡的新市镇均设有 1~2 个地铁站，并将轨道站点与公共中心相结合，其公共中心主要包括公交转换站、大型超市、停车场、行政办公及社区服务等功能。各新市镇居住用地采取中高强度开发，实现了土地的集约利用，保障了轨道交通站点吸引充足客流。三是通过公共服务设施和就业岗位的合理供给，实现职住平衡。在"邻里中心"理念指导下，新加坡新市镇采用模块化布局的方式，实现居住区公共活动中心的分层次配套，高等级商业、文化、体育设施多分布于新市镇中心，而邻里中心以满足居民日常生活服务为主，工业设施则位于新市镇的边缘，在提供充足就业岗位的基础上实现职住平衡。

三 进一步优化广州城市空间布局的对策建议

（一）坚持底线思维，构建美丽国土空间格局

1. 统筹划定"三区三线"

立足资源禀赋和环境承载能力，按照陆海统筹原则，从生态功能、农业

功能、城镇功能三方面综合考虑，确定广州生态和农业空间不低于市域面积的2/3，城镇建设空间不高于市域面积的1/3。按照生态优先原则，优先划定生态保护红线，严格保护自然保护地、生态功能重要区域和生态环境敏感区域。严格落实永久基本农田保护任务，在市级层面划定永久基本农田集中区。按照"规模刚性、布局弹性、集中集约、形态规整"的原则，市、区联动划定城镇开发边界。

2. 构建通山达海的生态空间网络

广州是超大城市中"山、水、林、田、湖、海"各项自然资源最为齐备的城市之一。为维育自然生态本底，应进一步完善包括"三纵五横一环"区域生态廊道、组团生态、社区生态廊道在内的三级生态廊道体系，重点保护五大山林生态片区、三大农林生态片区、南沙滨海景观生态片区，以及各类重点生态节点，完善游憩功能。

（二）强化大湾区区域发展核心引擎作用，优化多中心网络化空间布局

1. 推进共建极点带动、轴带支撑的大湾区网络化空间格局

根据《粤港澳大湾区发展规划纲要》赋予广州的使命，发挥广州—佛山的极点带动作用，共建"1+4"广佛高质量发展融合试验区[1]。共同构建穗莞惠深港、广佛中珠澳环湾发展轴带，依托沿海铁路、高等级公路和重要港口，强化广州与国内重要城市群之间的区域发展带，支撑粤港澳大湾区的辐射引领作用。

2. 打造一核一极、多点支撑、网络布局的多中心城市格局

一是主城区重点提升国际化高端城市功能。重点集聚金融、商贸、航运服务、文化和科技创新等国际大都市核心功能，实施"两控三增"[2]，改善

---

[1] "1"是指广州南站—佛山三龙湾片区—荔湾海龙片区，"4"是指五眼桥—滘口、大岗—五沙、白云—南海、花都—三水片区。
[2] "两控"为适度控制主城区人口密度和建筑开发强度，"三增"为增加绿地、开敞空间和公共服务设施供给。

居住条件和环境品质。二是高水平建设南沙副中心。重点承载总部经济、科技研发、青年创新创业等高端服务功能。建设湾区交通中心，强化与主城区、中山、东莞等临界地区交通衔接。三是完善多点支撑的空间结构。重点完善以主城区为核心、南沙副中心为极点，以及花都城区、空港经济区、知识城、番禺南部城区、增城和从化城区等为多点支撑的多中心城市格局。

（三）优化城乡建设用地结构，提升土地节约集约利用水平

1. 引导村庄建设用地减量化

制定"严控总量、盘活存量、精准调控、提质增效"的用地策略，严格控制国土空间开发强度，优化城乡建设用地结构。重点以土地综合整治为平台，推进城镇开发边界内集体建设用地入市和城镇开发边界外低效村庄集体建设用地减量化。

2. 分类推进存量低效用地盘活

积极推进存量用地分类盘活。建立盘活存量与新增建设用地挂钩机制，加快推进"一场两园三旧"① 低效用地盘活。优先保障先进制造业、现代服务业等现代产业发展空间，提升产业用地效率。划定工业产业区块，推动产业项目集聚发展。大力推进村级工业园和物流园等整治提升，促进低效用地升级改造。

（四）推动轨道交通与城市协同发展，建设高效便捷的"轨道都市"

1. 建设多层级轨道网络

一是建设更紧密的城际直联轨道网络。建设跨市的城市高速轨道（含城际轨道），加快构建"五主四辅两预留"② 的广州铁路枢纽布局，实现

---

① 一场指传统批发市场，两园指低效物流园与村级工业园，三旧指旧城镇、旧厂房、旧村庄。
② 五主为广州站、广州东站、广州南站、白云站和佛山西站，四辅为广州北站、南沙站、新塘站和黄埔站，两预留为白云机场 T3 站和增城站。

"高铁进城",方便市民就近乘车。二是建设更高效的市域轨道快线网。支撑广州市域一体化发展,强化广州与邻穗城市、广州市域内不同地区的快速联系。三是建设更高密度的城市轨道普线。加密主城区、副中心内部及连绵发展地区走廊的轨道普线网络,提升轨道交通服务水平,重点解决大客流走廊服务能力不足问题。

2. 以"站城一体"的理念推动枢纽地区开发

推进轨道和公交站场综合开发利用,开展"站城一体"的枢纽地区开发。实现多层次的地上地下一体化空间立体开发,以及各条线路间的无障碍换乘,大幅缩短换乘间距,提高城市空间品质和价值。创新机制,统一场站周边用地收储、供应和开发,以高品质的车站空间营造和人的步行体验为抓手,使车站不断"生长",与城市其他空间便捷相连。

(五)完善产业与公共中心布局,促进产城融合与职住平衡

1. 优化居住空间布局和结构,提升宜居品质

一是优化布局,引导新增居住用地向就业中心和轨道交通站点周边集聚,提高就业岗位集中的科技创新园区、总部经济区和轨道交通站点周边区域居住用地供应。二是优化结构,通过创新土地政策,提高人才住房用地供应比例,更好地服务于广州创新型现代化产业体系构建。

2. 促进就业—服务—居住—交通协调发展,提升宜业品质

一是促进就业岗位的同步疏解与优化分布。以大分散、小集中为原则,布局新就业中心,避免产生长距离通勤问题。同时,沿轨道交通站点促进居住、就业、商业、文化等功能多元复合利用,形成自给自足的组团式紧凑开发。二是聚焦社区,打造15分钟社区生活圈。以15分钟步行可达、3万~10万服务人口规模打造社区生活圈,强化社区公共服务设施布局均衡程度。

3. 打造高水平公共空间与游憩体系,提升宜游品质

一是促进公园绿地服务向社区延伸。重点发展社区公园以及口袋公园,力求实现郊野生态公园-城市公园-社区公园数量规模的正三角结构。二是着力优化公园绿地布局。打造串联16个郊野生态公园的郊野公园环。优化

城市公园布局，使城市公园服务半径稳定在2~2.5公里。大力建设社区公园，提高公园绿地服务覆盖率。

（六）加强城市设计管控，塑造依山、沿江、滨海特色风貌

1. 强化城市依山、沿江、滨海岭南风貌特色

依托广州"山、水、林、田、湖、海"自然禀赋，不断强化北部地区山体森林连绵起伏、中部地区传统与现代都市交融、南部地区港城融合滨海风貌的总体格局。

2. 塑造"大美珠江"城市魅力纽带

伦敦、巴黎、上海等世界一流城市都因河流而更具魅力。因此"大美珠江"城市魅力纽带的塑造对广州至关重要。重点打造精品珠江"三个十公里"[①]，实现主城区珠江两岸60公里滨江漫步道、骑行道、无障碍通道三类通道全线贯通，为市民提供舒适、开放、贯通的滨水空间。

3. 营造优美的城市天际线和景观视廊

加强城市天际线管控。保护历史城区平缓有序的城市天际线。构建山城融合的沿山天际线，保护城市北部连绵的山峦背景。营造起伏有序的珠江景观带天际线，整体形成富有层次感、韵律感的天际线。保持山、水、城之间视线的通达性，强化山水城市整体意象。在珠江沿线公共开敞空间、广州塔、白云山顶等设置城市眺望点、城市阳台，与重要的地标之间建立景观视廊。

4. 加大历史文化名城保护和活化力度

在全市域范围内实施"一山、一江、一城"[②] 整体保护的空间战略。复兴古代、近代传统中轴线，持续推动六脉渠等历史水系修复，营造城郭和骑楼文化景观带，推进历史城区有序疏解等；构建110公里的珠江文化带，打造全球粤文化原乡；建设"最广州"历史文化步径，串联一批最能反映广

---

① "三个十公里"是指珠江前航道白鹅潭三江口至南海神庙的三十公里核心段。
② "一山"是指白云山以及向北延伸的九连山脉（广州段），"一江"是指珠江及其大小河涌，"一城"是指广州历史城区。

州历史底蕴与文化特色、最能展现广州传统风貌的建筑、街道、街区，讲好广州故事，展示广州魅力。

参考文献

广州市国土资源和规划委员会：《广州市城市空间大数据构建与创新应用》研究专题（内部资料），2018。

广州市规划和自然资源局：《广州市城市总体规划交通专线年度实施评估及近期实施建议》（内部资料），2019。

广州市国土资源和规划委员会：《广州市城市总体发展战略规划2040》（内部资料），2018。

广州市规划和自然资源局：《广州市国土空间总体规划（2018～2035年)》（上报稿）（内部资料），2019。

B.13
粤港澳大湾区建设背景下的广州综合交通枢纽发展战略研究

马小毅[*]

摘　要： 本文在回顾广州城市交通枢纽现状特征与存在问题的基础上，针对未来面临的机遇和挑战，构建了专门的广州市交通枢纽模型，开展了定性定量相结合的分析，系统提出了满足城市发展要求的战略方案。方案明确了建设"全球重要综合交通枢纽"的总体目标，从设施建设、用地耦合、体制机制三个方面阐述了具体措施，切实起到支撑湾区建设世界级城市群目标的作用。

关键词： 粤港澳大湾区　综合交通枢纽　广州

一　前言

2019年2月18日，中共中央、国务院印发了《粤港澳大湾区发展规划纲要》（以下简称《湾区纲要》）。《湾区纲要》提出了"构建现代化的综合交通运输体系"的目标，要求广州全面增强综合交通枢纽功能，充分发挥国家中心城市和综合性门户城市引领作用。按照《湾区纲要》的定位，广州是湾区的四大中心城市之一，与香港、澳门、深圳其他三大中心城市相

---

[*] 马小毅，广州市交通规划研究院副院长、高级工程师，研究方向为城市规划、综合交通规划。

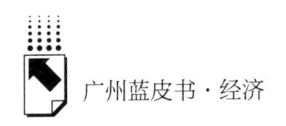

比，广州在土地资源上有一定的优势，更具备全面增强综合交通枢纽功能的条件，但目前中国大城市普遍已经或者即将进入存量甚至减量发展时代，《广州市国土空间总体规划（2018~2035年）》（上报稿）明确提出严控国土空间开发强度，设定土地资源消耗上限，将国土空间开发强度严格控制在市域面积的30%以内。交通发展已由追求速度规模向更加注重质量效益转变，广州综合交通枢纽亟须回顾现状，深入分析发展趋势，确定合理的发展目标，提出相应的战略方案。

二 广州综合交通枢纽发展现状

粤港澳大湾区拥有世界级的湾区港口群和机场群，基本形成了辐射全国、连通世界的国际航运、航空枢纽，广州综合交通枢纽在粤港澳大湾区中的核心地位显著。

（一）总体特征

1. 交通方式齐备、整体布局基本合理

广州交通方式齐备，与湾区外城市的连接，以海港、空港、国家铁路、干线公路为依托；与湾区内城市的连接，以内河航运、城际铁路、公路为支撑。2000年以后，海、空、铁三大港先后外迁，形成了以广州白云国际机场、广州港南沙港区为龙头，以广州站、广州东站、广州南站、江村铁路编组站为核心，以公路客货运枢纽站为补充的空间和功能布局，枢纽整体布局与城市发展方向匹配，支撑了城市空间拓展和布局优化。

2. 辐射能力强劲、实现城市目标定位

广州白云国际机场充分发挥国际中转、对外门户、国内枢纽功能，已经形成了覆盖亚太地区、辐射全球的航线网络；广州港积极拓展国际国内航线，航线通达世界100多个国家和地区的400多个港口，成为全球航运物流链中重要的一环；广州依托国家干线铁路网和干线公路网，形成了辐射全国各方向的运输网络。综合交通辐射服务功能的发挥，对辐射经济腹地和推动大湾区乃至泛珠三角区域协同发展、产业升级起到了较高水平的引领作用。

2019年,白云国际机场旅客、货邮吞吐量分别达到7339万人次、192万吨,均位居全国第三位,分列全球第十三位和第十七位;广州港港口货物、集装箱吞吐量分别达到6.25亿吨、2322万标准箱,均位居全国第四位、全球第五位,11月17日南沙国际邮轮母港正式开港,成为国内最大的邮轮母港综合体,接待出入境旅客超过50万人次,稳居全国第三位;铁路枢纽客运量1.45亿人次,货运量2105万吨;公路客运量2.57亿人次,货运量8.8亿吨。除航空货运量仅低于香港外,其他数据在湾区城市中均排名第一。客货运输量的持续增长,促进了交通枢纽能级的不断提升,实现了《广州市城市总体规划(2011~2020年)》中提出的"国际综合交通枢纽"的城市目标定位。

3. 湾区互动良性,广佛同城效应显现

2019年,广州与粤港澳大湾区其他城市客流交互量达到293万人次/日,占广州对外客流总量的73%,客流交互增长率呈快速上升趋势,2016~2019年年均增长率达到10.3%,远高于往年(2011~2015年的6.6%,2008~2010年的5%)。白云机场、广州南站、广州站等交通枢纽的客流中,超过20%来源于湾区其他城市,区域辐射带动作用显著。在多轮交通规划的指导下,广佛两市已建成衔接道路28条、跨市地铁线路1条,在交通层面上广佛两市已经由边界对接走向区域融合,2019年广佛日均客流交互量达到176万人次,占广州与粤港澳大湾区其他城市客流交互总量的61%。在这176万人次中,通勤出行的比例达到40%,与广州内部出行中通勤占比(40.8%)相当,同城化的特征愈加明显。

(二)存在问题

1. 国际连通能力存在差距,集疏运系统有待完善

与北京、香港相比,白云机场的国际直飞航线较少。空铁联运不便,区域辐射能力不足,目前81%的机场客源集中在广佛两市(其中,广州68%、

佛山13%），湾区其他城市客流仅占7.6%。广州港的集装箱班轮航线以东南亚、非洲航线为主，附加值高的欧美航线仅占20%。广州港水路驳船运输量大，但驳船泊位数量和能力有限，西江、北江的内河航道等级偏低；南沙港铁路尚未建成，抵港集装箱需从黄埔港区驳运至南沙港区，海铁联运占港口集装箱吞吐量的比例仅为0.26%。

2. 与湾区其他城市中心区之间的1小时交通联系难以全时段保障

广州与湾区其他城市实现了交通基础设施的互联互通，但城市中心区之间的通达时效还需提高。由于广州市中心没有高铁客运站，而大量的市中心客流（超过南站客运量的一半）必须花费40分钟左右的时间才能到达20公里以外的高铁广州南站，导致广州与香港、澳门中心区间互达的时间超过2小时。广州与湾区节点城市的联系以公路为主，晚高峰期间部分道路运作拥挤，其中联系最为紧密的广佛、穗莞间连接通道负荷较高，与东莞方向主要通道平均饱和度达到0.82，广佛同城化水平最高的中部廊道道路平均饱和度达到0.89，道路拥堵现象常发，高峰时段广州与邻穗城市的1小时道路联系难以保障。

三 未来广州综合交通枢纽发展展望

（一）广州综合交通枢纽发展面临的机遇与挑战

综合交通枢纽的发展面临着诸多机遇。在"一带一路"倡议下，更高层次、更大范围融入全球城市坐标体系是广州代表国家参与国际分工与竞争的基本趋势，对外交通运输量将迎来新一轮增长期。广州是国内唯一连续两轮城市总体规划（2011~2020年、2018~2035年）将国际综合交通枢纽纳入城市发展定位的国家中心城市，打造好的交通环境作为一个城市的品牌恰好与交通强国战略的理念不谋而合。城市经济形势向好，近五年人口净流入均在40万人以上，根据《广州市国土空间总体规划（2018~2035年）》（上报稿），2035年广州服务人口将由2018年的2210万增长到2500万，就业总规模将由2018年的862万增长到1300万，人口就业的增加为交通枢纽的可持续发展提供了必要的条件。

同时，综合交通枢纽的发展也面临着诸多挑战。枢纽能级的提升涉及规模、容量、运营管理等多方面因素，也涉及多种集疏运方式的整合，部、省、市在发展理念和工作机制上达成广泛深入共识的力度还有待加强。同时，交通枢纽有两个特征：一是寿命长，使用寿命往往以几十、上百年计；二是具有排他性，战略性的枢纽建成后，相同的区位难以再建设其他交通枢纽。本轮国土空间规划的要求之一是向以存量发展为主的城市发展模式转型，实现城市用地的提质增效。充分认识并利用交通枢纽的锁定效应[①]，促进国土空间格局的优化，将枢纽规划内嵌进新的政策与技术体系中的机制尚未成熟。

（二）广州综合交通枢纽的发展趋势

1. 城市经济发展预判

过去十年广州GDP持续保持着中高速发展态势，2010~2015年平均增长11.0%，2015~2019年平均增长7.3%。总体上随着GDP基数的增加，增长率呈现下降态势，按照这一趋势推测，2035年广州GDP总规模约达到6.2万亿元，与东京和纽约现状GDP相当（分别为9472亿和9007亿美元）。

2. 定量分析工具构建

在本质上，交通问题是在有限资源与有限信息条件下，让千万级别的相互影响的有限理性行为个体在时空有序流动的超大规模组织优化的问题。在交通强国、湾区合作、国土空间三大背景下，为了科学预测未来的交通需求并设计合理的枢纽提升方案，需要强大的定量分析工具。本研究在1995年建立并不间断更新的广州市交通发展战略模型基础上，基于海量数据，形成了一套基于多层次全局统筹的综合运输枢纽客货流预测体系方法，分层次构

---

① 锁定效应（lock-in effect）指由于基础设施投资的寿命长，给基础设施选择带来的限制，也可延伸为对整个城市空间格局、发展模式的限制。

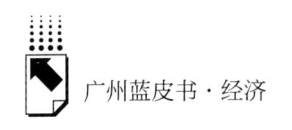

建湾区、都市圈（半径50公里以内）、市域交通模块，并体现多维度的主体诉求。

建模所用的海量数据包括传统调查数据、交通信息数据和基于移动互联的大数据，数据总量超过1050亿条。传统调查数据方面，涵盖三次广州交通综合调查数据（1984年、2005年、2017年）、20余年对全市656个道路断面交通流量的持续观测数据、50万个地块的用地信息等；交通信息数据方面，包括全市500多万张公交IC卡数据、地铁闸机进出站数据、全市2144个卡口交通流量监测数据、全省480万辆客货车高速公路出行数据、广州至全国的铁路票务数据、全国200多个机场间的航空客流分析数据等；大数据方面，包括全国地级市间的腾讯迁徙数据、2500多万个手机用户数据和5000多万个腾讯用户出行数据、高德车速数据等。交通模型共包含5200个交通分区，涉及18万个路段、1.5万个交叉口，涵盖大湾区城市群全域，其中：湾区战略模块重点分析广州与湾区城市间的走廊需求及湾区大型基础设施的互联互通；都市圈模块重点分析与邻穗城市的枢纽共享与设施对接、城际通勤联系，市域模块针对城市内部交通需求进行量化分析。模型设计充分考虑政府、企业、市民等各种角色的实际诉求，政府层面基于多情景的施策模型，能为政府部门提供多情景决策支撑；企业层面基于数据精准分析能力，合理体现各层级交通企业的实际诉求；市民层面从生活感知出发，反映市民对城市交通的体验诉求。

3. 规划流程设计

通过模型的预测模块预测2035年广州对外交通需求与各类枢纽的客、货运量，并将预测结果转换为需求矩阵，加载到规划年"基本情形"（Do Minimum）进行分析，以发掘存在的问题。"基本情形"直接引用《广州市城市总体规划（2011~2020年）》确定的远景年交通规划方案，针对"基本情形"指标与目标值的差距，首先从设施建设入手提升枢纽自身服务能力，其次通过枢纽与周边用地的耦合引导出行方式与结构的合理使用，最后从机制体制出发，提升枢纽的使用效率。经过多轮迭代测试，形成满足核心指标的最优方案。

4. 规划年需求预测

2035年随着区域一体化以及粤港澳大湾区的融合发展，广州与周边城市的交互将更加紧密，对外交互规模将由2019年的402万人次/日增长到766万人次/日。其中，广州与湾区城市交互占全部对外出行的75%（见表1）。

预计2035年湾区各城市间的交互将比2019年增加97%，主要增量集中在广佛、广中、广莞深、深惠、深中等通道（见表2）。

表1　2035年广州对外交互规模预测

对外区域	现状规模（万人次/日）	规划规模（万人次/日）	规划较现状增幅（%）	规划规模占比（%）
佛莞	223	416	86	54
湾区	70	161	129	21
省域	36	63	76	8
全国	73	126	74	17
合计	402	766	91	100.0

说明：对外区域中，大的区域范围均已剔除上面小的区域范围。

表2　2035年湾区各城市间的交互增长（规划年减现状年）需求OD预测

单位：人次/日

城市	广州	佛山	中山	肇庆	江门	珠海	深圳	东莞	惠州	合计
广州	0	812789	123139	23800	32186	33482	187650	265318	81994	1560358
佛山	813894	0	72472	37931	31798	3832	55437	12771	2013	1030148
中山	122788	72180	0	1293	44241	113205	68452	6608	719	429486
肇庆	27104	38206	1316	0	1759	582	16028	1701	422	87118
江门	35142	31695	44488	1721	0	21682	19216	2427	802	157173
珠海	34171	3559	114089	563	21402	0	105286	2060	502	281632
深圳	185844	52880	68647	16030	18711	102806	0	868374	595542	1908834
东莞	267993	12534	7340	1756	2489	2111	852051	0	78424	1224698
惠州	87369	1952	826	391	797	547	594170	78363	0	764415
合计	1574305	1025795	432317	83485	153383	278247	1898290	1237622	760418	7443862

说明：a. O、D分别为起终点英文简称；b. 香港和澳门的需求分别并在深圳和珠海中。

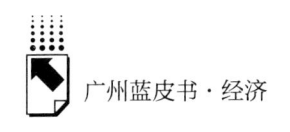

四 广州未来综合交通枢纽发展战略方案

(一)战略方案总体目标

1. 发展愿景

国家南方门户、湾区交通强市。国家南方门户方面,提升海港、空港能级,快速连通全球,完善高铁网络,具有广阔腹地,代表国家在南方行使门户功能,高效联系世界城市。湾区交通强市方面,践行交通强国理念,巩固粤港澳大湾区内辐射能力最强、腹地最广的综合交通枢纽地位,将良好的交通环境打造成城市品牌。

2. 总体目标

全球重要综合交通枢纽。高质量建设交通基础设施,进一步增强国际综合交通枢纽功能,跻身全球重要综合交通枢纽前列。高效连接全球,强化与粤港澳大湾区城市直连直通,进一步密切港澳与内地的交流合作,支撑国际一流湾区和世界级城市群的建设。

各专项的具体分目标为:航空方面,功能完善、特色鲜明、协同高效、辐射全球的国际一流航空枢纽;航运方面,具备一定要素配置能力的"枢纽型+服务型"区域性国际航运中心;铁路方面,四面八方、四通八达的国家铁路主枢纽;公路方面,连接全国、辐射华南、通达省域、直连湾区、覆盖都市圈的华南公路枢纽中心。

3. 核心指标

实现30分钟到达对外交通枢纽。市域任意一点采用公共交通在30分钟内可以到达对外交通枢纽,高效连接其他全球城市,便捷通达国内其他门户城市、湾区城市。

实现60分钟直达湾区中心城市及邻穗城市中心。与湾区城市间构建多层级的轨道交通体系,提高轨道服务品质,实现与湾区城市间的轨道直连直通。

（二）战略方案主要内容

1. 设施建设

航空方面。构建以白云机场为主、广州新机场为辅、支线机场和通用机场为补充的多机场体系。加快广州新机场前期研究工作，在南沙、从化等区域率先建设通用机场，并研究支线机场的可行性。重点发展欧美直飞航线，加密东南亚、日韩航线。强化白云机场大湾区核心枢纽机场定位，共建大湾区世界级机场群。汇集高铁、城际、地铁等多种轨道交通方式于白云机场，建设 T3 高铁站，实现 1 小时覆盖大湾区城市、3 小时覆盖邻近省会城市的目标。

航运方面。构建以南沙港区为规模化综合性港区和集装箱运输核心港区、新沙港区为核心散货作业区及重要的外贸汽车进口口岸、黄埔港区为主力港区、内港港区逐步转型升级并实施城市化改造的港口体系。充分预留南沙港区用地用海及深水岸线，建设国际邮轮母港，发展航运总部经济和航运服务集聚区。重点开辟欧美及"一带一路"沿线航线。

铁路方面。建设辐射全国、连接东南亚、衔接欧亚大陆的国际铁路枢纽，提升引入中心城区的铁路通道能力，强化枢纽互联互通。按照中央火车站的标准改造提升广州站、广州东站，建设广州北、白云等客站；研究新增知识城、从化等客站，形成"一心五向"[①] 的广州铁路枢纽布局，实现多点布局、多向到发，方便市民就近乘车。新增 10 条高铁（含联络线），优先建设与长三角（上海）和成渝城市群方向的直达通道，延伸广深港高铁至广州站、新建广中珠澳高铁接入广州东站，将高铁引入城市中心，从城市互连互通走向中心直连直通，共建粤港澳大湾区优质生活圈。与大湾区城市中心 1 小时互达、与省内城市 1.5 小时互达、与邻近省会城市 3 小时互达、与

---

① "一心五向"是指：广州站和广州东站组成的中心枢纽群；黄埔站、新塘站、增城站组成的东部枢纽群；庆盛站、南沙站组成的南部枢纽群；佛山西站、广州南站组成的西部枢纽群；白云站、广州北站、白云机场站组成的北部枢纽群；知识城站、从化站组成的东北部枢纽群。

国家级城市群主要城市5~8小时互达,与亚欧大陆桥和泛亚铁路实现常态化联通运营。

公路方面。顺应需求变化和环保要求,外迁中心城区公路客运站,强化客运站与各类轨道枢纽的衔接,形成功能完整、布局合理的客运枢纽体系。完善以广州为中心、辐射华南的"三环十九射"① 骨架高速路网,进一步强化华南地区公路枢纽中心地位。实现广州与相邻城市之间至少两条以上高速公路直接连通,市域高速公路网总里程至2025年达1300公里,至2035年达1500公里。

2. 用地耦合

航空方面。围绕白云机场和从化通用机场发展临空经济,打造以航空核心产业、临空特色产业、临空产业等为基础的复合型空港都市。依托南方航空公司、GAMECO等航空维修基地,完善航空零部件制造等相关业务。在配套性服务业组团中建设集跨国公司总部、体验式商业、酒店等功能于一体的超大型综合体。进一步优化白云机场周边的生态保护空间布局,保障空港经济区产业发展的用地需求。依托穗深、广佛环线等城际铁路,扩大空港服务范围,建设健康城疗养特色小镇和竹料会展酒店特色小镇等航空产业小镇(机场+轨道+特色产业)。以通用机场为核心发展商务飞机和通用飞机零部件生产与维修、航空培训、航空飞行器展览等产业,形成商务航空产业园区。

航运方面。增强广州国际航运综合服务功能,以航运服务集聚区为空间载体,吸引各类现代航运服务要素集聚。充分依托湾区港口群,建成航运服

---

① 三环:广州环城高速、广州绕城高速(西二环—北二环—东二环—广珠东线—南二环)、肇花高速—机场高速北延线北段—珠三环高速一期—增莞高速—莞深高速—梅观高速—深中通道—南中高速及万顷沙支线—中江高速—珠三环高速西环;十九射:广清高速、机场高速—机场高速北延线南段—乐广高速、机场二高—广连高速、华南快线—京港澳高速、从埔高速—大广高速、广河高速、增佛高速增天支线、凤凰山隧道—广惠高速、广深高速、黄埔大道—广深沿江高速、番禺至南沙东部高速—广珠东线、南沙大桥—番莞高速、广珠东线高速—虎门高速、东新高速—中山东部外环高速、广珠西线高速、广明高速、广佛高速、广三高速、广佛肇高速。

务要素高度集聚和特色化明显、市场服务环境具备区域优势、创新能力和智慧化水平明显提高，具备一定区域要素配置能力的"枢纽型+服务型"区域性国际航运中心。促进黄埔港和南沙港由"货运型"向"服务型"升级。加快互联网+航运、供应链金融、航运大数据等航运现代化产业发展。推动中心城区岸线从"生产岸线"向"生活岸线"转变。将中心城区的岸线逐步改造为以城市生活与旅游观光等开发利用为主的生活岸线。

铁路方面。依托广州南站、庆盛站、大田站、增城西站等重大铁路枢纽，形成独具特色的铁路枢纽产业园区，强化铁路枢纽对地方产业的集聚带动作用。广州南站重点发展总部经济、商务办公、金融服务等，与番禺—顺德共同打造现代服务业集聚园区。庆盛站重点培育人工智能、新能源汽车研发与制造等战略性新兴产业园区。大田站打造集跨境电商、现代仓储、保税物流、金融物流、城市配送和多式联动等为一体的智慧物流园区。增城西站打造集现代物流、汽车制造、装备制造等为一体的高端制造产业园区。

公路方面。依托广深高速、广深沿江高速等形成广深港澳科创走廊改造提升带，加快沿线低效工业用地改造提升，打造增城夏埔片区和黄埔云埔片区等创新示范节点。围绕广州产业聚集区、汽车产业零部件生产基地和创新产业园区，沿"环形+放射"货运廊道布局形成国际物流园区、区域物流园区、专业物流基地的区域物流体系。合理引导物流园区建设，促进公路货运与产业、环境协调发展，加快白云物流总部园区、裕丰综合物流基地等示范园区建设。开展白云区物流园整治提升行动，整合零散、低效的公路货运站。

3. 体制机制

积极推动成立粤港澳大湾区交通协调机构，建立制度化、常态化的区域交通发展议事机制。健全地方协商合作机制，通过制定跨界行动纲领、签订政府间合约、建立合作项目库、设立共同基金等措施，共同研究解决合作中的重大事项。统筹区域交通基础设施布局，促进区域交通一体化发展，以交通为切入点，推进区域内城市在创新发展、产业分工、要素流通、服务共享、环境保护等方面的统筹协调，构建共建共治共享的格局。

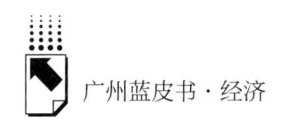

坚持法治引领，完善综合交通法规体系，推动重点领域法律法规制定修订。重点推进国际航运中心建设、区域交通一体化、智慧交通、交通与土地利用协调等方面的地方立法工作，确保各项交通管理工作有法可依。研究立法保障交通建设投融资渠道。

培育高水平交通科技人才，推进城市交通高端智库建设，完善专家工作体系。建设高素质专业化交通干部队伍，注重专业能力培养，增强干部队伍适应现代综合交通运输发展要求的能力，加强国际交通组织人才培养。

（三）战略方案的模型评估结果

战略方案制订考虑两个方面因素：一是针对基本情形存在问题进行优化完善，二是针对未来战略发展中各因素的敏感性大小制订合适的战略组合方案。战略规划在远期面临众多不确定性，为此本轮研究基于轮盘设定了不确定性，轮盘的最内核以基本情形为基础，内轮盘为战术情景，以设施完善为主。外轮盘为战略情景，包括用地耦合、体制机制两个战略情景。按照总体目标设定的核心指标，先内后外、先易后难、逐步加载各项措施，反复迭代，直到实现指标要求。推荐战略方案的评估结果见表3。

表3　推荐战略方案评估结果一览

指标	目标值	"基本情形"	战略方案
与其他湾区中心城市轨道出行时间（分钟）	≤60	>90	≤60
与其他湾区中心城市道路出行时间（分钟）	≤90	>120	≤90
对外出行市内耗费时间（分钟）	<30	38	27

在推荐战略方案的基础上，对2035年航空、航运、铁路三大铁路枢纽的运量进行了预测：航空客运吞吐量达1.4亿~2.0亿人次，国际及地区通航点数达190个，国际旅客占比40%以上，中转旅客占比达25%，货邮吞吐量500万吨；航运货物吞吐量达7.5亿吨，集装箱吞吐量3500万标准箱，邮轮旅客数量300万人次；铁路发送量达5.1亿人次，货运量达7700万吨。

五 结语

建设粤港澳大湾区的号角已经吹响，作为广东的省会，又是国际交通枢纽的广州有责任也有义务在"构建现代化的综合交通运输体系"中发挥引领作用。广州近30年的实践证明，交通枢纽发展战略的明确，有利于准确把握广州在湾区交通发展中的定位，在交通强国战略的指引下，在国土空间盘活存量的要求下，提前谋划交通枢纽发展优先项目，即时响应《湾区纲要》的要求，指导广州与湾区各城市间交通的协调，有利于广州率先实现由"交通大市"向"交通强市"的转型，切实支撑湾区建设世界级城市群的目标。

参考文献

广州市交通规划研究院：《广州市交通发展年度报告（2019）》（内部材料），2020。
广州市交通规划研究院：《广州市交通发展战略规划》（内部材料），2019。
广州市交通规划研究院：《粤港澳大湾区协同发展视角下广州国际性综合交通枢纽发展战略规划》（内部材料），2019。
广州市规划和自然资源局：《广州市国土空间总体规划（2018～2035年）》（上报稿），2019。

B.14
加快推进广州中心城区港航业转型发展的对策研究

郭凌峰*

摘　要： 本文结合国内外典型城市中心区域港航业转型发展的经验，分析了广州中心城区港航业发展现状和存在问题。在此基础上，从做好港航业发展详细规划，推动航运总部经济和现代服务业集聚区建设，发展航运金融贸易，打造世界一流水上休闲观光特色旅游品牌，构建快速、便捷、高效的城市水运通道，促进绿色港航、智慧港航、人才培养发展等方面，提出了广州中心城区港航业转型升级发展的对策建议，以进一步促进实现港、城、产的有效融合，助力粤港澳大湾区和广州国际航运枢纽建设。

关键词： 中心城区　港口航运　广州

中心城区港航业主要位于广州港内港港区范围，是广州传统港航产业的重要区域。近年来，中心城区作为传统货运的港口业务逐渐萎缩，但航运集聚能力日益增强，现代港航服务业和水上休闲客运产业蓬勃发展，航运区块链发展方兴未艾。当前，随着粤港澳大湾区战略和广州国际航运枢纽建设的深入推进，中心城区港航业面临前所未有的机遇和挑战。准确把握新时期行

---

* 郭凌峰，广州市港务局内港分局一级主任科员，主要从事港航行政管理工作。

业发展的深刻变化和特征，对标国内外典型港口城市行业发展经验，加快推动中心城区港航产业转型发展，实现老港区新活力，对于推动港城融合发展具有重要意义。

一　国内外典型城市中心区域港航业转型发展的经验借鉴

（一）伦敦国际航运中心特点的借鉴

1. 港城逐步分离，国际航运中心地位突出

伦敦港位于伦敦市泰晤士河沿岸，始建于公元前43年，18世纪发展成为世界性大港；19世纪以来，伦敦港传统的货运装卸等港口业务逐渐萎缩，转型后主要作为游艇及水上体育中心，货物运输均已转移到伦敦市郊区。近年来，伦敦港已无全球级港口的功能和条件，但伦敦航运产业发达，其国际航运中心地位始终保持在世界前列，站在航运发展的最前沿。

2. 世界级的海事机构和发达的航运市场

伦敦集中了世界各地船舶公司的代表机构，以及世界著名的航运服务机构，为世界航运业提供最权威的航运服务。由波罗的海航运交易所每天发布的干散货运价指数（BDI），是世界上最有权威的运价指数，被称为航运市场的"晴雨表"。伦敦还有完善的船舶买卖、租赁、融资、保险、中介及相关法律服务等发达航运服务体系。据统计，世界20%的船级管理机构常驻伦敦，50%的油轮租船业务、40%的散货船业务都在伦敦进行，全球1750多家从事航运事务的公司与机构在伦敦设立了办事处，仅航运服务业每年创造的价值就达20亿英镑[①]。

3. 世界级的航运金融中心、海上保险中心

伦敦有着"金融首都"之称，是世界著名的银行业中心，共有数百家

---

① 龚道前：《伦敦国际航运中心的演进及实证研究》，《对外经贸》2012年第10期，第38页。

国内外大银行,管理着英国银行业50%以上的资产。伦敦证券交易所是国际化的证券交易所,来自60多个国家的470多家公司在此进行证券交易。伦敦是世界外汇交易中心,其外汇交易占全球外汇交易总量的30%左右。伦敦航运融资放贷总额每年约为200亿英镑,约占世界市场份额的20%。伦敦还是世界级的海上保险中心,航运保险业务占据了世界市场20%的份额。已有300多年历史的伦敦劳埃德保险行(Lloyd's)在保险规模、能力范围、专业化程度和创新性方面全球领先[1]。

4. 国际航运规则的制定者

伦敦国际航运中心具有良好的人文历史条件,如悠久的贸易和航海传统及文化、众多优秀的海事人才等。伦敦在海事、海商诉讼方面的司法案例、航运数据、相关公约条文均完全向从业者公开的基础上,形成了一套行之有效的集合案例、条文、司法、语言、数据、机构和交流机制的完整体系。大量的船东、海事律师、保险人、货主和航运从业人员在固有体系下把数据和精华案例呈现在伦敦市场,向全球提供收集到的大量数据并协助相关海事组织和协会调整自身的政策、条款、法律,形成并固化为成熟惯例的国际公约,影响着世界航运业的发展。

(二)上纽约港在纽约湾区建设中的经验借鉴

1. 全球最重要的工商业中心和世界金融中心

上纽约港位于纽约湾区的核心区域,周围环绕着曼哈顿、布鲁克林、史坦登岛及新泽西大陆;哈德逊河注入上纽约湾,由凡库尔水道与纽华克湾相连,并通过东河连接至长岛海峡。目前,全球逾55家五百强企业在纽约湾区聚集,是纽约证券交易所、纳斯达克证券交易所和华尔街的所在地;纽约湾区对外贸易额占全美的1/5,来自金融、保险、房地产和租赁产业的GDP约占纽约大湾区总量的1/3;同时,全球有2900多家持牌的银行、证券、期货、保险和外贸机构布局于此,是名副其实的"金

---

[1] 王捷:《伦敦国际航运中心模式变迁》,《市场周刊:新物流》2009年第2期,第38页。

融湾区"①。

2. 高科技产业和服务业高度发达

上纽约港区完备的基础设施、庞大的资金支持和丰富的文化底蕴使得以服务业为首的第三产业迅速发展，为产业结构调整提供了支撑。上纽约港区通过完备的基础设施以及税收减免政策、土地政策和金融政策，吸引了高科技产业和服务业进驻，主要产业集群包括计算机硬件与电子、工业机器与系统、交通设备、生物医药、材料加工、光学与成像、软件、食品加工、通信与传媒、金融与保险服务等。纽约湾区整体的教育水平极高，为航运产业聚集了大量的顶尖人才。

3. 港口功能从货运转为休闲娱乐

1921年，著名的纽约区域规划协会（简称RPA）成立，成为纽约湾区近百年发展的最重要因素。2017年11月30日，RPA发布了第四次规划《共同区域建设》，进一步体现以人为本的发展需要，集中解决了居民在住房、通勤、气候及可持续生活上的问题，朝着宜居湾区发展。同时，上纽约湾的货运港口功能逐渐衰退，逐步转变为游船、渡轮、帆船及皮艇娱乐胜地。

（三）上海港黄浦江两岸老港区转型升级实践借鉴

1. 国际航运中心要素集聚明显

上海老港区主要包括杨浦大桥至徐浦大桥之间的港口区域。目前，老港区聚集了上港集团、中远海、上海航交所等众多国内航运龙头企业；全球前20家大型航运企业中的马士基、地中海、达飞轮船、韩进、中远集运等进驻了该区域；外国航运公司纷纷在上海设立子公司或办事处，水路客运货运代理企业达250多家。此外，还吸引了国家开发投资公司、新华保险、建银投资等多家金融企业先后入驻，形成金融、航运产业集聚效应，成为上海国

---

① 王静田：《国际湾区经验对粤港澳大湾区建设的启示》，《经济师》2017年第11期，第18~20页。

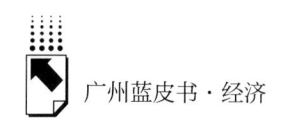

际金融和航运中心的核心区域①。

2. 不断推动老港区转型升级，港城协调良性发展

多年来，上海老港区与城市发展紧密结合并良性互动。2003年，上海发布了《上海市黄浦江两岸开发建设管理办法》，逐步将老港区所占据的滨水岸线及陆域功能调整转换，从原来的货运功能转向金融贸易、旅游文化、生态居住，以及与航运有关的贸易、管理、商业、办公等。

同时，老港区转型体现"建筑可阅读，城市有温度"的发展理念，着力构建总体布局有序的城市空间。一是与周边既有建筑群相呼应，形成完整的区域景观；二是组织城市空间与自然要素相互渗透，突出内外水体、沿江绿地和内部开发空间的互动；三是在社区布置上采用围合理念，传承城市四合院、海派弄堂等围合建筑风格，融入现代设计元素。

3. 传承历史文化，发展水上休闲娱乐产业

在规划设计与建设过程中，上海老港区注重文脉传承，保持时间和空间上的连续性，尽量保留港口文化元素，实现滨江景观和港口人文历史的融合。例如：位于近代外滩万国建筑博物馆侧的上海黄浦江老港，开发时就注重与老街文物古迹和现代建筑的协调。

在港口功能开发上，上海老港区转型还充分利用港口城市服务功能，发展邮轮游艇、免税购物、休闲娱乐、度假观光等综合配套服务。黄浦江游已成为上海最有特色的旅游项目，其游船主题突出，如：双体龙船和仿西方第一代蒸汽轮船"密西西比号"、西式仿古游船"船长号"、仿秦汉古船"牡丹号"等，这些游船根据特点定期举办各种类型的主题文化活动，丰富了黄浦江游活动内容。

4. 绿色港口建设推进成效显著

在绿色交通发展的大潮下，上海港于2013年正式启动创建绿色港口工作，积极融入国家"一带一路"建设和长江经济带战略，不断推动港口转

---

① 杨智勇：《上海港老港区在城市更新中的空间功能创新与实践》，《交通与港航》2018年第4期，第84页。

型，建设低碳环保、可持续发展的绿色港口。同时，以高品质的绿色建筑标准促进黄浦江两岸的可持续发展，沿江公共绿地与地块内景观融为一体，保证整个滨江的通透性、开放性和亲水性，形成良好的观景视线。

二 广州中心城区港航业发展现状和存在问题

（一）中心城区港航业发展现状

1. 航运总部经济聚集效果较为明显

中心城区港航企业、行业中介组织集中度较高。根据广州国际航运枢纽建设目标，中心城区重点推进沿江路、滨江路航运总部建设。目前，中心城区航运总部聚集圈已逐步形成，聚集了中远海散货、中远海特、省航运集团、广州港集团等港航龙头企业，南洋物流、明扬运输、宝供物流、洋航物流、长荣海运、太平船务、赫伯罗特等航运服务企业，以及广州航道局、广州打捞局、中交四航局、四航设计院、珠江水利规划设计研究院、广州船舶及海洋设计研究院等港口建设和设计咨询企业。截至2019年末，中心城区共有港航企业75家，占全市的26.7%（见图1）。其中，港口企业35家，码头泊位119个；国内水路运输企业39家，船舶226艘，运力94.21万总吨。

2. 港航服务业和航运金融贸易具有良好基础

中心城区航运服务业较为发达，形成了数量众多、门类齐全的港航服务体系，现已集聚了一批国际船代、无船承运、国际船舶管理、国内水运辅助、船舶港口服务、港口理货等港航相关企业。同时，中心城区还聚集了数量众多的航运物流、金融保险、航运仲裁、海事服务、航运资讯、航运交易、行业协会等航运服务企业。截至2019年末，中心城区（内港范围）现有港航相关服务企业789家，占全市总量的51.6%（见表1）。此外，根据英国智库Z/Yen集团与中国（深圳）综合开发研究院共同编制的第26期全球金融中心指数报告显示，2019年广州在全球金融中心中排名第23位，金

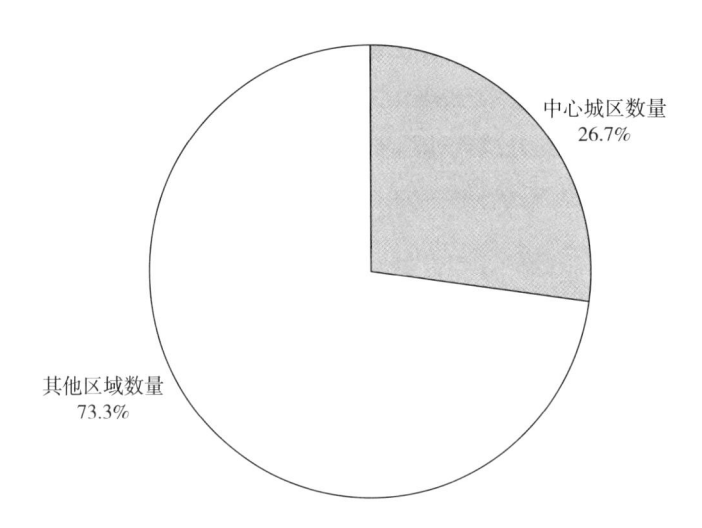

图1　中心城区港航企业占全市比例

资料来源：广州市港务局。

融科技发展排名位列全球第4。广州金融企业主要集中在城市中心区域，为中心城区发展航运金融服务提供了良好的基础。

表1　中心城区（内港范围）主要港航相关服务企业情况

企业类型	水运辅助	无船承运	国际船代	船舶管理	船舶港口服务	港口理货	合计
全市数量（家）	159	1010	92	155	110	4	1530
内港数量（家）	35	679	36	9	27	3	789
占比（%）	22.0	67.2	39.1	5.8	24.5	75	51.6

资料来源：广州市港务局业务管理系统。

3. 传统港口货运业务向水上休闲娱乐产业发展

随着城市的发展，中心城区老旧码头已逐步转型升级，部分码头转变为公共客运、游船和游艇码头，城市港口功能逐渐显现。一方面，中心城区码头数量、货物吞吐量逐年减少，码头逐步转型或停产，港口企业数量从2013年的54家减少到目前的35家（见表2），港口（内港港区）完成货物吞吐量占全市总量的比重也逐年下降（见表3）。另一方面，中心城区水上

表2 近年来中心城区部分港口转型或停产情况

码头名称	码头位置	岸线总长度（米）	转型方向	目前进展
河南公司内一、内二、内三、内四码头,东洛围码头,大干围码头,太古仓码头,沥滘码头	荔湾区、海珠区	1493	商业地产、大型商业综合体配套、游船游艇码头、餐饮娱乐场所	内一、内二、大干围码头已开发为商业地产,东洛围码头已规划为黄沙水产市场搬迁后用地,内三、内四已停止作业计划收储开发,太古仓码头作为文物活化利用示范点并建设了游船游艇码头,沥滘码头已计划收储整体开发
珠啤码头	海珠区	220	休闲娱乐设施,作为珠啤琶醍酒吧街	已于2014年转型停用
广船芳村码头	荔湾区	1064	计划部分岸线作为游船游艇码头	已被政府收储待开发
新风港务分公司新风码头	荔湾区	185	市政基础设施和配套商业场所建设用地,如意坊放射线和地铁11号线用地	正在施工建设之中
佛山金桥滘口码头	荔湾区	121	商业设施	已被政府收储,码头停产
广东省金属加工厂码头	海珠区	380	建设工艺美术园区配套游船游艇码头	后方地块部分设施已建成投运,码头建设还未实施
医药港码头	荔湾区	225	建设医药港配套游船游艇码头	后方地块部分设施已建成投运,码头地块正在走招投标程序,办理前期手续
中化大干围码头	海珠区	192	商业开发	码头停用
广钢白鹤洞码头	荔湾区	186	广钢新城总体开发	后方逐步开发商业地产,码头停用
韶钢三围码头	海珠区	238	待定	被收购,发展方向待定
永业货柜码头	天河区	154	临江大道改造建设	已被政府收储
广纸码头	海珠区	387	商业地产开发	码头停用

资料来源：根据广州市港务局内港分局相关材料整理。

表3 2012~2019年内港港区与广州港货物吞吐量对比情况

年份	2012	2013	2014	2015	2016	2017	2018	2019
广州港（亿吨）	4.51	4.73	5.01	5.21	5.44	5.90	6.13	6.27
内港港区（亿吨）	0.15	0.091	0.064	0.071	0.072	0.064	0.061	0.091
占比（%）	3.33	1.92	1.28	1.36	1.32	1.08	1.00	1.45

资料来源：广州市港务局。

旅游客运量逐年增加，珠江游旅客数量从2013年的206万人上升到2019年的386万人，位居全国前列，品牌影响力逐年提升（见图2）。同时，2019年中心城区过江渡轮客运量达到1344.56万人次，一定程度上缓解了陆路交通拥堵问题。此外，中心城区珠江游纯电动游船建设正加快推进。目前，游艇码头建设需求较大，已建游艇码头规模满足不了现有需求，部分企业和产业园区都将游船游艇码头建设纳入了近期发展规划。

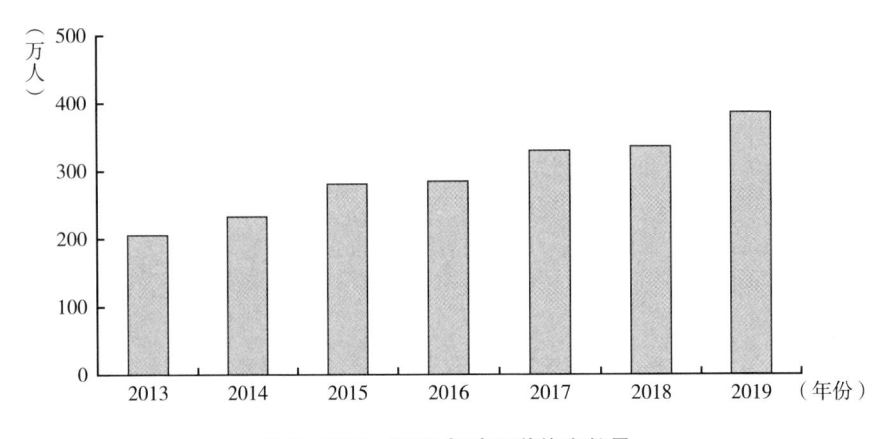

图2 2013~2019年珠江游旅客数量

资料来源：广州市港务局。

（二）中心城区港航业发展存在问题

1. 老旧码头还需进一步与城市发展相协调

中心城区港口处于临江地带，土地价值极高，随着广州城市化进程的加快，部分老旧码头已与城市发展不相适应，如码头陆路集疏运体系与城市交通体系不能有效衔接、部分码头产生的作业噪声影响周边居民的居住环境等，需要尽快转型升级。但是，老旧码头转型发展中由于存在一些历史遗留问题，在一定程度上阻碍了港口转型升级步伐，需要尽快做好顶层设计，更好地适应新形势下港口与城市的协调与可持续发展。

2. 中心城区港航业发展详细规划尚未出台

由于中心城区港航业详细规划尚未出台，港航企业自行实施功能转型的难度较大,"逐点开发,分步改造"的成本较高。一是缺乏规模化、专业化、集约化程度高的中心城区生活设施配套综合性港口,不能适应城市中心区域生活配套物流的需要;二是重点产业园区配套码头设施尚未纳入行业规划范围,而这类码头需求强烈;三是游艇发展政策尚未明朗,中心城区游艇码头建设较难推进;四是中心城区航运总部经济集聚区,缺乏相应的土地、财税等扶持政策作为保障。

3. 现代航运服务、航运金融贸易市场发展不充分

中心城区航运企业呈现数量多、规模小、企业分散和专业化程度不高等特点,航运企业整合力度不够,行业龙头企业分支机构多,但未在区域内注册。航运服务企业主要集中在船代、货代、无船承运等方面,航运物流、航运咨询、航运人才、法律服务等配套产业发展还不充分。同时,航运金融科技、贸易及衍生品市场还很薄弱,与国际成熟市场还存在较大差距,未充分利用中心城区在贸易、金融等方面的突出优势,建立完善配套产业体系。

4. 中心城区港航业智能科技水平不高

虽然中心城区港航业信息化建设取得了一定的成效,但港航智能科技对港航发展的支撑和引领作用不强,总体水平还需提升。码头智能化方面,旅客人脸识别设备、装卸作业机械、运输车辆等关键设备的智能化水平不高,物联网运用程度不够,港口生产各个环节信息联通、实时共享还有待加强。航运企业方面,信息化运用、航运大数据、区块链建设进程缓慢,信息孤岛现象还普遍存在。从行业管理智能化建设来看,存在数据平台、信息资源综合利用程度不高,视频监控系统覆盖面不广等问题。

三 广州中心城区港航业转型发展总体思路

2019年,国家出台了《粤港澳大湾区发展规划纲要》《交通强国建设纲要》战略规划,交通运输部等九部委出台了《关于建设世界一流港口的指导意见》;广东省出台了《中共广东省委全面深化改革委员会关于印发广州市推动"四个出新出彩"行动方案的通知》;同时,广州出台了"1+1+4"

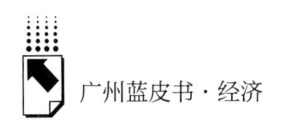

工作部署①，全面推动打造"一江两岸三带"城市空间格局。国家战略和省市政策的出台为中心城区港航业发展明确了思路。

根据广州国际航运枢纽建设目标，中心城区老港区重点推进转型升级，发展港口休闲产业、航运总部经济和高端航运服务业。中心城区港航业转型升级要围绕国家战略和省、市部署，不断优化功能布局，有效协调港口与城市发展之间的矛盾，以港城融合发展联动周边产业，大力推动航运要素集聚，全面促进现代航运服务业发展，助力国际一流湾区和国际航运枢纽建设。

借鉴国内外典型城市港航业转型升级经验，中心城区港航业发展可遵循如下思路。一是明确转型升级开发模式。重点区域可采用政府—市场协作型开发模式，实行统一领导、规划、管理，面向市场进行多元融资。二是推进航运总部经济建设。充分发挥中心城区毗邻市场、交通便利、资本充足等优势，积极打造与南沙港区错位发展的航运总部集聚区。三是积极发展港口休闲产业。将部分生产性岸线转型为生活性、商务性、滨水景观岸线，建设滨水廊道和港航文化景观点。四是统筹岸线、土地、通道、环境等资源要素配置。部分地段在满足城市规划景观的前提下，可利用珠江宽阔的江面，建设"浮岛+栈桥"的岛桥式结构码头，充分利用沿江水域，节约滨水土地资源。五是坚持产业转型的高端化、特色化和多元化。着眼于现代港航业转型升级发展，推动高端现代港航产业的创新发展。

四 加快推进广州中心城区港航业转型发展的对策建议

1. 优化中心城区港航业布局

根据《广州市城市总体规划（2017~2035年）》提出的"美丽宜居花

---

① 第一个"1"指加强党的领导和党的建设，是实现老城市新活力的根本政治保证；第二个"1"指深化改革开放，是实现老城市新活力的根本路径和关键一招；这里的"4"具体包括在综合城市功能、城市文化综合实力、现代服务业、现代化国际化营商环境方面出新出彩。

城、活力全球城市"的目标愿景,以及粤港澳大湾区战略布局和广州国际航运枢纽建设、一江两岸三带等发展思路,做好中心城区港航业发展详细规划。在功能布局上,要结合广州人工智能与数字经济试验区、金融城、大学城、白鹅潭中心商务区的发展规划及产业政策,因地制宜对港口和航运功能结构及空间布局进行调整,推动港产融合、港城融合、产城融合"三位一体"联动发展。在发展定位上,要坚持全球视野、高点定位、创新发展,积极发展港航总部经济、现代航运服务业、航运金融贸易物流、旅游休闲和战略性新兴产业。

2. 促进航运总部经济发展

充分利用城市中心区域的资源优势,打造航运总部集聚区。积极引导国际航运企业、高端航运服务企业、国际航运组织分支机构落户中心城区,发挥龙头带动效应,带动相关航运服务产业发展;在沿江路一带,形成白鹅潭至大沙头码头的航运核心圈;在滨江路形成白鹅潭至琶洲会展中心的滨江路航运核心圈。同时,围绕中心城区国际贸易服务功能,发展与国际航运枢纽相适应的现代港航服务业,重点发展现代物流、船舶交易、船舶管理、船舶注册、法律服务、国际船代、货代、港口理货、无船承运、航运咨询、人才服务等项目;推动经济辐射区域内港航服务业转型和升级,形成产业链高端服务在中心城区高度聚集的格局。

3. 健全国际化航运金融服务体系

以中心城区金融科技创新提升为契机,实现航运产业链高端金融业和衍生市场相互促进、融合发展。以金融城、广州民间金融街为依托,设立航运产业基金、担保基金、信托基金、投资基金、并购基金等各类基金,拓展航运融资渠道,推动航运企业利用多层次资本市场做大做强;鼓励金融业务和离岸业务产品创新,加快国际融资租赁、信托担保、投资管理、离岸金融、资金结算、资信评估、出口退税等业务发展。以广州航运交易所为平台,推动各类航运资产证券化业务,发展航运指数衍生品交易业务,建设航运相关大宗商品和产权交易信息平台。积极推动城区现有大型内外资保险公司设立航运保险营运中心或专业公司,发展船舶保险、海上货运保险、保赔保险等

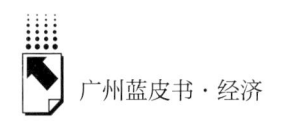

业务,促进航运保险业务发展。

4. 打造世界一流的城市水上休闲观光品牌

满足人民群众美好生活的广泛需求,积极打造世界一流的水上休闲产业。一方面,深度开发珠江两岸具有历史意义、广府或岭南文化特色、广州商都文化的遗址、博物馆、纪念馆、公园等景点码头,加快珠江游纯电动船建设,推动珠江日游发展,促进旅游、文化和民俗资源的整合,形成一江串数景的独特旅游航线,进一步丰富珠江游产品结构和内涵。另一方面,利用城市周边珠江水网自然生态景观,以市区为中心,积极对接南沙邮轮母港,发展西江、北江、东江内河游轮航线,拓展水上特色"慢行"休闲旅游产业,促进内河游船发展。同时,积极推动游艇、水上运动等项目发展。争取放开游艇码头建设政策,建设国际游艇博览交易和游艇综合服务中心,进一步落实穗港澳游艇双向"自由行";在白鹅潭、二沙岛、海心沙、琶洲等处水域规划发展水上帆船、极限运动项目,凸显城市滨水现代气息。

5. 建设便捷高效的客运、物流通道

利用中心城区水网密布、通航便利的条件,优化多式联运网络体系,推动城市水运通道建设。在水路客运方面,继续深入实施水巴发展规划,布局广州水上客运巴士航线,缓解陆路交通拥挤的压力。在水路货运方面,逐步建立到南沙、深圳、香港等枢纽港口货运穿梭水巴,实现内河航运和海运的无缝衔接;同时,根据中心城区毗邻城市终端消费市场的特点,在海珠区或荔湾区规划建设城区物流配套多用途码头,引入冷链物流龙头企业,加快构建城区冷链物流供应链体系,打通水运物流通道,为市民日常生活物资提供方便、快捷的水上运输服务。

6. 推动港城融合协调绿色发展

以打造"三十公里精品珠江"黄金岸线为目标,构建人水和谐的良好生态。一方面,严格落实国家、省和行业节能减排和低碳循环发展的要求,开展码头粉尘、油气和污水综合治理,推进清洁能源使用,加大力度推动绿色港航建设。另一方面,深挖港航特色文化内涵,推动港航文化与岭南文化、丝路文化和现代文明的深度融合，将亚运公园、岭南印象园、太古仓、黄埔古港、林则徐公园、珠啤琶醍等沿江景点打造成为港航城市客厅和文化长廊；重点推动黄埔古港景点建设，展现广州千年古港文化。

7. 加快智慧港航发展

以物联网、互联网等现代信息技术为基础，加强港航科技研发、产业推进，推动智慧港航发展。通过引资引技引智，引导企业开展物联网、区块链与金融科技、航运大数据研发，特别是研发支撑行业发展的高新技术产业，为航运贸易便利化提供技术支撑。要支持和鼓励港航企业加强科技创新，利用新一代通信、智能感知、智能高清视频、卫星导航、雷达探测、光电识别、无线射频等技术，提高港航企业的智能化水平。同时，全面推进港航管理数字化、在线化、互联网化，整合行业数据资源，建立集行业管理、电子商务、市场信息为一体的信息平台，实现多元信息互通和数据交换。

8. 促进航运人才培养发展

利用中心城区高校众多、人才集中的优势，积极发展航运人才。首先，加大港航人才培养力度，推动华南理工大学、广州航海学院等大学国际化港航人才培养，制定航运高层次人才引进政策，将航运人才纳入广州市人才政策中予以重点保障。其次，建立港航人才信息平台，加快行业人才流通，为行业全面发展做好保障。

参考文献

广州市港务局：《建设广州国际航运中心三年行动计划（2018～2020年）》，2018。
广州市港务局：《广州港口与航运发展报告》（内部资料），2019。
黄宇：《伦敦国际航运中心欲重振雄风》，《珠江水运》2013年第20期。
王捷：《伦敦国际航运中心模式变迁》，《市场周刊：新物流》2009年第2期。
王静田：《国际湾区经验对粤港澳大湾区建设的启示》，《经济师》2017年第11期。
杨智勇：《上海港老港区在城市更新中的空间功能创新与实践》，《交通与港航》

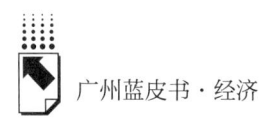

2018年第4期。

金永亮：《广州建设国际商贸中心城市研究》，《城市经济》2016年第11期。

孙立坚、黄菁：《中国（上海）自由贸易试验区应尽快形成"价值链"金融服务体系》，《国际市场》2013年第6期。

龚道前：《伦敦国际航运中心的演进及实证研究》，《对外经贸》2012年第10期。

B.15
越秀区携手港澳推动产业协作发展的思路与对策研究

刘震海 曾文浩 张藜*

摘　要： 中共中央、国务院印发的《粤港澳大湾区发展规划纲要》提出"构建开放型区域协同创新共同体"和"构建具有国际竞争力的现代产业体系",区域资源整合、区域一体化发展已成为全球城市和区域竞合发展的大趋势。广州市越秀区与港澳三地均以服务业为主导,产业结构具有高度的相似性。当前,城区发展面临产业内部结构调整、转型升级往高端化发展的迫切需求,推进产业协作既是大势所趋也是内在要求。本文立足粤港澳大湾区历史发展机遇,结合三地自身特点和优势,以服务业为产业协作重点,深入分析现状、探析条件、剖析问题,结合世界三大湾区经验和国内大型经济片区经验,提出未来越秀区携手港澳在金融、文化、科技、旅游、民生五方面开展产业协作的对策建议。

关键词： 粤港澳大湾区　产业协作　越秀区

2019年2月18日,中共中央、国务院印发了《粤港澳大湾区发展规划纲要》(以下简称《纲要》),提出要建设富有活力和国际竞争力的一流湾区和世界级城市群。《纲要》提出要不断深化粤港澳互利合作,进一步建立互

---

* 刘震海,广州市越秀区发展和改革局局长;曾文浩,广州市越秀区大湾区办常务副主任;张藜,广州市越秀区发展和改革局。

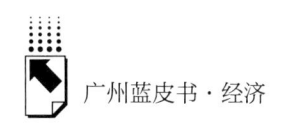

利共赢的区域合作关系，推动区域经济协同发展，最终形成以创新为主要支撑的经济体系和发展模式。越秀区地理区位优势显著、交通快捷便利、科教文卫资源丰富、商贸传统优势显著、现代服务业较为发达、城市综合功能突出，城区产业结构以服务业为主，与港澳具有相似性和互补融合性。当前城区发展面临产业内部结构调整、转型升级往高端化发展的迫切需求，与港澳携手开展产业协作既是大势所趋也是内在要求。越秀区有必要结合区域实际情况，充分发挥资源禀赋优势，借鉴港澳发展经验，促进三地资源要素流动，破解城区产业转型升级难题，提升经济发展动能。

一 越秀区与港澳产业协作发展现状与存在问题

（一）区域产业协作特点

区域产业协作是指区域内两个或两个以上的经济主体，从追求各自独立的产业发展系统逐步演化为追求各经济主体间产业的相互促进、协同发展，达到双赢互惠的过程[①]。各经济主体充分发挥地区比较优势，统筹考虑全区域发展格局，强调产业谋划整体性、强化产业链优化整合、相互协作、联合联动，实现互利共赢。区域产业协作已成为推动区域经济和宏观经济发展的重要路径，已成为全球城市和区域竞合发展的大趋势。

（二）越秀区与港澳产业协作发展现状

任何经济主体之间的协作都会表现为一定的合作模式，形成不同的经济关系，从而产生不同的经济利益。区域间产业协作发展主要有产业间合作、产业内合作、产业链合作、产业全面融合四种模式。越秀区与港澳的产业协作模式属于产业内合作模式，源于过去内地随着改革开放的过程，港澳尤其是香港对

---

① 向晓梅、杨娟：《粤港澳大湾区产业协同发展的机制和模式》，《华南师范大学学报》（社会科学版）2018年第2期。

广东地区产生了经济辐射,形成了区域经济中的相互合作。越秀区作为广州中心城区,在改革开放中首先接受香港的产业辐射,香港在越秀区以投资设立分公司为主,重点发展服务业,商贸往来较多。随着内地企业的发展壮大,越秀区内企业赴港上市融资,并且"走出去"在香港设立分公司或子公司。

1. 三地服务业发展总体情况

2019年,越秀区实现地区生产总值3135.47亿元,服务业实现增加值1936.82亿元,占GDP比重为61.77%,增长3.9%,服务业密度为57.3亿元/平方公里,"十三五"期间增速逐年降低[①]。2018年,香港实现地区生产总值24211.75亿元,服务业实现增加值21434.67亿元,占GDP比重为88.53%,增长0%,服务业密度为22.69亿元/平方公里。澳门实现地区生产总值3879.04亿元,服务业实现增加值3654.06亿元,占GDP比重为94.2%,增长1.52%,服务业密度为126.45亿元/平方公里。[②]

2. 区内港澳企业法人投资及经营情况

2019年,全区合同利用外资7.23亿美元,实际使用外资2.46亿美元。港资企业[③]合同利用外资7.18亿美元,占全区合同利用外资的99.3%,比2018年提高53.8个百分点;实际使用外资2.3亿美元,占全区实际使用外资的93.5%,比2018年提高67.6个百分点。2018年,区内港澳法人企业超过1700家,占全区企业单位法人比重为2.56%;主要分布在批发和零售业,租赁和商务服务业,房地产业,交通运输、仓储和邮政业,信息传输、软件和信息技术服务业;实现营业收入接近800亿元,占全区营业收入的10.37%;企业资产总计接近1700亿元,占全区企业法人总资产的6.37%;从业人员49772人,占全区从业人员总数的4.83%;企业数量、营业收入、企业资产、从业人数均较2017年总体呈同比减少态势。

---

① 广州市越秀区统计局:《2019年越秀区国民经济和社会发展统计公报》,2020。
② 快易数据:《世界各国服务业增加值占GDP比重》,https://www.kylc.com/stats/global/yearly_overview/g_service_value_added_in_gdp.html。按2018年12月,1港币兑换0.854人民币,1澳门元兑换0.881人民币汇率进行折算。
③ 2019年未有新增澳门企业在越秀区投资。

3. 区内重点港澳企业经营情况及行业分类

区内重点港澳企业主要集中在商贸业、房地产业和交通运输业。一是四上①港澳企业情况。2019年，区内共有四上港澳法人企业253家，占全区企业单位法人比重为6.59%；营业收入合计724.24亿元，从业人员合计42816人，较2018年均有减少。四上港澳企业前30名营业收入合计652.43亿元，从业人数合计为24987人，两者与2018年对比，分别下降5.15%和上涨11.27%。行业分类集中在批发和零售业、房地产业、交通运输业。二是营收排名前列港澳企业情况。2019年营业收入排名前10的企业有华润广东医药、优比速包裹运送、李锦记（中国）、元亨燃气、屈臣氏、广深珠高速、赛壹便利店、阳狮广告、美心食品（广州）、广珠西线高速，行业分类集中在批发和零售业、交通运输业。三是获评广州市总部企业情况。2018年，越秀区获评广州市总部企业数为66家，其中6家为港资企业，分别是：广深珠高速、华润广东医药、广汽零部件公司、越秀（中国）交通基建投资公司、广州达生市场推广公司、捷成洋行，行业分类集中在批发和零售业、交通运输业。

4. 区内企业赴港上市及"走出去"港澳发展情况

一是区内企业赴港上市情况。截至2019年，越秀区共有上市企业51家，其中香港证券交易所上市企业4家，分别是：广汽集团，按中国证券会行业口径（下同）为制造业，2012年上市；时代中国，房地产业，2013年上市；元亨燃气，批发和零售业，2014年上市；卓越教育集团，教育服务业，2018年上市。二是区内企业"走出去"港澳投资情况。2019年1～11月，越秀区"走出去"境外投资企业数为13个，其中区内赴港澳投资企业数约为10个，以服务业为主。

（三）三地产业协作发展存在的问题

1. 区内港澳投资和企业数呈下降态势

区内港资合同利用外资和实际使用外资呈下降态势，主要原因如下：一

---

① "四上企业"是指规模以上工业企业、资质等级建筑业企业、限额以上批零住餐企业、国家重点服务业企业等四类规模以上企业的统称。

是受外商投资由备案制改为认缴制影响;二是部分企业通过离岸公司向大陆投资,不再经由香港公司。区内港澳企业数、营业收入和从业人员也呈下降态势。其中四上港澳企业数下降幅度最大,主要原因如下:一是受经济大环境影响,区内企业整体外迁趋势加剧,港澳企业也不例外,主要搬迁至天河区等;二是随着南沙区、黄埔区等广州大湾区建设重点城区的兴起,区内港澳企业业务往外围城区发展。

2. 区内港澳企业行业缺乏高端要素

从区内四上港澳企业营收前 30 名、区内港澳知名企业、区内获评广州总部企业的港澳企业的行业类型来看,主要集中在批发和零售业、交通运输业、房地产业,缺少世界 500 强、中国 500 强等具有国际竞争力的高端企业和能给城区带来新动能的高新科技企业。主要原因如下:一是城区科技创新市场环境不够活跃;二是政策环境受财政紧张影响投入不够;三是硬件环境受土地资源有限影响难以提供大型创新载体。

3. 与港澳服务业优势互补融合度不高

越秀区的服务业密度与澳门较为接近,两地在服务业增速上较香港相对乏力,城区服务业增长缺乏后劲。越秀区与香港的产业协作属于产业内部协作,但香港以金融业、旅游业、专业服务业为代表的高端产业要素并未深入渗透至越秀产业结构内部。同样,澳门以旅游业和中医药服务为代表的产业要素也未能与越秀实现良好的融合。主要原因是受三地法律体系、市场环境差异等体制机制影响。

二 越秀区与港澳产业协作的环境和优势

(一)越秀区与港澳产业协作的环境分析

1. 三地产业协作面临的发展机遇

世界经济已步入全球化快车道,世界各国或组织越来越重视同中国的关系;我国综合国力、国际地位、国际话语权不断增强,在国际事务中发挥着越来越重要的作用。势不可挡的经济全球化进程为我国提供更多进入世界市场、扩大出口、引进技术、智力和资金的机会。粤港澳大湾区作为国家改革开放的最前沿，区位优势明显，经济实力雄厚，且毗邻全国最大全域性自贸区——海南自贸区，是"一带一路"最重要巨型门户枢纽和"21世纪海上丝绸之路"国家门户，具有经济特区、国家级新区、国家综合配套改革试验区、自由贸易试验区等机制体制优势，是中国经济发展水平较高地区之一。

2. 三地产业协作面临的挑战

当前，香港经济增长缺乏持续稳固支撑，澳门经济结构相对单一、发展资源有限，珠三角九市市场经济体制有待完善[1]。三地经济制度不同、法律体系不同，分属于不同关税区域，流通三种货币，经济自由度、市场开放度、营商便利度等方面存在一定差异，市场、生产要素等有待进一步互联互通，区域发展空间面临瓶颈制约，资源能源约束趋紧，生态环境压力日益增大。

（二）国内外区域产业协作发展经验

1. 世界三大湾区经验

纽约湾区、旧金山湾区和东京湾区是世界著名的三大湾区，共同的发展经验主要有以下方面。一是具备发达的港口群和完善的产业配套，并且以湾区为信息获取处，加强与国际经济的交流。二是十分重视基础设施建设、自然环境保护、发挥市场机制配置资源、出台法律法规等。三是着力构建交通便利、宜居宜业的城市环境，营造开放创新的社会文化氛围，吸引众多海外投资，集聚新兴产业发展。四是高度重视人才资源，以人才带动科技创新，作用于湾区城市经济发展，实现新的产业衍生与集聚。

2. 国内大型经济片区经验

长三角、京津冀等国内大型经济片区在推进区域产业协作发展方面，均

---

[1] 中共中央、国务院：《粤港澳大湾区发展规划纲要》（2019年第7号）。

强调发挥各自独特的区位优势,推进创新资源协同融合、产业体系协作分工、基础设施互联互通、生态环境共保共治、市场体系统一开放、公共服务共建共享等。长三角区域主要通过发展各类工业园区、鼓励直接投资、输出管理和品牌、实施产业链整体转移,推动要素一体化、制度一体化。京津冀区域主要通过以下方式推动产业协作发展,一是深化区域分工,由产业分工向产业链分工转变;二是创新协同模式,由利益冲突向利益共享转变;三是完善动力机制,由外在推动向增强内生动力转变;四是打造公共服务平台,由简单链接向深度融合转变。

(三)三地产业协作的基础优势

1. 地理区位优势

粤港澳大湾区北达长江经济带,南接东南亚、南亚,西邻北部湾经济区,东接海峡西岸经济区,地理位置优越。越秀区是广州两千多年未变的中心城区,素有"广府文化源地、千年商都核心"的美誉,是"海上丝绸之路"的起点,城区交通便利,有广州火车站和省市汽车站,珠江主航道以及地铁1、2、5、6号线贯穿交会于此(至2020年辖区内将共开通9条地铁线路),与邻近的空港、高铁构成四通八达、快捷便利的立体交通网络体系。香港地处中国华南,珠江口以东,南海沿岸,是亚太地区重要的航运、航空中心,与全球各地形成海陆空立体交通运输网络,有80多条海运航线,通往世界120多个国家和地区近1000个港口,有15个港区,其中香港维多利亚港是世界三大天然良港之一。澳门背靠珠三角,与香港特别行政区隔珠江口相望,有天然深水港,交通便利,地处中西方往来的重要交通枢纽。广深港高速铁路香港段开通及港珠澳大桥的正式通车大大缩短了三地距离,形成连接香港和广州的快速通道,有利于三地人流、物流、资金流的高效流通。

2. 产业基础优势

广州市越秀区、香港、澳门三地产业结构上具有高度的相似性,均以服务业为主导。越秀区以高端高质高新为导向,构建以总部经济为龙头、服务业为主体、商贸业为特色、新兴产业集聚的现代产业体系,重点发展新一代信息技术、新兴金融、现代商务、文化创意、健康医疗等现代服务业。香港经济结构以服务业为主，金融服务业、旅游业、贸易及物流业与专业及工商业支援服务业是香港的支柱产业。澳门形成以博彩业为核心，包括游览观光业、酒店业、饮食业、娱乐业以及旅游运输业、珠宝金饰业等多元化的产业结构。越秀区可以依托三地高度相似的产业结构，通过产业内部协作，引入港澳高端服务业要素，优化产业内部结构，实现高端化发展。

3. 金融业优势

三地具备独特的金融业优势，为越秀区利用港澳金融网络，实现内地资本与境外资本互联互通，提升金融业发展水平奠定了基础。越秀区2019年金融业实现增加值708.94亿元，增长8.2%，占GDP比重为22.61%，占全市金融业增加值比重约五成；民间金融发展活跃，广州民间金融街以208亿元价值获评全国服务业区域品牌五强，被授予"广东省民间金融创新发展示范区""广东省数字普惠金融监管试验区"。香港是亚太地区主要的国际金融中心之一，银行业体系高度国际化，世界前100家国际性大银行中已有85家在香港经营业务，建立有符合最高国际标准的监管架构，香港证券交易所是全球五大繁忙的证券市场之一、亚洲第二大资本市场。澳门金融业发展迅速，重点发展金融租赁、财富管理和人民币清算业务，产业重要程度仅次于博彩旅游业和房地产业；为贯彻落实《纲要》，澳门将研究建立证券交易市场，有望成为"全球离岸人民币金融中心"。

4. 科技创新和研发优势

越秀区有广州国家级高新技术产业开发区分园区——黄花岗科技园，区内累计高新技术企业676家、市认定企业研发机构77家、市级以上重点实验室76家、工程中心50家，"十三五"期间年均发明专利申请量4811件，年均发明专利授权量1062件，年均获得国家和省市科技奖励72项。香港在2019年全球创新指数的基础设施排名中，在129个经济体中名列第四，有超过680家科技公司进驻的香港科学园，云集超过800家社区成员、由香港政府全资拥有的数码港，由政府主导推行设立的汽车零部件研究及发展中心、香港资讯及通信技术研发中心等5所研发中心，有香港大学、香港中文大学、香港科技大学等8所国际一流高等院校。澳门在科技创新方面的最大优势是拥有四个国家重点实验室,包括中医药质量研究国家重点实验室、月球和行星国家重点实验室、模拟与混合信号超大规模集成电路国家重点实验室以及智慧城市物联网国家重点实验室,研究领域面向国家所需,并且有澳门科技大学,具备很大发展潜力。

5. 文化旅游优势

三地地域相近、文脉相亲,共同的岭南文化基因使得三地文化旅游优势尤为显著。越秀区拥有全市数量最多的国家、省、市重点文物保护单位,汇聚着灿烂辉煌的历史文化、革命文化、建筑文化、民俗文化和五大宗教遗址遗迹,见证了两千多年广府文化的交融,被誉为"没有围墙的博物馆"。拥有迎春花市、广府庙会、广府文化旅游嘉年华、二沙岛户外音乐季等广府文化品牌活动;获评"全国文化先进单位"。香港从20世纪70年代开始,凭借着"自由港"及低税制的优势、迷人的维多利亚海港景色、风貌多样的名胜景点、购物及美食,居亚太地区中心及国际交通枢纽地位,完善的酒店设施和优质服务,高效便捷的航运交通,旅游业的综合意识和教育成就,以及中西文化交汇的独特都会文化,发展成为亚太地区著名的旅游中心。澳门拥有400多年中西文化积淀,现存中西式建筑互相辉映的历史建筑群已成为世界文化遗产,国际烟花节、国际音乐节等特色活动均有力促进旅游业发展。三地大力促进人文交流,有利于打造面向世界的国际文化枢纽。

6. 医疗资源优势

越秀区辖内拥有中山大学及其附属一院、二院、眼科医院、肿瘤医院和省、市人民医院等321家各级各类医疗机构(其中三级医院19家、三甲医院15家,占全市比重最多),社区卫生服务中心18个,正骨医院、儿童医院等区属专科医院6家,构成了布局合理、层次分明的医疗保健体系,被确认为国家第二批"治未病"预防保健服务试点,获评国家级妇幼健康优质服务示范区。香港具有国际一流的先进医疗水平,如治疗胃癌和肺癌的水平居世界第一。经过长期积累和发展,香港逐渐完善成为政府为主,市场为辅的二元医疗体系——由公营和私营医疗系统组成的双层医疗架构。拥有严格

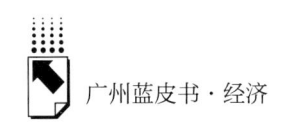

的医疗监督系统、优质的医护专业人员，可以提供国际先进的医疗服务。澳门的医疗卫生水平已达到先进国家水平，被世界卫生组织列为健康人口地区，当地有5家医院、719家各式初级卫生护理服务中心，分为公立和私营两大类。其中，中医药产业化已成为推动澳门经济适度多元化的重要战略部署以及三大新兴产业之一，中药质量研究国家重点实验室已发展成为具有国际先进水准的中药品质创新研究基地。

三 越秀区携手港澳推动产业协作发展的思路与对策

对于越秀区来说，携手港澳推动产业协作的主要目的是突破现有产业发展瓶颈，引入外部高端要素，推动产业内部结构升级，实现产业高端化发展。未来可以分两步走：一是"引进来——融合壮大"，积极引进港澳产业高端要素，引导企业在产业内部融合吸收并发展壮大；二是"走出去——反向辐射"，通过产业内部结构调整和发展壮大，形成自身独具特色的产业优势后，鼓励企业"走出去"港澳进行产业辐射，最终实现双方更好的产业内部合作。在路径选择上，需要采取"政府积极作为、体制机制创新、鼓励企业主体、引导社会参与"的产业协作路径，积极发挥比较优势，以推动产业高端化发展为导向，重点在金融业、健康医疗产业、文化旅游、科技创新等方面开展协作，鼓励差异化良性发展，避免同质化恶性竞争，实现资源要素自由流动，全面促进产业协同发展。

（一）积极推动协同创新，提升科技竞争力

围绕粤港澳大湾区建设国际科技创新中心，深度参与广深港澳科技创新走廊建设，推进与走廊沿线城市的产业协作、园区共建，积极吸引和对接全球创新资源。一是鼓励科技协同创新和成果转化。落实省市科技创新12条，鼓励区内高校、科研机构与港澳高校、科研机构互设分支机构以及共同开展科技计划项目。探索与香港科技大学霍英东研究院合作共建联合实验室。推进中科院广州科技服务产业示范园区建设，打造科技成果转移转化服务平

台。二是优化提升科技创新载体。整合提升黄花岗周边物业,拓展提升科技"硅楼"、十大创新价值园,鼓励科研机构设立新型研发、人才培养基地等,支持国家级众创空间建设。积极争取市属公有物业下放,做好物业用途规划,利用区内部队腾出物业,打造军民融合创新示范区,争取对接和引进一批国家重大科技项目。三是强化知识产权保护运用。发挥知识产权保护运用对科技创新的促进作用,加强与港澳在知识产权保护运用、专业人才培育等方面的合作,鼓励和规范港澳知识产权中介服务机构来越秀区发展。加快打造知识产权综合服务中心,发挥广州知识产权法院越秀诉讼服务处等平台作用,提高知识产权综合服务水平。配合参与大湾区知识产权互认试点、知识产权跨境转让便利化、大湾区知识产权服务联盟。四是加强科技创新人才保障。实施人才引进"领秀计划",完善科技人才团队培养、使用、激励机制,及时了解高端人才所需,做好人才服务工作。加强高校、机构、企业联合培养复合型科创人才,提高自主创新能力。

(二)深化产业协作对接,推动市场互联互通

充分发挥产业优势,参与广州构建具有国际竞争力的现代产业体系,与港澳开展产业协作对接,加快推动现代服务业出新出彩。一是大力发展特色金融。推动实施海珠广场品质化提升工程(二期),加大星寰国际商业中心招商力度,打造大湾区文化金融CBD。支持区内企业赴港上市,积极吸引香港金融机构或类金融机构入驻。关注澳门研究设立证券交易市场动态,积极争取机会开展合作。继续推动成立粤港澳大湾区金融界社团智库联合会。二是扩大健康医疗产业优势。积极打造粤港澳大湾区国际健康医疗中心,搭建科技研发和成果转化平台,推动眼科、呼吸、肿瘤等重点学科的产业转化,扩大产业覆盖和技术成果输出。争取市放开政策限制,允许医疗科技人员开办企业,激发医疗研发市场活力。鼓励区内各大医院深化与港澳医疗人才交流合作,培养高素质高水平高专业化医学人才。探索与澳门中医药界开展合作机制。三是培育壮大战略性新兴产业。依托花果山超高清视频产业特色小镇,积极推动5G+4K产业应用。与深圳在超高清视频产业、人工智

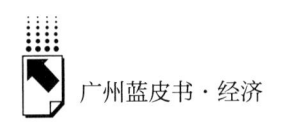

能、虚拟现实、区块链、量子通信等方面开展积极合作。做好广州越秀国际会议中心对外开业运营筹备工作，大力引进全球高端会展活动，打造高端精品会展活动目的地。

（三）加强文化旅游协作，共建一流人文湾区

立足越秀区历史文化资源丰富，加强人文交流合作，加快越秀文化旅游资源辐射，推动城市综合文化实力出新出彩。一是加强文化遗产弘扬与保护。加快广州传统中轴线优化提升工作，加快推进大小马站书院街、高第街金鸿顺等历史文化街区项目建设，打造世界级文化名片。二是推动历史与现代交融互动。积极学习港澳旅游发展经验，大力发展现代大都市旅游业，凸显"广府文化""岭南文化"特色，展示"古越今秀"风貌，促进现代商旅经济与历史文化相融合。三是探索打造国际化购物天堂。学习香港打造"购物天堂""美食天堂"经验，探索优化提升北京路商圈、中华广场商圈、环市东商圈、农林下路商圈等传统商圈，以条件成熟片区为试点，向国家、省市申请入境旅游出境退税政策。四是积极推广经典旅游线路和经典文化活动。依托北京路文化旅游区、东山新河浦历史文化体验街区，举办好西湖花市、广府庙会、广府文化旅游嘉年华等活动，向世界推广宣传广府文化。开展粤港澳青少年研学旅游合作，推广广州古城游、珠江夜游、红色旅游，打造经典旅游线路品牌。五是加强国际文化交流合作。加强与国际一流城市的文化交流互鉴，推动广府文化与其他文化的交流合作，提升城区文化国际化水平。

（四）以民生领域协作托底，打造宜居宜业宜游生活圈

在穗港澳跨区城市协调政策框架下，积极解决港澳人士在越秀区的医疗教育、创业就业、住房保障、社会救助等民生问题，打造大湾区宜居宜业宜游生活圈。一是深化港澳子弟班试点工作。进一步办好"港澳子弟班"，适时在高中阶段探索开设子弟班，打造"大湾区中小学生综合素质教育基地"，鼓励与港澳学校缔结姊妹学校，带动粤港澳大湾区教育联盟发展，共

建具有大湾区特色的教育示范城区。二是鼓励港澳青年来越秀创新创业。加快建设流花广场港澳青年创新创业基地，成立越秀区港澳青年创业就业服务中心，为港澳创业青年提供政策解读、创业就业、实习就业、法律援助、家园服务等。三是携手港澳深化医疗卫生服务合作。继续深化与香港联合医务集团合作，提升社区卫生服务中心港式家庭医生工作室服务水平。与港澳携手推进全科医疗服务，探索医疗服务合作新模式。四是深化养老服务合作。支持港澳投资者在越秀区按规定以独资、合资或合作等方式兴办养老等社会服务机构，提升居民养老服务水平。五是开展"宜居越秀"计划。落实住房购房保障政策、社保政策和人才税收优惠政策，大力筹建港澳人才公寓，吸引港澳及国际高素质人才落户越秀。

参考文献

广州市越秀区统计局：《2019年越秀区国民经济和社会发展统计公报》，2020。

向晓梅、杨娟：《粤港澳大湾区产业协同发展的机制和模式》，《华南师范大学学报》（社会科学版）2018年第2期。

中共中央、国务院：《粤港澳大湾区发展规划纲要》，http：//www.gov.cn/zhengce/2019－02/18/content_ 5366593.htm#1。

企业管理篇

Business Management

B.16 广州培育中国特色新型民营企业的实践与思考

新时代培育中国特色新型民营企业课题调研组[*]

摘　要： 民营企业在我国经济社会发展中占据了重要历史地位，广州为推动民营企业健康发展，深入开展探索和实践，着力培育中国特色新型民营企业，取得了丰富的成效。本文系统梳理了新时代背景下广州民营企业在发展壮大过程中所面临的新情况新问题，并在顶层设计、法人治理、企业文化、创新驱动、风险管控、形象引导等方面有针对性地提出政策建议。

关键词： 民营企业　民营经济　广州　营商环境

---

[*] 调研组成员：董延军，广州市人大常委会华侨外事民族宗教工委主任，研究方向为民营经济；余剑春，广州市工商联党组成员、副主席，研究方向为民营经济转型升级；王禄超，博士，广州市工商联调研信息部副部长，研究方向为数理经济学、区域经济发展模型与创新理论。

一 广州培育中国特色新型民营企业的实践与成效

近年来，广州不断弘扬企业发展的创新精神，努力探索新时代企业发展的中国特色路径，引导民营企业聚焦实业、做精主业，讲正气、走正道，取得较好成效。

（一）主要举措

1. 全面构建亲清新型政商关系

2019年实施28名市领导挂点联系56家重点民营企业工作，先后举办3次市领导与民营企业家恳谈会，协调有关部门解决62项企业诉求。抓好市"民营经济20条"的落实，协调出台了18项配套实施细则，开展了3次专项督查，委托第三方开展年度实施情况评估，督促各项工作落实到位。在此基础上又开展了"民营经济20条"修订工作，对24个原政策点进行了创新优化，新增31个政策点。

2. 深化"放管服"改革，营造良好发展环境

完善中小微企业服务体系，各区加快建设100家"广州市中小企业服务站"，2019年全市新增5家省级示范平台（基地）。深入推进放管服改革，下放各类事权123项，清理证明事项380余项，在全国首创"人工智能+机器人"全程电子化商事登记模式，在"由市场主体打分、民营企业家说了算"的中国社科院发布的全国主要城市营商环境综合评分排名第一，在2019年国家营商环境评价中也位居全国前列。

3. 推进供给侧结构性改革，减轻企业负担

修订《广州市关于落实广东省降低制造业企业成本若干政策措施的实施意见（修订版）》，全方位降低制造业企业成本。2018年，落实鼓励高新技术、改善民生、支持小微企业发展政策减免税共376.9亿元；为企业减负社保成本共计101.22亿元。2019年，阶段性降低医疗保险费率，为用人单

位和个人减负约69.98亿元；阶段性降低工伤保险费率，为用人单位减负约3亿元，减免缓缴残疾人就业保障金为用人单位减负约17亿元；等等。

4. 促进民营企业加快创新发展

出台《分层分类服务科技创新企业做强做优做大行动方案》，对企业各成长阶段多角度全方位分层分类予以精准扶持。突出企业创新主体，加快完善技术创新体系，积极促进科技成果转化，选准选对"卡脖子"技术研发项目和研发团队，力求突破一批关键核心技术。截至2019年3月，广州规模以上工业企业设立研发机构的比例为45%，5亿元以上工业企业实现研发机构全覆盖；将技改项目申报门槛从固定投资额500万元降低至设备购置额150万元，589家企业（项目）获得各级技术改造类扶持资金18.8亿元，其中大部分为民营企业。

5. 优化民营企业融资环境

2018年，市本级财政投入科技、工业、金融、商务等产业发展专项资金达67.15亿元，支持企业创新发展，其中60%以上是民营企业受益；工业基金子基金总规模38.09亿元，投资了国机智能、云从科技等9个项目，总投资额13.59亿元，撬动社会资本8.69亿元；中小基金的子基金规模达25.5亿元，投资广州项目12个，总投资额2亿元。市财政投入4亿元设立科技型中小企业信贷风险补偿资金池，共为全市1300多家企业发放贷款过百亿元。截至2018年末，广州地区民营企业贷款余额为7772.3亿元，同比增长19.4%，增速比上年同期提高2.2个百分点。抓住港交所政策契机推动民营企业上市，2018年广州市新增10家上市民营企业，其中7家在港交所上市，均为历年最多。

2019年，广州地区民营企业贷款余额9354亿元，同比增长20.4%，比上年同期高1.0个百分点；新增民营上市企业12家，全市境内外上市民营企业达130家，方邦电子成为首批科创板上市公司之一；积极探索基于供应链的应收账款融资，深入开展全市民营企业中小企业账款清欠工作，共排查拖欠款109笔，合计13164.9万元，已清偿13017.77万元，清偿进度98.9%。

6. 支持民营企业人才培养引进

实施"1+4"人才政策项目，2018年以来广州民营企业共评选出28名创新领军人才，评选出产业高端人才和急需紧缺人才4200余名，发放人才绿卡1600余张。目前全市99个市博士后流动站（分站）中，非公单位占比约70%。实施中小（民营）企业人才培育计划，免费培训中小（民营）企业的中高层经营管理人才2000人次。此外，广州努力控制生活成本，营造便利生活环境，城市的人才吸引力提升明显。2019年的一项调查显示，广州仅次于上海，成为毕业生的第二大奋斗向往城市。

（二）主要成效

1. 企业发展质量更良好

2018年，全市民营经济增加值9139.47亿元，占全市GDP的39.98%，比重比上年上升0.16个百分点；同比增长6.7%，增速比全市GDP增速快0.5个百分点。2018年新登记私营企业25.57万户，占新增市场主体的62.19%，同比增长36.2%；截至2018年末，全市实有登记私营企业93.08万户，同比增长29.3%，占市场主体的45.3%，注册资本（金）72931亿元，同比增长111.9%。2018年全市规模以上民营企业营业利润同比增长9.0%，比全市平均水平高1.5个百分点；全市民营经济缴纳税金1862.94亿元，同比增长19.6%。民间投资重新聚焦实体经济，房地产业民间投资增速由上年增长13.5%转为下降5.2%；制造业、租赁和商务服务业民间投资则一改2017年负增长的局面，分别增长12.3%和5.7%。

2019年1~9月，民营经济增加值7042.69亿元，同比增长7.1%。2019年，全市新登记私营企业30.31万户，同比增长18.6%；年末实有登记私营企业114.73万户，同比增长23.3%，注册资本（金）276815.26亿元，同比增长279.6%；全市规模以上民营工业实现工业总产值4443.03亿元，同比增长4.0%，规模以上小微工业实现工业总产值5094.07亿元，同比增长8.8%；全市民间投资2805.56亿元，占全市的40.5%，同比增长27.8%，增速比上年同期加快37个百分点，其中民间工业投资228.12亿

元,同比增长45.0%,增速比上年同期快41个百分点。

2. 企业创新活力更强劲

2018年,新增高新技术企业2000多家,高新技术企业总量首次突破1万家,达11746家,高企总量紧跟京、深,居全国第三(其中民营企业占92.6%)。民营企业创新热情高、投入大,橙行智动、小马智行等民营企业的研发费用占同期销售收入比重超过100%,极飞科技、赛莱拉干细胞的企业知识产权数超百件。广州民营企业还积极参与国际创新投资合作,汇量科技收购了海外知名广告平台和移动数据分析平台;燃石医学检验与安捷伦科技、铂金埃尔默等众多制药公司达成战略合作;明珞汽车在美国设有基地,在德国和美国设立全资子公司,实现了全球唯一数字化工厂虚拟制造与工业互联网大数据应用落地;等等。

3. 企业行业地位更领先

雪松控股集团成功跻身世界企业500强,位居中国民企500强第16位。阿里云工业互联网、粤芯12英寸芯片制造项目等一批民营重点项目落地,推动1041家工业企业升级为规模以上企业。相当部分企业参与国家或行业标准的制定,领先特征明显,如云从科技是人脸识别国家标准起草与制定企业,小马智行是国内人工智能领域领先的自动驾驶公司之一,赛莱拉干细胞是国内干细胞产业领军企业,广州像素数据牵头参与起草人脸识别应用标准,等等。在电子信息技术领域,全球领先的企业有广州腾讯科技有限公司、广州市动景计算机科技有限公司、广州视源电子科技有限公司、广州华多网络科技有限公司(YY)等,国内领先企业有广州博冠信息科技有限公司(网易)、广州酷狗计算机科技有限公司、广州四三九九信息科技有限公司、广州唯品会信息科技有限公司、广东威创视讯科技股份有限公司、国光电器、晶科电子等。

4. 企业劳动关系更和谐

2018~2019年全市民营企业没有发生特别重大群体性劳资纠纷事件。全市已建工会企业集体合同建制率稳定在85%左右,推动百人以上民营企业单独建立工资协商制度,百人以上建工会企业独立开展工资集体协商达到

90%以上,劳动关系得到进一步和谐。

5. 企业回报社会更踊跃

广州民营企业捐款踊跃,仅在2019年广东扶贫济困日活动中,30多家企业认捐款物就达2.68亿元。星河湾集团黄文仔以1.47亿元捐赠总额位列2019福布斯中国慈善榜第30位。此外,广州民企还积极结对帮扶深度贫困村,截至2019年6月30日,毕节市50个、黔南州12个深度贫困村均已确定具体帮扶措施,并很快筹措帮扶资金513.64万元。穗商群体努力发挥资源优势和专业优势,探索建立符合当地具体实际的扶贫长效机制。例如,2018年6月雪松控股启动了产业扶贫项目,通过"强根造血式"旅游产业扶贫,全面升级毕节旅游业态,带动区域整体脱贫;广州拓璞电器公司通过精准培训、定制岗位、待遇更优等措施,开展劳动力就业帮扶,仅2019年上半年来,就高待遇招录对口帮扶的建档立卡贫困户113人。广州民营企业在生态环境保护攻坚战场也表现突出,广州侨银环保科技自2001年成立以来,一直致力于人居环境的综合提升,运行着多个全国第一的环卫项目,项目数量和作业面积均居全国第一。新冠肺炎疫情中,广州民营企业不负众望,迎难而上,形成了强大的战"疫"合力。广州市工商联部分会员企业就捐款捐物5.5亿元;金域医学全力投入核酸检测,香雪赶工生产"肺炎一号",佳都科技、三雄极光、广州家具行业协会驰援火神山医院建设,金发科技扩产熔喷布满足了全国高端口罩产能,聚力供应链和卓志集团协助海外物资快速通关等。

二 广州民营企业发展面临的新情况新问题

(一)面临的新情况

1. 新的国内外形势

国际经贸环境有所恶化,部分民营企业特别是外向型特大型民营企业受中美贸易摩擦影响较大,从2018年初开始就陆续接到订单减少、原料价格

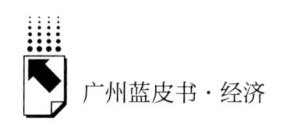

上涨等情况的报告，为多年来所罕见。国内经济下行压力大，市场竞争比较激烈。

2. 新的技术革命

当今世界正经历新的技术革命，全球产业都面临深刻变化。20世纪70年代，福特公司濒临破产之际，亨利·福特总结这样的教训："不创新，就灭亡。"当前，以"互联网+"为代表的新技术、新产业、新业态、新模式蓬勃发展，既为广州民营企业带来巨大机会，也带来不少挑战。

3. 新的成本压力

近年来企业综合运营成本有所上升，包括人工成本、融资成本、环保成本、原材料成本、用能成本、房租成本、物流成本等，给民营企业正常运行带来较大压力。

4. 新的治理难题

大部分民营企业是家族企业，家族企业往往存在企业治理体系不完善的问题，包括控制权交接不顺畅、家族成员的角色定位不清、股权结构不合理等，给企业的基业长青带来很大的不确定性。例如，广州某国内知名餐饮连锁集团，由于两位创始人股份始终对等，没有核心股东，陷入家族内斗难息的僵局。

5. 新的劳动关系

以"90后""00后"为主体的新一代劳动者具有鲜明的"新人类"特征，需求越来越个性化，注重工作的自主性和灵活性，与老一辈企业家之间往往存在价值观方面的冲突隐患，代际沟通也存在较大的困难。近期网上对马云"996"工作观点的海量吐槽，从侧面反映了这个情况。

（二）需解决的新问题

1. 部分民营企业的治理结构有待完善

一是家族式治理观念没有得到根本性改观。民营企业普遍采用家族式的管理模式，产权关系模糊，其弊端开始显现。二是相当部分民企面临传承大考。近七成上市民企董事长年龄超过50岁，2019年公布的胡润富豪榜显示,大中华区上榜富豪平均年龄为59岁,十万亿民间财富掌门人面临更迭,民营企业进入交班关键十年。但与民企代际交替重要性和紧迫性形成鲜明对比的是,民企对交接班安排明显欠周。普华永道2018年全球家族企业调研中国报告显示,仅有四成中国家族企业有交班计划,仅有21%表示有详细的继任计划,不及全球平均值49%的一半。三是部分民企经营受合伙人散伙影响。部分"中国合伙人"既不能共患难,也不能共荣耀,分道扬镳之举常见于报端,如当当网夫妻合伙人的公开对立,霸王集团夫妻合伙人的劳燕分飞等等。

2. 部分民营企业家的进取精神有所弱化

一是部分企业家的担当精神不强、站位不高,面对新环境新挑战的思想准备不足,表现消极、被动。二是部分企业家艰苦奋斗的精神弱化,有些富二代热衷于炫耀财富、标新立异。三是部分企业家心态浮躁,缺少老老实实做事的精神,一些传统民营企业加快"脱实向虚"。

3. 部分民营企业经营风险有所加重

一是部分民企存在高杠杆、高负债。近年来,高杠杆已葬送了一批优秀民企,很多账面盈利的企业最终倒在流动性枯竭上。二是相当部分企业是外需导向型企业,中美经贸摩擦带来较大影响,且未来还存在较大的不确定性。三是部分企业内控体系存在漏洞,无法保证内部审计的独立性与权威性,企业风险的有效控制尚不到位。

4. 民营企业转型升级普遍存在困难

一是缺人才,不敢转,不少企业面临"引不进、留不住"的尴尬局面。二是缺技术,不会转,企业在核心技术上难以突破是一个比较突出的问题。三是缺资金,不能转,部分地方金融业对实体经济尤其是中小企业的支持力度不够,融资难、融资贵问题仍较突出。

5. 民营企业履行社会责任的积极性有待提升

部分民营企业家对社会责任的认识还有待进一步提高,只将盈利作为企业唯一的目标,缺乏主动承担社会责任的热情等。部分民营企业参与精准扶贫的力度还有待加大,大多数民企不熟悉涉农工作,参与帮扶的形式比较单

一，不少企业还只是捐资捐物，参与实质性产业帮扶的效果有待进一步提高。

三 进一步培育"中国特色新型民营企业"工作的政策建议

（一）要采取措施使顶层设计有新加强

要对"中国特色新型民营企业"进行统一界定。新时期，社会各界对民营企业、民营企业家有新的期待，民营企业的发展需要新的标杆。这个标杆不能立得太低，也不能举得太高。建议在充分调研论证的基础上实事求是地进行统一界定，必要时可分级分类，列出具体的认定条件。要对"培育中国特色新型民营企业"工作进行广泛的宣传。加大宣传报道，广泛调动各媒体资源，通过走进典型企业、走访民营企业家等形式，营造良好的工作氛围。

（二）要采取措施使法人治理有新安排

一是推进民企治理结构的现代化。可选择一批骨干民企，分别从股份制改造、发展混合所有制经济、引进战略投资者、提升企业管理水平等多方面开展民企现代企业制度试点工作，对企业管理层进行有效的激励和约束，引进员工持股计划等。二是支持民企平稳传承。关注传承就是关注民企的未来。引导老一辈企业家尽早考虑接班计划；加强对"创二代"的教育引导；培养一批忠诚能干的职业经理人队伍，支持他们在民企传承过渡期发挥作用；等等。三是做实做好民企合伙人纠纷调节机制。我国有中国国际商会仲裁院，但目前还没有中国商会仲裁院。建议整合全国工商联等有关部委的商事法律服务力量组建实体性的中国商会调解仲裁院，参照瑞典斯德哥尔摩商会仲裁院、瑞士苏黎世商会仲裁院等经验，逐步建立一整套完善的仲裁法规，逐步积累丰富的调解仲裁经验，保证调解仲裁程序迅速及时，保证仲裁的独立性和公正性；地方工商联可积极开展矛盾纠纷调解，建立健全"商会调解＋仲裁"纠纷调处机制。

（三）要采取措施使企业文化有新氛围

一是引导民营企业培育积极健康、富有特色的企业文化。将新发展理念融入企业文化建设，积极打造优秀企业文化，逐步形成比较完善的企业文化建设组织领导机制。二是支持民营企业开展形式多样的载体活动，积极推进企业文化落地。强化企业业余文化社团的管理引导，开展形式多样的群众性业余文化活动，激发企业员工的团队精神和集体荣誉感。三是推动民营企业加强文化治企战略。要通过培育树立典型、加强表彰激励、挖掘成功案例、编制实操指引等方式推动民营企业加强文化治企战略，提高民营企业文化建设水平。

（四）要采取措施使创新驱动有新突破

一是努力搭建有利于引才、育才、留才的环境条件和培养机制。鼓励企业建立海外研发中心，直接利用海外人才。重视技术技能型人才的培养。大力加强职业教育体系建设，在有条件的企业内恢复和建立新型学徒制等。二是积极搭建服务于产业转型发展的公共平台。着力打造互联互通网络和各类公共平台等。三是采取切实措施鼓励民企研发。给予制造行业民营企业更多科技创新的机会和平台，鼓励他们承担国家重大的技术创新项目和课题研究。

（五）要采取措施使企业风险有新管控

一是合理控制杠杆，降低流动性风险。要及时提示风险，引导民企高度重视流动性安全，慎用杠杆，尤其不能借助布局"金控集团"把工作重心放在金融上而丢掉主业。二是保持战略定力，做好经贸摩擦持续的准备。鼓励民企变压力为动力、发愤图强、自力更生、努力攻关，掌握核心技术，推动产业升级，提倡引导国内消费者多买国货，支持国内企业转型升级、渡过

难关、发展壮大。三是构筑严密的民企内控体系。管理实践证明,得控则强,失控则弱,无控则乱。引导民企特别是上市民企,建立有效的以"查"为主的监督防线。对于民企内控体系查实的职务侵占、职务犯罪等行为,公安及有关部门依法立案、依法查处、依法追讨,维护民企及广大股民合法权益。

(六)要采取措施使公众形象有新面貌

一是引导好舆论,让民营企业家得到应有的尊敬和理解。要让公众看到企业家财富后面的巨大风险和艰辛,为成功企业家的贡献喝彩、为慈善企业家的慷慨点赞、为困难企业家的坚持打气。二是强化产业导向,最广泛动员民企参与精准扶贫。坚持正向激励,在舆论宣传、评选表彰、政治安排上向帮扶企业倾斜,推动民企创新扶贫开发路径和模式,提高扶贫的针对性和实效性。三是调动妇联、商会等组织的积极性帮助企业家培育良好家风。家风是打造百年企业的一盏心灯,锻造百年老店的基石是家文化。要积极发动妇联、商会等组织的力量,通过家风讲坛、家庭矛盾调解、子女教育心得交流、企业家子女夏令营等方式帮助企业家打造良好家风。

B.17
推动广州外向型中小企业高质量发展的调研分析和对策建议

中国国际贸易促进委员会广州市委员会课题组*

摘　要： 2019年，广州市贸促会围绕中美贸易摩擦对中小企业影响等课题，成立课题组赴广州各区、各行业和企业开展调研。调研深入把握"高质量发展"的理论内涵和精神实质，创新性提出中小企业高质量发展主要指标，以此为主线，找准企业面临的问题及症结所在，针对性提出强化防范应对、开拓多元化市场、推动时尚产业转型升级、增加高附加值产品和服务出口、加强企业品牌建设等对策建议，切实帮助企业有效应对中美贸易摩擦，以高质量发展为着力点、突破口实现转危为机。

关键词： 中小企业　对外贸易　高质量发展

2019年6月至7月，按照"不忘初心、牢记使命"主题教育的部署，广州市贸促会课题组坚持问题导向，围绕应对中美贸易摩擦，先后赴番禺、白云、花都、越秀等区开展外向型中小企业实地调研30多次，以座谈交流、生产线考察、问卷调查等多种方式摸实情、找症结，着眼高质量发展，认真研究防范风险、化解影响的办法和举措，切实帮助企业有效应对中美贸易摩擦，以高质量发展为着力点、突破口实现转危为机。

---

* 课题组组长：杨勇，中国国际贸易促进委员会广州市委员会党组书记、主任。课题组成员：张超平、张彦、刘泽武、王福春、王小燕，中国国际贸易促进委员会广州市委员会。

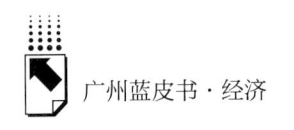

一 新背景：经济由高速增长向高质量发展转变

（一）高质量发展的内涵和要求

党的十九大报告指出，我国经济已经由高速增长阶段转向高质量发展阶段。高质量发展是能够很好满足人民日益增长的美好生活需要的发展，是体现新发展理念的发展，是创新成为第一动力、协调成为内生特点、绿色成为普遍形态、开放成为必由之路、共享成为根本目的的发展。

推动高质量发展，必须打造高质量发展的支撑体系，推动我国经济发展实现质量变革、效率变革、动力变革。一是打造现代产业支撑。要推动先进制造业和现代服务业深度融合，坚定不移建设制造强国。要坚持以供给侧结构性改革为主线，稳步推进企业优胜劣汰，促进新技术、新组织形式、新产业集群形成和发展。二是打造创新动力支撑。加快实施创新驱动发展战略，推动以科技创新为核心的全面创新。建立以企业为主体、市场为导向的技术创新体系，加大对中小企业科技创新支持力度，促进科技创新成果向现实生产力转化。三是打造区域协调支撑。实施乡村振兴战略和区域协调发展战略。积极推进京津冀协同发展、粤港澳大湾区建设、长三角区域一体化发展、长江经济带发展。要增强中心城市辐射带动力，形成高质量发展的重要助推力。四是打造高水平开放支撑。要适应新形势、把握新特点，推动由商品和要素流动型开放向规则等制度型开放转变。要扩大进出口贸易，推动出口市场多元化，削减进口环节制度性成本。要推动共建"一带一路"，发挥企业主体作用，有效管控各类风险。五是打造经济体制支撑。要使市场在资源配置中起决定性作用，更好发挥政府作用。要着力优化营商环境，深入推进"放管服"改革，促进新动能加快发展壮大。要推动更大规模减税、更明显降费，有效缓解企业融资难融资贵问题。要创造公平竞争的制度环境，鼓励中小企业加快成长。

（二）推动中小企业高质量发展的重要意义

中小企业是我国数量最大、最具创新活力的企业群体，在国民经济和社会发展中的重要地位和贡献可以用"56789"来概括，即50%以上的税收、60%以上的GDP、70%以上的发明创造、80%以上的就业是由中小企业提供和创造的，中小企业的数量占企业总数量的99%以上（工业中，中小企业占有99.6%），是国民经济和社会发展的生力军，是解决就业、改善民生的重要支撑，是企业家精神的重要发源地。广东在全国属于中小企业大省，中小企业数量超过700万家，占全省企业总数的95%，对经济增长的贡献率超过55%。在广州，中小企业群体是自主创新的一支重要力量，在加快城市产业结构升级上发挥着不可或缺的作用。

推动中小企业高质量发展，对稳就业、稳金融、稳投资、稳外资、稳外贸、稳预期，对建设现代化经济体系、提高全要素生产率、增强经济创新力和长期竞争力具有重大意义。

（三）中小企业高质量发展的主要指标

中小企业是高质量发展的微观主体。推动中小企业高质量发展，不仅仅需要转变发展理念，更需要建立相应的指标体系，来科学衡量中小企业发展的质量，科学评判中小企业发展的短板，并为政策决策提供科学依据。

指标体系的设计必须充分考虑高质量发展的特点，不仅要反映企业当前的生产经营能力，而且要反映企业长远的发展变化趋势，从而达到对中小企业高质量发展的整体认知。本文在查阅大量文献基础上，初步构建中小企业高质量发展主要指标及其与高质量发展要求对应关系（见表1、图1）。

表1　高质量发展要求与中小企业高质量发展主要指标传导关系

高质量发展要求	中小企业高质量发展主要指标	两者联动传导关系
打造现代产业支撑	高质量产品和服务	中小企业是战略性新兴产业和改造提升传统产业主体,打造现代产业的成效集中体现在中小企业高质量产品和服务供给能力上
打造创新动力支撑	自主创新能力	中小企业是实施创新驱动战略的主力军

续表

高质量发展要求	中小企业高质量发展主要指标	两者联动传导关系
打造区域协调支撑	品牌影响力	企业品牌建设对企业自身发展和区域经济增长具有推动作用；对本区域企业和组织进行水平带动、垂直带动、协同带动、扩散带动，从而在更大范围对区域经济增长起到促进作用；对区域形成规模产业集群，区域产业布局合理规划、产业结构优化升级起到引领作用
打造高水平开放支撑	国际竞争力	提升中小企业的国际竞争力和可持续发展能力对发展更高层次的开放型经济具有重要的支撑作用
打造经济体制支撑	企业成长性	企业的成长性反映了社会主义市场经济的活力、现代化法治化营商环境质量

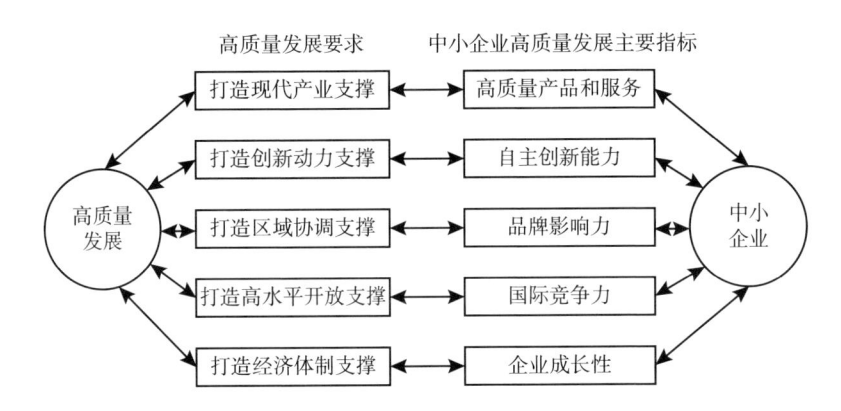

图 1 高质量发展要求与中小企业高质量发展主要指标

二 新问题：中美贸易摩擦给中小企业带来巨大压力

（一）中美贸易摩擦的影响

从美国对华加征关税的商品清单分布来看，在 500 亿、2000 亿美元商品清单中，美国对华征收关税主要集中于高科技制造业、传统重工业制品及半成品，而3000亿美元商品清单则涵盖玩具、衣服、鞋帽等大量劳动密集型产品。具体来看，2018年美国对华加征的500亿美元商品清单主要集中于核反应堆锅炉机械器具、电机电气设备、光学照相医疗设备等高科技制造业，三类商品合计占征税清单总额的86.3%；2019年2000亿美元关税清单仍以重工业制品为主，主要集中于电机电气设备、核反应堆锅炉机械器具、家具、车辆及零部件和钢铁制品等，合计占征税清单总额的70.6%；而3000亿美元加征关税商品清单则重点增加玩具、衣服、鞋等劳动密集型产品，加征关税的范围几乎囊括所有中国对美出口商品。在500亿、2000亿、3000亿美元清单中，劳动密集型产品占商品清单比重持续大幅度增加，分别为1.4%、21.3%和48.4%。

据海关统计，2019年1~12月，广州外贸进出口总值9995.81亿元人民币，增长1.9%。其中，出口5257.98亿元，下降6.2%；进口4737.83亿元，增长12.7%。2019年1~12月，广州对美国进出口1091.2亿元，下降16.8%。其中，出口692.3亿元，下降15.7%；进口398.9亿元，下降18.7%。贸易摩擦的影响已明显显现，美国从2018年广州第二大贸易伙伴下滑为第四大贸易伙伴。

（二）广州外向型中小企业面临的主要问题

2019年6月至7月，广州市贸促会课题组深入广州奋威音响器材有限公司、广州市瑞玛皮具有限公司、广州鸿彩舞台灯光有限公司、广州市广惠通线缆有限公司、广州市玛茜特皮具有限公司、广州爱奇福珠宝有限公司等多家外向型中小企业以及万菱广场等专业市场开展调研，与企业负责人及商户代表面对面座谈交流，了解企业生产经营情况以及实际困难，主动为企业协调解决燃眉之急。此外，课题组还通过调查问卷等方式收集有关企业反馈的相关问题与建议。调研发现，广州外向型中小企业面临的主要问题及原因如下。

1. 对美出口订单减少，利润率下滑，企业成长性受挫

中美贸易摩擦对广州外向型中小企业首当其冲的影响是出口订单减少。

以花都区为例，该区以美国市场作为主要外贸出口市场，2019年1~4月，对美贸易有进出口实绩的企业从2018年的688家，下滑到448家，降幅达34%。部分受访企业订单下滑幅度为10%~30%。其中广惠通线缆有限公司2019年订单急剧下降，1~5月订单比上年同期减少约15%。主要原因是一些美国采购商由于不清楚同行是否涨价、市场接不接受涨价而采取观望态度，取消、暂缓或延迟订单。部分美国采购商还通过转嫁关税或分担关税成本等方式间接压低企业产品出口价格，直接导致企业利润损失。广州鸿彩舞台灯光有限公司被迫接受了与美国经销商各分担5%关税的条件，预计2019年企业利润将有一定幅度下降。

2. 对美出口依赖度较高的企业受损严重，国际竞争力弱化

广州外向型中小企业对美国市场依赖度不一，其中绝大部分产品出口美国市场的企业受损最为严重。英联斯特（广州）餐饮设备有限公司、玛茜特皮具有限公司、贯胜鞋业有限公司对美出口依赖度分别为60%、80%、90%，对美订单减少达到30%。广东三雄极光照明股份有限公司对美业务仅占5%，贸易摩擦对公司订单基本没有影响。企业受损严重主要原因是对美国以外其他国家市场的开发力度不足，市场单一化，对可能的贸易风险缺乏预判，未提前做出市场规划和布局调整。部分企业缺乏对目标市场的政策环境、行业需求的研究，客户开发手段有限，无法获取客户商业信誉及财务状况等信息。

3. 劳动密集型企业受影响更大，缺乏高质量产品和服务供给

本次调研呈现出劳动密集程度越大的企业受影响冲击力度更大的特点。尽管鸿彩舞台灯光有限公司、广惠通线缆有限公司承受了影响，但由于企业提前布局产业升级，在推动相关产品与人工智能、5G建设等进行融合方面取得了积极的进展，两家公司显得更游刃有余，正抓紧开发新产品甚至是扩大再生产。相比之下，皮具、鞋业、服装等行业企业属于典型的来料加工、劳动密集型企业，在贸易摩擦中受影响更大。花都区一家拥有300名工人且主要对美出口的箱包产品厂家面临停产困境。主要原因是这类企业所生产的产品在美国市场主要以中低端、高性价比定位为主，在国内面临着原材料、

物价、人工成本逐年上升，国家对环保要求越来越高等一系列压力。因此，这类企业存在较强的焦虑感，已有转移海外、到东南亚国家设立工厂的初步计划或想法，力图规避美国加征关税影响。中美贸易摩擦一定程度上加快了劳动密集型制造业向欠发达地区和国家转移。

4. 自主创新能力不强

调研中发现，部分外向型中小企业已经开始走自主研发的道路。例如鸿彩舞台灯光有限公司于2012年成立了上海研发中心，于2016年被评为高新技术企业，广惠通线缆有限公司也属于高新技术企业，但上述企业拥有的多是软件著作权、实用新型专利、外观设计专利，体现研发实力的发明专利还不多。其中鸿彩舞台灯光有限公司在智能化产品中应用的中高端芯片被美国公司垄断，目前公司暂时还无法解决替代问题。主要原因是广州外向型中小企业多数以代工起家，缺乏科研底子，自主创新起步晚，在技术水平上与欧美国家还存在较大差距。

5. 品牌建设处于起步阶段

多数受影响的中小企业主要从事ODM、OEM，在贸易摩擦升级之前并未建立自身品牌。为抵消贸易摩擦的冲击，玛茜特皮具有限公司着手开发国内市场，尝试建立自主品牌，开发适合国内市场的宠物袋等产品，建立网络销售渠道，实现品牌化运营。鸿彩舞台灯光在行业内已小有名气，曾获得国内行业网站评选的十佳灯光灯控品牌荣誉，公司还完成对意大利一个品牌公司的全资收购，曲线进入美国市场。但总体上看，广州中小企业品牌建设仍处于起步阶段，这主要是由于企业长期以来专注于做加工或组装，缺乏品牌资源投入，或者尚未建立起品牌团队、运营体系、营销渠道。

（三）中美贸易摩擦倒逼企业加大创新和市场开拓力度

1. 智能设备应用更广泛

调研发现，许多传统制造业企业都在采取措施降低非智力人力成本，特别是提高生产自动化程度，实现设备和产品的转型升级。智能装备将在较大范围得到应用，劳动密集型的企业数量将会不断减少。2019年以来，广州

开发区数十家智能装备企业订单增加了不少。

2. 企业海外参展意愿更高，多元化市场开发力度更大

产品出口集中在美国的制造企业，正在积极考虑全力开拓和进一步扩大欧洲、非洲、拉丁美洲和东南亚市场。本次调研对花都、番禺、增城三个区50家企业开展了问卷调查，84%的企业有开拓新的国际市场的意愿。在希望开拓的国际市场中，东南亚（印度、马来西亚、泰国、印尼、菲律宾等国）和欧盟市场占比最高，达到30%；非洲、俄罗斯、美国占比分别为20%、20%、16%。76%的企业选择参加国际展会作为开拓国际市场的最主要方式，法兰克福照明展、香港电子展、印度新德里国际音响灯光展等展会受到企业的欢迎。同时企业也在加大拓展国内市场的力度，力求做到"东方不亮西方亮"，风险分散化，避免市场单一给企业造成巨大冲击。

3. 核心技术自主研发步伐更快

针对美国对一些高科技核心垄断产品的封锁，受2018年美国制裁中兴事件影响，不少企业加大了技术研发投入。

三 新思路：以高质量发展化解中美贸易摩擦影响

（一）以新发展理念引领中小企业高质量发展

目前，广州外向型中小企业面临的环境仍然复杂严峻，不确定性更大，风险挑战更多，但支撑中小企业高质量发展的生产要素长期稳中向好。只要坚持以新发展理念为引领，汰旧立新，专注发展实体经济，提升科技水平和开放水平，注重品牌建设，激发企业活力，就一定能化解中美贸易摩擦影响，打破路径依赖，实现弯道超车，以高质量的供给满足人民的消费需求和生活需要。

1. 坚定信心决心，强化防范应对，塑造中小企业成长良好环境

要引导和组织企业积极应对经贸摩擦，维护企业合法权益。推动预警网络向基层和第一线延伸，提供经贸摩擦应对和法律风险防范培训。实施中小

企业帮扶，重点关注受冲击影响较大但社会关注度不够的中小企业。开展全面细致排查，梳理中小企业的主要诉求和受损情况，按照问题涉及领域、紧迫程度进行分类、分级施策。深化政务服务创新，优化中小企业办事流程。高标准落实减费降税政策，切实降低中小企业各方面成本。

2. 减少市场依赖，开拓多元市场，增强中小企业国际竞争力

加大与共建"一带一路"国家的经济交流，特别是加大力度拓展与中亚、欧洲、南美、非洲的经济往来。政府在这方面要做好领路人和护航者，切实为企业牵线搭桥，架桥铺路。要引导企业"抱团出海"，通过境外展会及配套一对一配对会等活动，更精准地与海外采购商进行对接。组织中小企业国外商协会和企业对接，促成贸易投资项目合作。加快境外工作网络建设，为广州中小企业开拓市场、开展经贸活动搭建平台。抓住国内消费升级需求机遇，促进出口转内销，降低企业经营风险。积极拓展国内市场，组织中小企业参加国内大型展会，提高企业产品在国内市场占有率。地方政府可以考虑在我国周边友好国家设立产业园区。引导有关企业采用"抱团"的形式走出去办工厂，减少制造成本。产业园可由中方进行管理，既可以减轻企业的负担，缩短建设的时间，也降低了企业投资的风险。

3. 推动技术融合，加快产业升级，打造高质量产品和服务

政府在这方面，要对企业推广使用自动化生产设备进行扶持和鼓励，推动中小企业进行技术改造，实现与人工智能、互联网、大数据等深度融合。推进中小企业优胜劣汰，坚决治理淘汰高污染、高能耗、低效益等不符合新发展理念的中小企业。加大对中小企业的金融支持，降低外贸企业融资门槛，提高金融为中小企业服务的效率和水平。促进新产业集群形成和发展，打造高质量的产品和服务供给。产品升级方面，企业必须认真考虑客户需求，满足客户各个方面不断变化的应用需要。

4. 鼓励科技创新，加大科技投入，提升中小企业自主创新能力

鼓励企业和科研机构进行科技创新。继续加大研发力度，对于核心关键技术要从国家层面采用集中和联合攻关的形式，打破技术壁垒，加快研发进度。加大高科技人才的培养和引进力度，吸引高层次人才和青年人才回国创

业就业。增强协同创新能力，构建开放、协同、高效的共性技术研发平台，健全需求为导向、企业为主体的产学研一体化创新机制。加大对中小企业创新支持力度，大力支持中小企业核心技术攻关，实施国产替代战略。加强知识产权保护和运用，形成有效的创新激励机制。

5. 树立品牌意识，加强品牌建设，扩大中小企业品牌影响力

推动中小企业品牌建设是一项系统工程。要帮助企业树立品牌意识，让企业充分认知到品牌建设对于企业生存和发展的战略意义。要帮助中小企业突出产品个性，突出自身优势，实现品牌准确定位。要积极打造展示展销平台，树立品牌形象。要明确品牌质量标准，加大出口品牌评价业务推广力度，增强品牌辐射带动力，形成粤港澳大湾区高质量发展的重要助推力。

（二）广州市贸促会应对中美贸易摩擦大有可为

2019年，面对错综复杂的外部形势特别是中美经贸摩擦的严峻挑战，广州市贸促会打出应对中美贸易摩擦"组合拳"，开创新型认证业务，扩大服务覆盖面，完善商事法律服务体系，为企业"走出去"保驾护航，被评为全国贸促系统商事认证工作先进单位。累计发布预警信息53次411条，其中涉美信息144条。增强企业应对能力，深入花都、番禺、增城等各区举办摩擦应对、风险防范、信保政策等培训宣讲16场次，对符合条件的120多家中小企业给予全额出口收汇保险补贴，保额超14亿元，为企业减免保费90多万元，为会员企业赔付560多万元。组织中美双向征税清单排除，辅导企业在线提交商品排除申请，用足用好国家政策，推动和帮助企业排除对美加征关税商品。实施"两证合一"，简化程序，提高效率。签发原产地证215188份、商事证明41428份，同比增长20.42%和21.61%，原产地证书签证金额52.97亿美元，同比增长7.4%，为企业免除提交纸质材料57万余份，提升中小企业跨境贸易便利化水平。推进自贸协定成果惠及企业，设立中国贸促会自贸协定（广州）服务中心。建立营商环境监测中心，设立监测站10个、监测点96个，助推市场化、法治化、国际化

营商环境建设。

作为国际贸易投资促进机构,针对中美贸易摩擦的长期性和日益严峻性,广州市贸促会将更加有所作为,服务企业,服务对外贸易。以打造"主动服务,创新服务,有效服务"为抓手,推动商事法律服务做优做精做强,积极参与共建"一带一路"、粤港澳大湾区建设,支持企业开拓多元市场,帮助企业引进先进技术、培育自主品牌,助力中小企业实现高质量发展。

1. 强化商事法律综合服务

打造市、区、行业协会商会、企业"四体联动"的国际贸易摩擦综合应对机制。加强市、区两级法律人才队伍建设,构建面向中小外贸企业的商事综合服务平台。完善贸易摩擦预警机制,在涉案企业较多的行业、区和重点企业建立预警点。推动下属35个行业委员会、相关行业商协会开展常态化贸易摩擦预警工作。要经常性地加强与企业的沟通联系,为企业排忧解难。积极开展法律抗辩,组织经贸摩擦应对,帮助中小企业依法依规解决国际经贸争端。帮助企业强化知识产权创造、保护、运用,加强对中小企业知识产权海外维权的支持。

2. 搭建一站式平台助力中小企业走出去

充分利用中国贸促会38个驻外代表处以及11个自贸试验区服务中心、广东省贸促会境外23个代表处、17个广东商会、广州市贸促会28个海外联络处等内外资源,为中小企业高质量走出去提供更多优质的一站式、全流程服务。加大出口信用保险等各类外贸政策宣传力度。组织有关企业、行业商协会与各国驻穗商务机构、商协会进行交流对接,获取各种投资信息和市场信息。全力办好海丝博览会主题论坛等重大经贸活动,组织产业关联度高的中小企业参加,扩大中小企业对外交流合作。放大主题论坛高端资源集聚的效应,推动中小企业与共建"一带一路"国家和地区达成实质性的合作成果。扶持中小企业参加境内外展会和论坛活动,帮助中小企业特别是"专精特新"中小企业展示产品和服务,为中小企业搭建展示、交易、合作、交流的平台。加强与香港、澳门商协会的联动,为湾区内企业合作提供

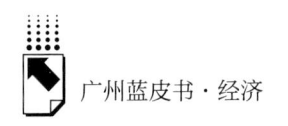

便利，携手开拓共建"一带一路"国家和地区市场。推进穗港澳专业展会合作，组织企业参加香港、澳门大型展会。组织企业到有良好投资环境的国家进行考察，协助企业与当地政府、工业园区进行投资谈判，帮助企业降低成本、规避风险。

3. 筹划大型时尚品牌活动

目前，广州各区都有加工贸易特色产业，例如番禺珠宝、海珠布匹、增城牛仔、越秀服装、白云皮具、花都箱包等，相关产业都面临着严重的贸易摩擦影响和转型升级的压力。针对各区加工贸易产业的共性，要策划大型时尚品牌活动，推动珠宝、时装、皮具、钟表等加工贸易转型升级，高层次、高规格推广，扩大产品知名度，提高产品技术含量和品质，促进产品的内销与出口，实现加工贸易的转型升级。

4. 帮助企业优化调整进出口结构

帮助企业增加高附加值产品和服务出口，进口更多先进技术、先进设备、紧缺资源和特色优质消费品。促进广州新一代信息技术、人工智能、生物医药、新能源、新材料、高端装备制造等战略性新兴产业以及智能网联与新能源汽车、机器人及智能装备、轨道交通、新型显示与集成电路、船舶与海洋装备等先进制造业出口，扩大先进技术设备、关键零部件和优质消费品进口。为企业提供海外新技术新产品引进服务，组织国外技术研发转让机构、技术发明人来穗与具有技术引进意向的企业和园区进行项目对接。组织具有技术引进意向的企业赴国外考察技术研发机构、技术发明人和有关海外市场。帮助企业对引进的技术进行融资，实现投资项目落地。帮助已引进技术并投入生产、实现落地的中小企业与外方合作，共同开发海外市场。

5. 打出中小企业品牌建设与海外拓展"组合拳"

围绕提升中小企业国际竞争力，开展"中小企业品牌海外推广计划"，引导企业增强品牌意识，提升品牌管理能力。高质量举办"广州名品·世界巡展"活动，通过帮助中小企业有选择性地赴海外参展，组织产品发布会等活动，宣传推介自创品牌及产品，为广州品牌"抱团出海"搭建促进平台。开展中国出口商品品牌评价工作，建立广州出口商品品牌数据库。组织服务中小企业品牌建设专项活动，推动产学研合作，为中小微企业产品或服务品牌制定品牌发展策划方案。

参考文献

习近平：《决胜全面建成小康社会夺取新时代中国特色社会主义伟大胜利——在中国共产党第十九次全国代表大会上的报告》，《人民日报》2017年10月28日，第1版。

广州海关：《2019年12月广州市进出口综合统计资料》，http：//guangzhou.customs.gov.cn/guangzhou_customs/381558/fdzdgknr33/381572/381573/2853234/index.html。

营商环境篇

Business Environment

B.18 广州深化商事制度改革的思路与对策研究

陈 林 周圣强*

摘　要： 深化商事制度改革是党中央、国务院做出的重大决策。本文归纳总结了广州推进商事制度改革的重大现实意义、主要举措及取得的成效，深入解析了当前广州商事制度改革存在的潜在法律风险、管理与责任风险、信用风险和道德风险等问题，并从打造区域一体化的商事制度、加快商事立法进程、构建科学监管体系等方面系统提出对策建议。

关键词： 商事制度改革　营商环境　商事立法

---

* 陈林，暨南大学产业经济研究院教授、博士生导师、博士，广东省"珠江学者"特聘教授，广州市人文社会科学重点研究基地"区域低碳经济研究基地"副主任，主要研究产业升级与国有经济问题；周圣强，广州市社会科学院数量经济研究所助理研究员、博士，主要研究创新理论、粤港澳大湾区、广州经济形势分析。

一 广州推进商事制度改革的重大现实意义

商事制度是规范市场主体和商事活动的法律规章和政策总和,是对市场主体准入、交易和退出等市场活动的制度和政策规定。广州乃"千年商都",历来商业氛围浓厚、商业繁荣,深入推进商事制度改革,有利于为经济长期稳定发展提供良好的制度环境,具有重大现实意义。

(一)广州推进高质量发展的时代要求

商事制度改革作为深化"放管服"的"当头炮""先手棋",是释放改革红利、推动经济向高质量发展的关键一招,对释放市场活力,促进企业创新成长发挥巨大作用。据不完全统计,2019年,广州新增世界500强企业5家,世界500强企业入驻广州达306家;全市新设外商直接投资企业3446家;实际使用外资71.43亿美元,增长8.1%,增速高于全省4.6个百分点。

(二)广州提升营商环境的内在要求

世界银行《营商(Doing Business)2020》和《2019中国城市营商环境指数评价报告》均显示,广州部分营商环境的核心指标落后于香港、深圳。例如,在信贷获取上,广州金融机构少于港深,企业融资难更为突出;在跨境贸易上,广州港仅217条国际航线,远低于香港港470条国际航线;在创新方面,在创业创新活力、人才流动、技术市场、成果转化等方面落后港深。可见,进一步深化商事制度改革,是广州提升营商环境的内在要求。

(三)广州完善市场经济体系的客观要求

我国早期商事登记制度计划经济色彩较浓,涉及较多行政审批和硬性规定,制度性壁垒高,不利于经济要素流动,对市场经济的顺畅运行形成了阻碍。2013年11月15日,《中共中央关于全面深化改革若干重大问题的决

定》正式公布，提出了"推进工商注册制度便利化，削减资质认定项目，由先证后照改为先照后证，把注册资本实缴登记制逐步改为认缴登记制"，商事登记制度由"重审批轻监管"逐步向"轻审批重监管"转变，体现了进一步完善市场经济体系的客观要求。

（四）广州推动高水平对外开放的必然要求

近年来，广州坚持以开放促改革、促发展，以制度创新为核心，在构建开放型经济新体制、探索区域合作新模式、建设市场化法治化国际化营商环境等方面率先突破，着力构建高水平对外开放新格局。国际成熟市场经济体普遍观点认为，从事商业活动是一项基本法定权利，公民应按照自身意愿依法从事经营活动、取得合法收益。要进一步深化商事制度改革，必须衔接国际规则、制度以及观念，加大从商便捷性与自主性选择，这是广州推动高水平对外开放的必然要求。

二 广州推进商事制度改革的主要举措及成效

（一）近年来的主要做法

广州自 2013 年 9 月起，便着手开展了工商注册制度试点工作。十八届三中全会以后，为贯彻落实会议精神，进一步抓实抓细，立足全市经济社会发展状况，注重顶层设计，从全市的高度推进改革，坚持边实践边探索边总结，逐步形成了工商注册制度改革的广州模式。

1. 坚持统筹协调

2013 年 4 月，广州成立商事登记制度改革工作联席会议，成员单位 48 个，负责对广州商事制度改革进行总体把握和组织协调。2019 年，设立广州市商事登记制度改革工作联席会议办公室，立足群众办事需求，推动推出多项便利企业开办的改革举措，优化商事登记注册流程，提高商事登记、印章刻制、发票申领、证照下发等的效率，将企业开办周期压缩在 2~2.5 个工作日以内。在市委市政府的领导下，全市上下统一思想认识，细化职责分工，形成工作合力，为改革工作扎实有序开展打下坚实基础，为企业和群众提供更贴心、更有温度的服务。

2. 坚持建章立制

《广州市商事登记制度改革实施办法》《广州市全程电子化商事登记实施办法》等系列行政法规相继出台，对全市工商登记制度改革进行了系统化部署安排，不断细化商事制度改革的目标、步骤、重点任务和配套举措等，从制度上对商事制度改革进行规范，建立完善的改革制度体系。实现了企业登记注册"先照后证"的转变、企业注册资本"认缴制"改革、企业经营范围由核准制改为备案制和营业执照实现无纸化，在执照办理上推出了智能网上办理，还实现了从"一址一照"到"一址多照""一照多址"的转变。

3. 坚持创新驱动

广州在全国首先利用最新信息技术——人工智能和商事智能机器人开展商事登记服务，首创无人审批式商事登记服务，为企业开设创建"快速通道"，提出8部分43项具体改革举措，并逐步实施"供地即开工"的快速建设模式，同时，税务、环保、国土等部门也有针对性地推出了多项优化营商环境的举措，在优化营商环境改革中，广州敢为人先，创下多个全国第一。不仅如此，各级政府以优化营商环境、提高政务服务为工作导向，推出了多项优质便民服务，坚持线上线下同步改革，优化线上"零见面、一键办"和线下"进一门、办一事"服务，整合多部门资源，构建综合性办事平台，着力构建企业开办全流程信息共享机制，"让群众少跑路，让数据多跑路"。显然，广州深化商事制度改革已不仅仅局限于商事制度这一单独领域，优化办事流程、提高信息化水平、打造服务政府都已成为制度改革的重要抓手，坚持创新驱动已成为深化商事制度改革的重要法宝。目前，通过创新驱动改革，广州商事制度处于全国领先地位，改革经验和成果为其他地区的商事制度改革提供了有益的参考和借鉴。

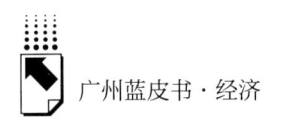

（二）取得的突出成效

1. 市场活力显著增强

商事制度改革将企业的注册资本从实缴制改为认缴制，并推行负面清单制度，在企业注册开办时大力推行无纸化和证照一体化办理，推行企业简易注册制度，大幅度精简企业注册手续，这一系列举措使得广州的市场活力得到快速激发，2014~2019年广州商事主体年均涨幅约15%。广州各类商事登记主体总量呈现"井喷式"增长，截至2019年底，全市实有市场主体共计232.91万户，增速高于全省平均增速4个百分点，同比增长13.24%，其中，企业市场主体增速达21.76%。

2. 交易效率明显提高

商事交易的效率通常由商事交易主体自身的注册设立效率和商事交易主体间的成功交易效率两部分构成。在注册设立效率方面，国际上大多实行强制性标准，对注册设立的程序和基本要求进行明确规定，同时推行一定的简化程序，提高商事交易主体的设立注册效率；在主体间的成功交易效率上，通过完善交通、通信等基础设施，构建信息共享、信息沟通平台，多方面为企业的交易决策提供可靠的信息参考，降低沟通和协调成本，提高商事主体间的交易效率。进行商事登记制度改革前，广州注册登记企业的效率偏低，为创设企业市场主体往往需要投入较大的人、财、物。需要多个行政审批部门的层层审批和行政许可，方可申办营业执照，一个完整的流程耗时多达30个工作日甚至更长，商事主体设立注册的效率较低，同时信息不公开透明，企业沟通协调成本居高不下。广州推行商事登记制度改革之后，设立商事主体全程可以实现电子化操作，交易成本大幅降低，商事登记制度的信息化和网络化建设，提高了商事主体设立的效率和商事交易效率，同进实行电子化也为信息查询提供了便利，为商事主体查询、办理业务提供了快速通道。

3. 信息公开大幅提升

经济社会中的交易双方广泛存在着信息不对称的问题，进而导致市场经济的低效率运行,交易双方在进行交易决策前,都希望尽可能多地掌握交易方信息。信息获取成本偏高,商事交易主体之间难以快速形成一定的信任基础,这会直接降低交易双方达成交易的效率,进一步限制市场经济活力的充分发挥。企业信息公开制度和企业经营异常名录为交易双方企业提供了一个信息沟通和交换的平台,信息源于法律赋予的公信力,保障了信息真实性。在信息公示平台中,企业面临的失信风险大幅加大。按照《企业信息公示暂行条例》和《企业经营异常名录管理暂行办法》的相关规定,若企业经营中存在弄虚作假,那么企业将被列入企业经营异常名录,并向社会公示,这对企业信用形象和商誉将造成较大影响。这一制度为经济参考者提供了一个有效监督的渠道,倒逼企业合规守法经营,进一步提高市场交易安全。信息公示平台的建设,为交易双方提供了快速安全可靠的信息来源,方便交易双方了解各方信息,不仅节省了时间而且降低了成本,较大地促进了交易的达成,同时也在一定程度上降低了双方交易风险,提高了交易安全系数。

(三)存在的主要问题

广州商事制度改革已历时7年,改革推出后,成效显著,商事主体呈现快速增长,市场交易活跃。但随着商事制度改革不断向纵深推进,改革中存在的部分问题逐渐显露,诸如制度法规建设滞后、后续监管压力加大、信息共享渠道不畅以及社会约束机制不健全等。千里之堤,溃于蚁穴,改革过程中存在的问题如不能得到高度重视,并深入分析和解决,商事制度改革成果将可能毁于一旦。在此,有必要细致分析当前商事制度改革过程中存在的主要问题。

1. 制度供给与改革需求的不匹配可能引致的制度风险

尽管商事制度改革在执行过程中不断总结经验和教训,不断完善优化,但随着改革的深入推进和全面铺开,现行改革政策条款难免会出现与现行法律法规存在一定冲突、与当下现实的改革需求不相匹配的问题。省市一级出台的商事制度改革相关的行政法规的法律位阶较低,当与上位法出现不匹配、相互打架的现象时,在一定程度上对改革的全面深入推进形成一定制约。此外，部分政策出现滞后情形，政策制定时难以对未来进行精准全面的预判，这也在一定程度上影响了改革红利的释放。如：电子化商事登记制度的推行，为行政机关和企业事业单位提供了便利，但电子签名和数据电文等由于其技术特性，引致出的法律效力问题、安全问题仍然存在着一定的"法律空白"。这需要国家从顶层设计和技术支持等角度上进行根本性的解决。

2. 后续监管资源不足可能导致的管理与责任风险

随着商事制度改革的推进，登记注册手续简化、电子化网络化的办理模式为企业提供了极大便利性，商事主体数量呈现出"井喷式"增长，但也给监管部门带来了更大挑战。一方面是监管广化，商事主体的大幅度增加使得监管部门的监管对象数量随之上升；另一方面是监管深化，商事制度改革后，将原有的事前监督的审核进行精简和后置，基层监管部门的监管压力进一步增加。虽然大多数部门制定了与改革相匹配的后续监管办法，但在具体的实施过程中，难免会出现监管缺位、错位、越位的情况，这给监管部门的监管工作带来了一定的管理与责任风险。

3. 信息共享和使用不充分可能造成的信息风险

借助现代信息技术，广州已经建立了较为完善的信息共享和信息公示平台，如商事登记管理平台、商事主体信息公示平台、企业经营异常名录等信息平台。但仍然存在一定改进空间。一是数据采集有待进一步标准化和规范化。现代数据处理技术对于数据结构要求较高，信息平台的整合需要对数据统一标准。在推行全省一盘棋时，对数据的采集、分类、转换等提出了更高的要求。二是部门间数据分析有待进一步深化。部门间数据并非独立存在，相互间往往具有内在联系，但目前对数据的使用更多只是数据的简单呈现，对部门间数据分析缺乏系统化和联系性。

4. 社会约束机制不健全可能带来的信用与道德风险

商事登记制度的改革，使企业注册成本大幅降低，在带来市场活力的同时，也可能出现一些不法分子钻空子的行为，出现一些空壳公司，甚至"挂羊头卖狗肉"，从事非法活动，这造成了潜在社会信息风险。改革后的新型监管体系以信用为监管核心,为达到监管的预期效果,这就要求企事业单位高标准的自我约束能力,对自身商业行为进行正确认知和理性决策,需要企业自治和行业自律双管齐下,但目前社会信用体系不完善,信用约束机制的力度和广度仍有待加强。

三 广州深化商事制度改革的思路与对策建议

深化商事制度改革是党中央、国务院做出的重大决策。新时代背景下,广州继续深化商事制度改革的思路是,深入贯彻落实党的十九大精神,以粤港澳大湾区建设为契机,以政府职能转变、市场准入放宽、政务服务优化为目标,主动衔接对标香港商事制度和国际最优商事规则,打造区域一体化的商事制度,加快商事立法进程,构建科学监管体系,力争营造更为宽松便利的营商环境,不断释放市场活力。

(一)打造区域一体化的商事制度

1. 推进区域市场一体化建设

深入推进负面清单制度的建设,推行极简负面清单制度,以"法无禁止即可为"的私权法律原则和市场经济运行准则,及时取消对产品和服务的种种限制性条件,取消歧视性和排他性的准入条件与政策,破除"旋转门、玻璃门"等一系列障碍,营造区域一体化的公平营商环境。同时,深化行政管理体制改革,破除地方保护主义,加强区域内的沟通协作,推行开放式的、以改革创新为基础的制度与技术竞争,消除地区间的政策壁垒,避免人为扭曲市场信息,逐步构建全面开放、协调统一、有序竞争的区域市场一体化格局。

2. 推进粤港澳大湾区商事服务"跨境通"

先行先试启动"穗港通""穗澳通",依托最新的信息技术发展成果,推行更为便利化、智能化的商事登记服务,与国际一流营商环境接轨,构建外商投资"绿色通道",为外商来穗投资提供更便利的条件和服务。同时,以建设粤港澳大湾区为契机，积极参与到大湾区建设中，推动内地与港澳在金融、法律、航运、建筑等多领域、深层次的开放与合作，推进商事服务"跨境通"。

3. 建立更加开放透明可预期的市场准入管理模式

市场监管部门紧扣优化营商环境的主线，进一步深化商事制度改革和负面清单制度，在保障风险安全可控的前提下，进一步推行极简负面清单制度，大幅度放宽市场准入条件，扩大文化、金融、服务业的对外开放，提高政府透明度。同时，针对外商投资企业，实行内外资企业在商事登记制度上的同步办理。除特殊情况外，逐步取消外商企业经营期限等特别经营管理要求。保障市场的充分公平竞争，取消和清理内外资企业在招投标、企业权利等方面的差别化待遇，保障各类市场主体依法公平进入和合规守法经营。

4. 推进人才、技术的充分流动

充分尊重人才、尊重知识、尊重创造。首先，广州用好自身独特的高校人才资源，借助现有技术积累，引导鼓励高校人才创新创业；其次，打破区域性的人才壁垒，加强各方人才沟通交流，推进区域内的人才互认和人才数据库建设。最后，搭建人才和技术交流学习的平台，打破区域技术流动壁垒，推动粤港澳大湾区内的城市在技术开发、科技成果转化、知识产权保护、人才引进和培养、金融创新与发展、科技园区建设等方面的交流与合作。

（二）加快商事立法进程

1. 强化商事立法精神

与国际先进水平相比，我国的商事制度改革还存在着诸多的法律问题亟待解决，在法律法规完备性、执法理论与实践水平等诸多方面还存在着较大的差距。为促进我国商事制度向着科学化、规范化、制度化方向发展，制定一部统一、现代、系统、科学的商事登记法是市场所急需的。

2. 建立与国际标准接轨的统一商事立法模式

立法时应统一商事登记立法的内在动力，努力对标国际高水平，建立与国际标准接轨的统一商事立法模式。一方面，与国际相关法律法规接轨可降低国际交易成本，减少不必要的贸易沟通和贸易摩擦；另一方面，遵循市场经济和法治社会的基本规律和实质，在保证市场经济高效运行的基础上，精简法律内容，增加法理的一致性。同时也体现了我国商事法律制度的前瞻性和开放性。在立法过程中，与国际接轨不代表照搬照抄，而是在符合中国和广州现实情况及市场经济运行规律的条件下，对国际相关法律进行学习吸收再创新。

3. 强化知识产权保护

加强知识产权保护是提高我国经济竞争力的最大激励，牢固树立保护知识产权就是尊重人才、保护创新的理念，强化制度约束，同步推进内外资企业一体化的知识产权保护制度。综合运用法律、经济、技术、行政、社会多元共治等多种手段强化知识产权保护，保护创新，坚决打击、遏制知识产权侵权行为。

（三）构建科学监管体系

1. 合理调配资源，提高监管效率

在减少前置审批事项并提高办事效率的同时，加强在编工作人员培训，提高在编工作人员办事能力，强化服务意识，提高服务水平。由于广州各区的商事主体不一，各区在编力量压力大小不一，可以考虑增加政府雇员，引入现代化的办理模式，各区之间进行流量通信，运用现代科学技术实现各区之间的分流，并积极探索政务单一窗口受理模式。在优化人员配置的同时，加强人员培训，在理论和综合实践两方面提高人员业务水平，同时借助现代化信息手段，利用国家、省市的商事登记工作平台等网络资源，结合广州实际对信息加以整合，提升信息化管理水平。

2. 积极落实行政权责清单制度

以"法无授权不可为、法律授权必须为"为原则，以改革商事制度、优化营商环境为工作导向，规范市场准入条件，厘清监管部门职责，落实行政权责清单制度。敦促各职能部门严格履行部门职责，防止出现监管疲怠、

监管盲区和监管无力的现象，切实提高政府部门的行政能力。同时，新兴事物也要依法依规监管，不应追溯因负面清单变化而引致的准入违规责任。

3. 科学构建日常抽查制度

提升信用监管方式的精细化水平，大力推广"双随机、一公开"监管。进一步规范后续监管链条，构建社会多元共治体系，在强化市场主体、行业协会监督能力的同时，引导社会公众参与到信用监管工作中，着力形成"企业自治、行业自律、社会监督、政府监管"的协同共治格局。各执法部门加强协作和联合执法，将审批、管理和监督处罚三者有机联合，实现规范化、制度化的协同执法格局。具体而言就是要做到：明确权责列表，加强配合监管；向服务型观念转变，加强执法监督；加强独立性和统一性，划分执法机构部门职能。

4. 完善企业信用约束机制

打造企业信息公示综合平台，及时快速更新企业经营信息数据库并依法向社会开放，以便公众查阅和监督企业的经营行为。在合法合规的前提下，逐步开放信息平台，并建立跨行为、跨区域的信息共享机制，建立健全部门联合执法数据库。规范企业经营异常名录和企业黑名单制度，利用最新电子信息技术，搭建信息化平台，推进社会信用体系建设。联合"信用中国"，打造企业信用数据库，完善信息披露和失信联合惩戒机制，真正使商事主体"一处失信，处处受限"，增强失信数据库的威慑力，激发企业自觉增强诚信意识和自身信用体系建设，营造良好的市场交易信用体系。

参考文献

郭富青：《论商事登记制度的若干法律问题——兼论我国商事登记的改革与完善》，《甘肃政法学院学报》2002年第3期。

艾琳、王刚：《商事登记制度改革的行政审批视角解析——兼评广东省及深圳市商事登记制度改革的实践》，《中国行政管理》2014年第1期。

钟瑞栋、刘奇英：《商事登记制度改革背景下的行政管理体制创新》，《管理世界》

2014年第6期。

陈晖：《商事制度改革成效与完善对策——以珠海横琴新区为例》，《经济纵横》2017年第2期。

李军鹏：《改革开放40年：我国放管服改革的进程、经验与趋势》，《学习与实践》2018年第2期。

王湘军：《商事登记制度改革背景下我国市场监管根本转型探论》，《政法论坛》2018年第2期。

黄亮雄、孙湘湘、王贤彬：《商事制度改革有效激发创业了吗？——来自地级市的证据》，《财经研究》2020年第2期。

B.19
广州开发区对标国际一流
优化营商环境对策研究

褚大军 曾繁荣 吴捷捷*

摘　要： 优化营商环境是促进高质量发展的重要环节。2017～2019年，中国的营商环境经历了大跨步的改革，取得了显著的成效。本文通过回顾近年营商环境改革的政策环境，对标营商环境的先进区域，结合广州开发区营商环境改革的实践探索，针对改革中存在的问题和差距，从全面对标完善营商环境评价体系，擦亮营商环境改革亮点、品牌，着力提升营商环境评价弱势指标，加速优化配套环境四个方面提出了对策建议。

关键词： 营商环境　高质量发展　广州开发区

党的十九大首次提出"高质量发展"表述以来，优化营商环境的法规条例、政策配套在2017～2019年接续推出，中国的营商环境正朝着市场化、法治化、国际化的方向不断优化提升。世界银行发布的《2020年全球营商环境报告》显示，中国取得全球营商环境报告发布17期以来的最好名次，在全球190个经济体中位列第31名，首次进入前40名。本文旨在通过解读近年营商环境改革的政策环境，对标《全球营商环境报告》的先进区域，

---

* 褚大军，广州开发区政策研究室副主任；曾繁荣，广州开发区政策研究室改革协调处处长；吴捷捷，广州高新区高质量发展研究院。

梳理广州开发区近年在优化营商环境方面的实践探索，找问题，寻差距，为进一步优化提升营商环境提出几点思考。

一 营商环境改革的背景

营商环境改革是一个涉及多层级多部门的系统工程，上层国家政策法规的制定引导，中层省市行动方案的细化传导，基层区县办事服务窗口的落实指导，各层级的沟通，各部门的配合，各环节的执行，都影响着营商环境改革目标能否落到实处。2017～2019年，中国的营商环境经历了大跨步的改革。

（一）营商环境改革的政策环境

自2017年2月国务院办公厅发布《关于促进开发区改革和创新发展的若干意见》（以下简称《意见》）起，中国开启了开发区营商环境政策改革的步伐。《意见》指出，进一步增强开发区功能优势，把各类开发区建设成为新型工业化发展的引领区、高水平营商环境的示范区、大众创业万众创新的集聚区、开放型经济和体制创新的先行区，推进供给侧结构性改革，形成经济增长的新动力。2018年5月，在开发区先行先试一年后，国务院办公厅印发《关于深入推进审批服务便民化的指导意见》《关于进一步压缩企业开办时间工作的意见》两份文件，正式在全国范围推进营商环境改革。2018～2019年，国家、省、市、区集中颁布一系列推进营商环境改革的政策法规，政策动向紧扣市场化、法治化、国际化的原则，呈现出以下特点。

1. 法制基础保驾护航

2019年10月出台的《优化营商环境条例》是坚持营商环境改革法治化的重要举措，形成了以《优化营商环境条例》为法律依据，各项推动方案、指导意见为政策指导的完整政策体系，为顺利推进优化营商环境举措奠定了政策基础。《优化营商环境条例》中"国家鼓励和支持各地区、各部门结合实际情况，在法治框架内积极探索原创性、差异化的优化营商环境具体措施；对探索中出现失误或者偏差，符合规定条件的，可以予以免责或者减轻责任"的表述，也进一步从法制层面减轻了基层怕担责的思想包袱，有利于各地加大创新力度，迈开改革步伐，加快落实优化营商环境的举措。

2. 对标国际目标高远

国家层面的总体规划及区县的行动方案都明确了营商环境改革要对标全球最高最好最优，《粤港澳大湾区发展规划纲要》指出，打造具有全球竞争力的营商环境。《广州高新区（黄埔区）建设广东省营商环境改革创新实验区行动方案（2019～2022年）》指出，2020年，实验区营商环境主要指标达到国内一流水平、部分指标达到国际先进水平；2022年，实验区营商环境各项指标排名均达到国际一流水平。营商环境改革不单是国内各地区吸引外来投资的内部竞争，也是国与国之间争夺存量外资的重要砝码。联合国贸易和发展会议2019年6月发布的《2019年世界投资报告》指出，2018年全球外国直接投资（FDI）连续第三年下降，同期中国吸收外国直接投资逆势上扬，增长3.73%，流入量为1390亿美元，为全球第二大外国直接投资流入国。外国直接投资是世界经济的风向标，这说明了国际资本对全球经济形势的担忧，同时也说明了国际企业和跨国公司对中国改善营商环境和扩大开放的信心。

3. 真刀实枪落实改革

中国的营商环境改革不是一句空话，除方向性的引导政策外，接续推出谋划细节的"真刀实枪"举措，围绕企业受惠、百姓获益的具体目标，营商环境领域正进行一场刀刃向内的深刻改革。国务院印发的《关于加快推进全国一体化在线政务服务平台建设的指导意见》，全面推进"一网通办"；《广州市进一步优化营商环境评价指标工作方案》针对开办企业、办理建筑许可、获得电力水气等18个方面，提出64条优化提升措施，并明确责任分工；《广州开发区企业投资建设项目"来了就办、一次搞掂"审批再提速实施办法》，打造"来了就办、一次搞掂"行政审批品牌，推动企业投资建设项目审批再提速。

（二）中国营商环境核心指标情况

世界银行的研究以企业日常运营为核心，将企业全生命周期分为启动、选址、融资、容错处理4个阶段共11项指标。基于世界银行的《全球营商环境报告》，中国从2018年报告中的第78名，连续两年提升至2020年报告中的第31名，短短两年的时间排名提升了47名，总体得分从65.29分提升至77.9分。通过对比2017年以来10项一级指标的动态变化情况，中国营商环境核心指标呈现出以下特点。

1. 指标总体改善，部分指标已达世界领先水平

2018~2020年的报告中，除获得信贷指标外的其他9项一级指标得分均有不同程度的提升，其中执行合同一直是优势指标，指标得分由78.97分提升至80.9分，排名稳定在5~6名，是单项排名唯一进入前十的指标。通过简化用电申请流程，提高电价变化的透明度，获得电力指标得分由65.71分提升至95.4分，排名由第98名跃升至第12名。执行合同和获得电力指标排名已达世界领先水平（见图1）。

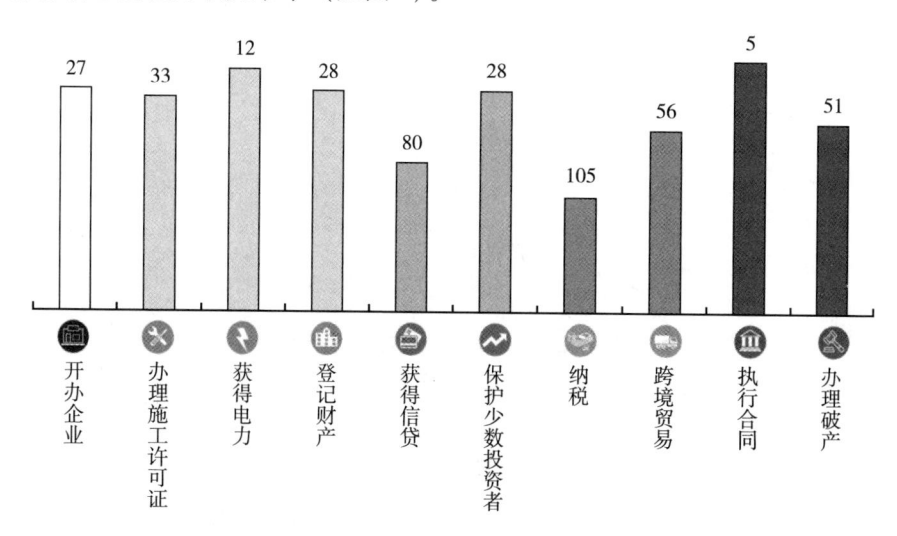

图1　2020年中国营商环境核心指标排名

资料来源：世界银行《2020年全球营商环境报告》。

2. 顺应周期理论，重点提升启动及选址阶段指标

世界银行的评价指标覆盖了企业全生命周期，中国顺应了企业生命周期的发展规律，在优化营商环境方面首先选择了启动、选址阶段的指标进行重点突破，大幅改善了开办企业、办理施工许可证、获得电力及登记财产四大指标。10项指标中排名提升最快的是办理施工许可证指标，2018~2020年得分由41.21分提升至77.3分，单项指标排名由第172名大幅提升至第33名；开办企业指标2018~2020年得分由85.47分提升至94.1分，单项指标排名由第93名提升至第27名。这部分核心指标的快速优化为中国在《全球营商环境报告》总体排名提升奠定了基础（见图2）。

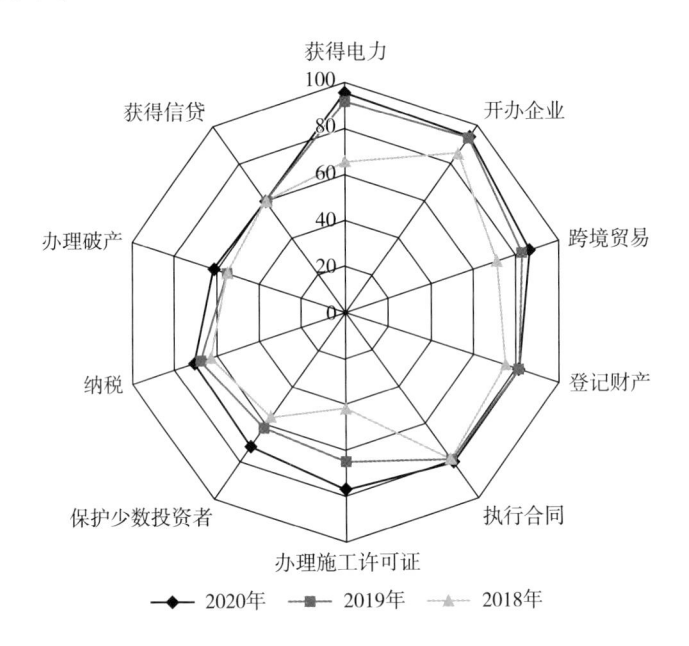

图2　2018~2020年中国营商环境核心指标得分

资料来源：世界银行《全球营商环境报告》，2018~2020年。

3. 不进则退，落后指标提升空间巨大

提升营商环境已成为各国的常规动作，各国均着力提升自身的服务能力，以吸引更多的外部投资。从历年全球营商环境报告的排名情况看，如一国在某个指标的得分上无改善，该单项指标的排名大概率会下滑。2018~

2020 年报告中，中国的获得信贷指标得分一直维持在 60 分，排名从第 68 名下滑至第 80 名；纳税指标得分则由 62.9 分提升至 70.1 分，排名从第 130 名小幅提升至第 105 名。获得信贷、办理破产及纳税已成为 10 项指标中相对落后的指标，2019 年 10 月颁布的《优化营商环境条例》也着重指出了拓宽融资渠道、降低融资成本，精简办税流程、减税降费，优化注销流程、建立协调机制等现实举措，这三项指标将是未来重点突破的方向。

二 广州开发区营商环境改革的前沿探索

自获批创建广东省营商环境改革创新实验区以来，广州开发区将实验区建设作为在新的历史起点上"二次创业"的重大机遇，坚持以人民为中心、以企业需求为导向，聚焦营商"难点""痛点""堵点"问题，对标对表国内外最高、最好、最优，在若干重点领域和关键环节取得实质性突破，形成一批可复制推广的好经验、好做法。

（一）体制机制改革先行

广州开发区把营商环境改革作为全面深化改革"头号"工程，建立区主要领导亲自挂帅、各分管区领导牵头研究推动的统筹协调机制，在区委深改委下面设立营商环境改革专项小组，并率先设立区推进营商环境改革创新实验区创建工作领导小组。率先开展国家"相对集中行政许可权"和广东"创新行政管理方式、加强事中事后监管"改革试点，设立广东首个行政审批局，实现企业投资建设项目"一枚印章管审批"；以服务企业为导向，优化设立全国首个民营经济和企业服务局，专门破解企业"落地难"的瓶颈问题；率先成立北京、上海、广州、深圳四个特大城市中第一个营商环境改革局，统筹推进及监督全区营商环境改革工作，着力打造"企业家园"全国样板。

（二）项目审批领跑全国

以企业全生命周期为主线，以破解行政审批痛点、难点、堵点为导向，将企业投资建设项目从立项到动工全链条由原8个部门负责的38项行政许可和公共服务事项划转由行政审批局统一实施。推出"来了就办、一次搞掂""承诺制信任审批""订制式审批服务"和"带规划方案出让"等改革创新举措,将企业投资建设项目审批时间从110个工作日压减至15个工作日,成功破解广为诟病的工程审批"万里长征图"。采取政府购买服务方式,率先向工程建设项目提供地形图测量、施工图审查、规划放线测量等10余项免费服务,每1万平方米为企业节省15万~20万元筹建成本。

(三)企业筹建有呼必应

率先建立"企业有呼、服务必应"筹建服务机制。建立"一张清单全覆盖""呼叫启动便利来""部门联动齐响应""系统对接一平台"的高效企业筹建服务机制,对企业筹建服务事项实施清单化管理,迈出"13天审批、60天交地、90天动工"的快节奏。全区新动工项目逐年增加,2017年189个、2018年219个、2019年307个,平均每周新开工6个项目,其中百济神州从洽谈到签约不到半年,从签约到动工仅14天,从打桩到正式投产仅用18个月,LG8.5代OLED、粤芯芯片等重点企业项目实现超常规快速发展。

(四)政策兑现限时办结

打通政策落地"最后一公里",设立广东首个政策兑现窗口,建成全国首个限时办结政策兑现系统,将13个部门281项兑现事项"一口受理、内部流转、集成服务、限时办结",平均兑现时间只用10.5个工作日,最短仅8.5个小时,相比传统政策兑现模式效率提升4倍以上,累计完成近28000宗拨付,受益企业5000多家。

(五)知识产权保驾护航

率先开展知识产权运用和保护综合改革试点。深耕全国唯一的国家级知识产权综改试验区,全国唯一单设区级知识产权局,落户全国三大知识产权法院之一的广州知识产权法院,引进国家知识产权局专利审查协作广东中心、中国(广东)知识产权保护中心、广州知识产权仲裁院,集聚各类知识产权机构200余家,成为国内知识产权要素最齐全、链条最完整的区域。2019年全区企业发明专利申请量、发明专利授权量、PCT国际专利申请量、专利质押融资额均居广州首位。

(六)中小企业能办大事

出台"民营及中小企业18条",统筹3个百亿元产业投资基金、民营企业发展基金和中小企业融资计划,设立知识产权质押融资风险池、科技信贷风险补偿资金池、中小微企业融资风险补偿资金池"3个风险池",引导和支持金融机构加大信贷投放力度。以区内11家民营中小企业103件发明专利、37件实用新型专利为底层资产,发行规模为3.01亿元的全国首支纯专利权知识产权证券化产品,参与企业获得300万~4500万元不等的融资款。

(七)商事服务不断升级

率先探索"区块链+AI"商事登记改革。全国首创"区块链+AI"商事服务新模式,建成全国首个"商事服务区块链平台",率先开启"全天候、零见面、一键办"企业开办服务,商事登记环节由系统智能审核、秒批发照,刻章备案环节2小时内"送章到点",银行0.5~1小时反馈预开户信息,税务窗口当日审批、发放发票。率先推行涉企证照"44证合一"改革,整合事项广东最多、步伐广州最快。2019年全区新登记企业42625家,同比增长125.96%。打造广东首个"企业开办无费区",推出为新开办企业刻制公章等5项免费服务,实现"照、章、银、税"全流程零收费,2019年累计为3万余家新开办企业减免刻章成本1500多万元。

(八)港澳规则率先互通

率先衔接港澳营商规则,推进粤港澳知识产权互认互通,建立粤港澳大湾区知识产权调解合作机制，实现三地知识产权优势互补、协同发展。推出商事登记"跨境通"服务，实现港澳企业商事登记"足不入境、离岸办理"。全国首创海运口岸24小时智能通关改革，实施"两步申报"以及"厂港联动""场港一体"改革，探索开展粤港澳大湾区同船货运模式。学习借鉴新加坡营商环境改革先进经验，加强与新加坡在科技创新、知识产权、金融服务、城市管理等领域的合作，加快营商环境国际化进程。

三 广州开发区营商环境存在的问题和差距

《2020年全球营商环境报告》排名前三的国家及地区是新西兰、新加坡及中国香港。对比营商环境先进经济体，结合广州开发区2019年营商环境评价情况，广州开发区在纳税、获得信贷、办理破产、跨境贸易指标与先进经济体存在明显差距，在与营商环境相配套的领域也还有改进空间。

（一）部分指标存差距

对标新西兰、新加坡及中国香港等先进经济体，与我国的总体情况类似，广州开发区差距较大的主要指标包括以下4个。

1. 纳税

"纳税"指标反映企业的税收负担，主要从纳税次数、时间、税率等维度来测评，中国排名第105位，中国香港排名第2位，新加坡排名第7位，新西兰排名第9位。广州开发区纳税指标与世界前沿地区的差距在纳税时间、纳税次数、总税率和缴纳费率、纳税后程序四个指标方面均有体现。广州开发区推出了一系列改革措施，大幅优化办税流程，其中新办纳税人相关涉税事项办理及增值税普通发票核定仅需1个工作日，纳税耗时广州开发区为120小时/年（按照缴纳3个税种每个环节所需时间估算每年纳税所需总体时间），但以世界银行评价标准（包括准备、申报、缴税全流程）仍然与中国香港的35小时、新加坡的64小时存在较大差距。

2. 获得信贷

"获得信贷"指标反映企业获得信贷支持的法律保护力度及便利程度，主要从信用信息的覆盖面、范围和开放程度进行衡量，中国排名第 80 位，新西兰排名第 1 位，中国香港、新加坡排名均为第 37 位。近年来，广州开发区在改善企业融资环境上不遗余力，出台"风投 10 条"、设立多个政府引导基金，但对比新西兰、中国香港、新加坡等经济体，仍然存在较大差距。比如中国香港融资服务更加关注中小企业的资金需求，银行多设有专门的中小企业服务地点、人员，部分与银行建立合作关系的企业可在 24 小时内获得申请款项，但区内银行偏好于实力雄厚的大企业，投资理念相对保守，中小及初创企业在融资中不占优势。

3. 办理破产

"办理破产"指标反映企业破产程序的时间、成本和回收率以及破产法律框架的力度，中国排名第 51 位，新加坡排名 27 位，新西兰排名第 36 位，中国香港排名第 45 位。其中，中国办理破产时间 1.7 年，中国香港、新加坡办理破产时间均在 10 个月内；中国诉讼成本为资产价值的 22%，新加坡和中国香港的诉讼成本在资产价值 5% 以下，新西兰的诉讼成本仅为资产价值的 3.5%；中国债权人收回债务的回收率仅为 36.9%，中国香港、新加坡的回收率均在 87% 以上。经第三方测评，广州开发区办理破产回收率平均仅为 11.33%，远远落后于日本（91.8%）、新加坡（88.7%）和中国香港（87.2%）。

4. 跨境贸易

"跨境贸易"指标主要衡量的是出口及进口物流过程中所需的时间和费用（原产地仓库至海外贸易对象仓库过程），中国排名第 56 位，低于第 29 位的中国香港和第 47 位的新加坡，高于第 63 位的新西兰。在进出口耗时、耗费等 8 项细化指标上，中国香港、新加坡均大幅优于中国的指标。比如，进口耗时（单证合规），新西兰、中国香港均为 1 小时，新加坡为 3 小时，中国需要 13 小时；出口耗费（边界合规），中国香港不需任何费用，中国则需要 256 美元。广州开发区全国首创海运口岸 24 小时智能通关模式，实

施"厂港联动""场港一体",实现企业24小时报关、口岸24小时通关、船舶24小时通航,显著压缩了进出口整体通关时间及出口耗费,但跨境贸易指标总体上仍低于北京、上海的平均指标,与国内国际一流存在差距。

(二)配套环境待完善

一是公共资源配套不充分。公共交通便利度有待提升,企业对区内的交通便利度满意度较低,生活配套、商业娱乐设施等有待提升,目前难以满足企业及其员工高质量生活的需要。优质教育资源覆盖面不足,教育资源配置不够平衡,无法满足高端人才、外籍人才的教育需求。优质医疗资源供给不平衡,医疗服务依然存在不充分、不均衡的短板。在人才供给上,虽然广州开发区对人才的扶持政策力度很大,但由于公共资源配套不充分、地区分配不均衡,对世界顶尖高端人才的吸引力仍然不够。二是创新创业环境有待提升。广州开发区内金融业发展仍有很大空间,对中小科技企业融资扶持不够,中小企业融资难、融资贵问题仍然较为突出。区内孵化器、加速器数量与创新创业的需求相比仍显不足,优质孵化器供不应求,部分科技型初创企业的创新成果缺乏载体,难以落地。

四 广州开发区进一步优化营商环境的对策思考

营造法治化、国际化、市场化、便利化的营商环境,是中国进一步对外开放的重要举措,也是实现高质量发展、实现治理能力和治理体系现代化的内在要求,没有终点,永远在路上。广州开发区要按照建设广东省营商环境改革创新实验区的要求,围绕"2022年实验区营商环境各项指标排名均达到国际一流水平"的总体目标,对标世界银行指标和先进区域经验,着力补齐短板,确保优势指标落实到位,全方位提升营商环境水平。

(一)全面对标完善营商环境评价体系

《优化营商环境条例》强调,国家建立和完善以市场主体和社会公众满意度为导向的营商环境评价体系，发挥营商环境评价对优化营商环境的引领和督促作用。目前，除世界银行发布的《全球营商环境报告》外，在国内还有多个第三方机构在发布不同类型的营商环境报告，各类报告的样本选取角度各异、评价标准多种多样，不利于各地区进行横向对比。广州开发区的营商环境评价要立足全球视野，秉承科学客观原则，以市场主体和社会公众满意度为导向，立足广州开发区基本区情，借鉴世界银行和国家营商环境评价的通行做法，不断完善营商环境评价机制，实现评价国际国内可比，同时积极参与全国乃至全球营商环境评价规则制定。评价结果要既能体现建章立制和信息化建设带来的营商环境能力的提升，又能体现政策制度具体实施带来的营商环境改善的实际效果。

（二）擦亮营商环境改革亮点、品牌

2017年以来广州开发区陆续出台先进制造业、现代服务业、总部经济、高新技术产业4个"黄金10条"和人才、知识产权2个"美玉10条"以及"区块链10条""民营及中小企业18条""纳米10条"等政策，构建起"金镶玉"政策体系，对临近有效期的相关政策，广州开发区要着力开展评估修订工作，打造"金镶玉"政策体系升级版，助推实体经济发展。发挥示范引领作用，确保亮点环节、品牌服务惠及区内所有市场主体。围绕企业生命周期各个阶段的核心诉求，强化筹建"企业有呼、服务必应"，投资建设项目"来了就办、一次搞掂"，政策兑现"一口受理、内部流转、集成服务、限时办结"等亮点环节、品牌服务。多方式优化政务公开信息表达，向市场主体传递政务信息，要便于企业"吸收"和"消化"，提升用户友好度。

（三）着力提升营商环境评价弱势指标

纳税、获得信贷、办理破产及跨境贸易等在营商环境评价中相对弱势的指标，未来提升空间大，利于补足短板，有助于提升总体营商环境水平。广州开发区应从以下4个方面聚焦营商环境"难点""痛点""堵点"问题，

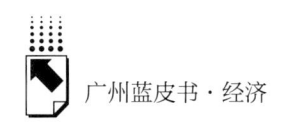

推出具有"广州开发区特色"的系列举措。

1. 进一步提升纳税体验

落实减税降费的举措，压缩办税时间。深化"区块链+缴纳税费"改革试点。完善网上办税服务厅功能，实现纳税人自主查询和打印纳税记录。推行增值税小规模纳税人"一键申报"。实行涉税（费）资料清单管理，对各类涉税（费）证明进行全面清理。打造税务电子证照和O2O体系，优化升级全国首个电子发票区块链平台"税链"，首次申领发票1天办结、发票代开"零跑动"。推广国际贸易"单一窗口"平台，实现出口退税"一键申报"，单证齐全的一类出口企业2个工作日以内办结。新办企业税务信息确认和首次申领发票时间压缩至1个工作日，进一步压缩纳税耗时。

2. 提高金融服务实体经济能力

支持金融机构加大对符合国家产业政策导向的企业信贷支持力度，创新金融产品和服务模式。高标准打造广州科技金融路演中心、广州新三板企业路演中心。稳健发展小额贷款、融资担保等行业。推动全区民营科技中小微企业金融创新服务超市建设。支持广东股权交易中心创设"大湾区科技创新专板"，为包括港澳科技企业在内的大湾区科技企业提供挂牌展示等投融资服务。支持建设中国（广州）国际知识产权运营中心，承担广州重点发展产业知识产权交易运营、知识产权金融创新、项目孵化转化三大功能，打造知识产权运营枢纽。推出知识产权金融超市，开展知识产权证券化，对广州开发区企业便利获得知识产权融资提供一站式服务。

3. 深化注销登记改革

推动企业简易注销登记改革，探索建立一体化企业注销登记网上服务专区，实现企业注销全流程"一网"服务。简化企业注销程序，支持未开业企业、无债权债务企业通过简易注销便利退出市场，逐步拓展改革适用范围。压缩企业注销业务办理时限，对于符合条件的情况实行即办服务。压缩企业简易注销公告时间。建立对提供虚假住所等失联企业、冒用他人身份证虚假注册等违法失信企业的强制退出制度。

4. 提升跨境贸易便利化水平

推广粤港澳大湾区水运口岸货物"水上巴士"通关模式。建立海运进口"提前申报"奖励机制。将国际贸易通关"单一窗口"功能覆盖至加工贸易保税、跨境电商、服务贸易等领域。实现行政审批、公共服务、中介服务、国际交流等涉外事项"一门通办"。实施口岸服务"一站式阳光价格清单"。推进口岸查验配套服务费改革，扩大免除查验相关费用使用范围。探索关税保证保险改革。

（四）加速优化配套环境

一是打造更具吸引力的人才发展环境。探索实行更加开放便利的出入境管理制度，在技术移民、外籍人才出入境、停居留、永久居留等方面先行先试。加快建设国际化人力资源服务产业园，探索建立人力资本产业体系。探索设立外商独资人力资源服务机构。推动医疗、养老等社会保障体系与港澳衔接。探索在部分重点行业领域中，开展港澳专业人士资格认可试点工作。鼓励在高等教育、职业教育领域引入境外教育机构独立办学。定期发布紧缺人才清单。完善"上管老、下管小"全链条人才服务体系。健全多层次养老保险制度体系，构建高水平养老和家政服务体系。鼓励国有企业、社会力量兴办优质国际学校、人才子女学校。二是完善配套设施建设及服务提升。科学规划交通轨道，完善公共交通服务体系，增加贯穿整个城区的地铁线路，增加站点数，改变广州开发区"地处偏远、交通不便"的固有印象。完善"创客空间（苗圃）—孵化器—加速器—科技园"大孵化器发展模式，引导现有孵化器向专业型、投资型孵化器转型。

优化营商环境是一项没有最好，只有更好的持续性工程。广州开发区已取得一定的改革成效，未来还应不断找准问题、补足短板、拉长长板，加快建设广东省营商环境改革创新实验区，争创国家营商环境改革创新实验区，借鉴国际经验，以世界眼光高点站位、动态跟进，全面对接国际高标准营商环境评价机制，持之以恒加大营商环境改革创新力度，打造全国最好、国际一流、具有全球竞争力的营商环境。

参考文献

广州开发区营商环境改革局：《广州市贯彻落实习近平总书记系列重要指示精神支持广州开发区推进营商环境改革创新有关工作的情况报告》（内部报告），2019年12月。

广州市黄埔区委全面深化改革委员会办公室：《关于广州开发区推进广东省营商环境改革创新实验区建设情况的报告》（内部报告），2019年11月。

国务院：《优化营商环境条例》（国令第722号），2019年10月。

世界银行：《2020年全球营商环境报告》，2019年10月。

广东省委深改委：《广州市推动现代化国际化营商环境出新出彩行动方案》（粤改委发〔2019〕16号），2019年10月。

广东省委深改委：《广州高新区（黄埔区）建设广东省营商环境改革创新实验区实施方案》，2019年7月。

广州开发区营商环境改革局：《广州高新区（黄埔区）建设广东省营商环境改革创新实验区行动方案（2019~2022年）》，2019年7月。

广州开发区营商环境办：《广州开发区营商环境评价指标体系研究》（内部报告），2019年6月。

联合国贸易和发展会议：《2019年世界投资报告》，2019年6月。

世界银行：《2019年全球营商环境报告》，2018年10月。

广州开发区发展和改革局：《关于对标香港和新加坡 进一步提升广州开发区营商环境的情况汇报》（内部报告），2018年10月。

国务院办公厅：《关于深入推进审批服务便民化的指导意见》，2018年5月。

国务院办公厅：《关于进一步压缩企业开办时间工作的意见》，2018年5月。

世界银行：《2018年全球营商环境报告》，2017年10月。

国务院办公厅：《国务院办公厅关于促进开发区改革和创新发展的若干意见》（国办发〔2017〕7号），2017年2月。

Abstract

Annual Report on Economic Development of Guangzhou (2020), one of yearly Guangzhou Blue Book, compiled by the Guangzhou Academy of Social Sciences (GZASS), is an authoritative publication on the analysis and prediction of Guangzhou's economy as well as related study of the vital subjects, which embodies the newest achievements of experts and scholars from research institutes, universities and government departments. Totally there are 19 reports in this Blue Book, containing six parts of general report, economic operation, industrial economy, regional development, business management and business environment.

In 2019, Guangzhou's economy growth was steady with progress. GDP reached 2.36 trillion RMB with an increase of 6.8%. In terms of industry, the growth of the service sector is generally better than that of the manufacturing sector. From the perspective of demand, investment growth accelerated significantly, exports continued to fall, and consumption growth remained stable. At the beginning of 2020, Covid-19 outbreak broke out and spread around the world, bringing an unprecedented impact on China and global economic and social development, and becoming the most important factor affecting economic growth in 2020. Developed economies such as Europe and the United States have adopted extremely loose monetary and fiscal policies in succession. China has also adopted more flexible monetary policies and more active fiscal policies, and implemented proactive administrative policies, which is expected to play a better supporting role for economic growth in 2020. Considering various factors, the research group predicts that the GDP growth rate of Guangzhou will be between 0.4% and 2.7% in 2020.

Keywords: Economic Growth; Urban Economy; Guangzhou Economy

Contents

I General Report

B.1 Analysis on Guangzhou Economy in 2019
and Forecast of 2020　　　　　*Ou Jiangbo, Tang Bihai and etc.* / 001

Abstract: In 2019, Guangzhou's economy growth was steady with progress. GDP reached 2.36 trillion RMB with an increase of 6.8%. In terms of industry, the growth of the service sector is generally better than that of the manufacturing sector. From the perspective of demand, investment growth accelerated significantly, exports continued to fall, and consumption growth remained stable. At the beginning of 2020, Covid −19 outbreak broke out and spread around the world, bringing an unprecedented impact on China and global economic and social development, and becoming the most important factor affecting economic growth in 2020. Developed economies such as Europe and the United States have adopted extremely loose monetary and fiscal policies in succession. China has also adopted more flexible monetary policies and more active fiscal policies, and implemented proactive administrative policies, which is expected to play a better supporting role for economic growth in 2020. Considering various factors, the research group predicts that the GDP growth rate of Guangzhou will be between 0.4% and 2.7% in 2020.

Keywords: Economic Growth; Urban Economy; Guangzhou Economy

Ⅱ Economic Operation

B. 2 The Development of Guangzhou's Industry and
Informatization in 2019 and Prospects for 2020   *Chen Qilin* / 039

Abstract: In 2019, Guangzhou's industrial and information industries focused on high-quality development, and completed an industrial added value of 572 billion yuan, the value added of advanced manufacturing accounted for 64.5% of the value added of the above scale manufacturing industry, and the value added of the high-tech manufacturing industry increased by 21.0%, the energy consumption per unit value added decreased by 6.5%. In 2020, Guangzhou will continue to strengthen the construction of the policy system for high-quality development, promote the basic capabilities of the industry and the level of the industrial chain, cultivate and grow a group of industry leaders, push forward the development of "specialized and new" for SMEs, and promote deeply integrated development of industrialization and informatization, promote deeply integrated development of services and manufacturing industries, expand the space for industrial carrier improvement.

Keywords: Industrial Development; Informatization; Guangzhou

B. 3 Review of Guangzhou Commerce Circulation Industry
in 2019 and Outlook of 2020   *Ou Jiangbo, Wu Jing* / 052

Abstract: In 2019, the wholesale and retail industry in Guangzhou was stable totally, the growth of transportation industry kept stable, the import and export increased at a slow rate, and the investment attraction situation was quite well. Looking ahead to 2020, with the deepening of reform and opening-up, the continuous optimization of business environment, accelerating the e-commerce development, the upgrading of consumption trend, and so on, commerce and trade circulation faces good development environment. The paper suggests to promote further development of commerce in Guangzhou from a higher level all-round opening, cultivation and development of new form, keeping the steady growth of the consumer market, enhancement of policy support and so on.

Keywords: Commerce Circulation; Business Environment; Guangzhou

B. 4　Analysis of Guangzhou Real Estate Market in 2019 and Prospect of 2020

Ou Jiangbo, Fan Baozhu and Zhou Shengqiang / 063

Abstract: In 2019, Guangzhou continued to optimize the real estate regulation and control policies, the real estate market operation was basically stable. The transaction area of the new commercial house has increased, but the transaction volume of the houses in stock decreased. Looking forward to 2020, the real estate regulation policy will remain basically stable, but the current macroeconomic downward pressure is greater, the global spread of Covid－19 epidemic has a certain impact on the market, it is expected that the transactions of the market will be reduced. It is suggested to promote the steady and healthy development of Guangzhou real estate market from the aspects of fully supporting the resumption of work and production of real estate enterprises, strengthening the analysis and supervision of the market, further improving the housing security work, and accelerating the development of the rental housing market.

Keywords: Real Estate Market; Healthy Development; Guangzhou

B. 5　Analysis on Supply and Demand Information of Guangzhou Human Resources Market in 2019 and Prospects for 2020

Survey and Assessment Team of Guangzhou Human Resources Market Supply and Demand Information / 077

Abstract: In 2019, the supply and demand of Guangzhou's human resources market showed the following main characteristics: "the total supply and demand has increased, the ratio of job vacancies to the number of job seekers has maintained a dynamic and balanced reasonable range, the tertiary industry is firmly in the dominant position, the labor force under 35 years old is the main supply of the market, the total number of migrant workers in Guangzhou continues to rise." At the beginning of 2020, the epidemic prevention and control work caused by pneumonia in the novel coronavirus (COVID－19) has brought far-reaching impact on Guangzhou's economy and employment. We must pay close attention to the delayed impact of the epidemic background on Guangzhou's economy and enterprise employment, formulate relevant employment service plans as early as possible, strengthen the implementation of the central government's "stable employment" work plan, and promote the public employment service to make new achievements. On the other hand, pay close attention to the construction opportunities of Guangdong, Hong Kong, Macao and the Gulf region, promote the transformation and upgrading of the quality structure of the labor force and the employment structure, and protect the high-quality economic development of Guangzhou.

Keywords: Human Resources Market; Labor Supply and Demand; Employment; Guangzhou

III Industrial Economy

B. 6 Thoughts and Suggestions on Promoting Advanced Industrial Foundation and Modernized Industrial Chain in Guangzhou

Wang Yuyin, Xu Jian / 093

Abstract: The novel coronavirus pneumonia epidemic has a more extensive and far-reaching impact on the industrial base and industrial chain. Guangzhou must focus on the industrial chain to deploy innovative chains, focus on the industrial chain of the innovation chain, vigorously build a modern industrial system, and continuously upgrade the core competitiveness of the industry, so as to implement the Central Committee's major deployment on doing a solid job in "six stability" and fully implementing the "six guarantees" task. The article summarizes the basic situation of Guangzhou's industrial foundation, deeply analyzes the development of the industrial chain of some key industries, objectively analyzes the major shortcomings of the Guangzhou's industrial foundation and the industrial chain, and combines the favorable conditions of the external environment to make a targeted suggestions for the promotion of Guangzhou's advanced industry foundation and modernized industrial chain.

Keywords: Basic Industrial Capacity; Advanced Industry Foundation; Modernized Industrial Chain

B. 7 Research on the Strategy and Countermeasures of Developing the New Generation IT Industry in Guangzhou *Yuan Jie* / 107

Abstract: At present, the new generation information technology industry represented by big data、cloud computing and artificial intelligence is developing rapidly, profoundly changing the economic and social landscape, and is becoming a focus of competition among major countries、economies and advanced cities. The Guangzhou government attaches great importance to the development of new generation IT Industry in which lies both historical opportunities and fierce challenges. A comprehensive solution from strategy、institution、policy and other aspects is proposed.

Keywords: New Generation IT Industry; Innovation Industry; Guangzhou

B. 8　Research on the Strategy and Countermeasure of Developing Artificial Intelligence Industry in Guangzhou　　*Li Zhengju* / 114

Abstract: Artificial intelligence is an important driving force leading a new round of scientific and technological revolution and industrial transformation. It is also an important strategic way for china to promote the development of science and technology, the optimization and upgrading of industries, and the overall jump in productivity. Guangzhou has seized new opportunities for the development of the artificial intelligence industry, and has taken various measures to promote development, and has made significant progress. However, compared with advanced cities at home and abroad, there are still some shortcomings. It is suggested that greater efforts be made in improving policy supply, strengthening technology research and development, promoting demonstration applications, cultivating imported enterprises, gathering high-level talents, and creating a good environment.

Keywords: Artificial Intelligence; Technological Innovation; Guangzhou

B. 9　Research on the Countermeasures to Promote the Development of Cruise Industry in Guangzhou　　*Huang Jian, Xie Zhaoji* / 124

Abstract: This article firstly analyzes the connotation and fractures of the cruise industry and its domestic and international development. It considers that the overall cruise industry in China is still in the downstream field. Then it introduces the current situation of the cruise industry in Guangzhou, and summarizes the favorable conditions and challenges of developing the cruise industry in Guangzhou. Being problem-oriented, six countermeasures were proposed on optimizing policy guidance, improving infrastructure and supporting services, extending the industrial chain, integrating tourism resources, perfecting emergency management systems, and attaching importance to personnel training.

Keywords: Cruise Industry; Tourism; Guangzhou

B. 10 The Survey Report on the Service Status of Home-stay Industry in Guangzhou
Research Group of the Guangzhou Consumers Commission / 136

Abstract: In recent years, Guangzhou's home-stay facility industry has shown a booming development as an emerging industry, and industry standardization issues have received increasing attention. According to the investigation of Guangzhou consumer committee, the LingNan culture, rural natural style and folk customs are fairly distinctive in the Guangzhou home-stay facility industry. Nevertheless, the home-stay facility industry is not perfect in terms of legislation, industry standards, and definition of regulatory functions. A number of these home-stay facilities are deficient in standardized operation, and safety facilities and safety management are not perfect. Based on this investigation result, the suggestions are put forward for the standardized development of the Guangzhou home-stay industry.

Keywords: Home-stay Industry; Service Status; Industry survey

B. 11 Research on the Development Status and Countermeasures of High-end Professional Service Industry in Yuexiu District
Research Group of Yuexiu District Statistics Bureau / 152

Abstract: High-end professional service industry is the core part of the service link at both ends of the smile curve in the modern industrial chain, and it is the booster of technological progress and innovative development of industrial forms. Developing high-end professional service industry can enhance the competitiveness of regional industries. As the downtown area of Guangzhou, Yuexiu district has a certain industrial foundation for high-end professional service industry. It is of great strategic significance for Yuexiu district to realize the dynamic transformation by seizing the opportunity of the construction of Guangdong-Hong Kong-Macao Greater Bay Area and vigorously developing high-end professional service industry. This paper summarizes the development status and characteristics of the high-end professional service industry in Yuexiu district, analyzes the advantages and disadvantages of the development of high-end professional service industry in yuexiu district, as well as the existing opportunities and challenges, and puts forward relevant countermeasures and suggestions by drawing on the experience of developed regions.

Keywords: Service Industry; High-end Professional Service Industry; Yuexiu District

Ⅳ Regional Development

B. 12 Study on the Current Situation, Problems and Optimization Suggestion of Guangzhou Urban Spatial Layout *Yu Shui* / 165

Abstract: This paper reviews the development process, main characteristics and existing problems of Guangzhou's urban spatial pattern. Based on the experience of international advanced cities, it puts forward some policy suggestions on optimizing Guangzhou's urban spatial layout from the aspects of building beautiful land, optimizing the network pattern, improving the land use efficiency, building a rail city, promoting the integration of industry and city, and shaping the characteristics and features.

Keywords: Spatial layout; Optimization Suggestion; Guangzhou

B. 13　The Development Strategies Research of Guangzhou Transport Hub under the Construction of Guangdong-Hong Kong-Macao Bay Area　　*Ma Xiaoyi* / 177

Abstract: In order to implement the Outline Development Plan for the Guangdong-Hong Kong-Macao Greater Bay Area, we carried out the development strategy of Guangzhou Transport Hub. It reviews the current characteristics and existing problems of urban transportation hubs, in response to the opportunities and challenges, a specialized Guangzhou transportation hub model was constructed to make qualitative and quantitative analysis. Based on the analysis, the development strategy puts forward an overall target: "Important Global Hub", and makes several measures around the target, including three aspects: facility construction, land use coupling, and institutional mechanisms, and effectively played a role in supporting the goal of building a world-class city group in the Bay Area.

Keywords: Guangdong-Hong Kong-Macao Bay Area; Transport Hub; Guangzhou

B. 14　Research on Strategies of Accelerating Transformation and Development of the Port and Shipping Industry in Urban Area of Guangzhou　　*Guo Lingfeng* / 190

Abstract: This article combines the experience of the transformation and development of the port and shipping industry in typical cities both at home and abroad, analyzing the development status and existing problems of the port and shipping industry in downtown Guangzhou. On this basis, the article raises suggestions on transformation and development of the port and shipping industry in urban area of Guangzhou, including the detailed planning of the industry, the promotion of headquarters economy and modern service industry area construction, the development of shipping financing and trade, the building of a world – class water leisure tourism brand, the construction of a fast, convenient and efficient urban waterway, the promotion of the green, smart port shipping and personnel training, so as to help promote the effective integration and construction of the Guangdong-Hong Kong-Macau Greater Bay Area and Guangzhou International Shipping Hub.

Keywords: Urban Area; Port and Shipping; Guangzhou

B. 15 Study on the Thoughts and Countermeasures of Yuexiu District to Promote Industrial Cooperation Development with Hong Kong and Macao

Liu Zhenhai, Zeng Wenhao and Zhang Li / 205

Abstract: The Outline of the Development Plan for The Guangdong – Hong Kong – Macao Greater Bay Area issued by the CPC Central Committee and the State Council puts forward the concepts of "building an open regional collaborative innovation community" and "building a modern industrial system with international competitiveness". Regional resource integration and regional integration development have become the general trend of the competitive development of cities and regions around the world. Yuexiu district, Hong Kong and Macao are dominated by the service industry, and the industrial structure is highly similar. At present, urban development is faced with the urgent need of industrial internal structure adjustment, transformation and upgrading to high-end development. Promoting industrial collaboration is both the general trend and the inherent requirement. Based on Guangdong-Hong Kong-Macao Greater Bay Area's historical opportunity for development, combined with their own characteristics and advantages, focused on the service sector in the industrial cooperation. This paper in-depth analysis of the status, condition, and the problem, and combines the experiences of the world's three big bay area and large domestic economic area, puts forward the countermeasures and suggestions in five aspects: financial, culture, science and technology, tourism and people's livelihood for Yuexiu district to promote industrial cooperation development with Hong Kong and Macao in the future.

Keywords: Guangdong-Hong Kong-Macao Greater Bay Area (GBA); Industry Collaboration; Yuexiu District

V Business Management

B.16 Practice and Reflection on the Work of New Private Enterprises with Chinese Characteristics in Guangzhou

Research Group on fostering a new type of private enterprise with Chinese characteristics in the New Era / 218

Abstract: Private enterprises have occupied an important historical position in China's economic and social development. In order to promote the healthy development of private enterprises, Guangzhou has carried out in-depth exploration and practice, and vigorously cultivated new-type private enterprises with Chinese characteristics, which have achieved rich results. In the new era, the article systematically sorted out the new conditions and difficulties faced by Guangzhou private enterprises in the development and growth, and the issues that urgently need to be addressed in the new situation, targeted policy recommendations are provided in areas such as driving, risk management, and image guidance.

Keywords: Chinese Characteristics; Private Enterprises; Enterprises Survey

B.17 Research on Promoting High-Quality Development of

Export-Oriented SMEs in Guangzhou and Its Countermeasures

Research group of China Council for the Promotion of International

Trade Guangzhou Committee / 229

Abstract: In 2019, CCPIT Guangzhou set up a research group to study the impact on small and medium-sized enterprises (SMEs) imposed by trade frictions. In the context of fully comprehending the theoretical connotation and realistic essence of high-quality development, the group carried out site surveys in many Guangzhou districts, industries and companies, pointing out that the pivotal indicator for SMEs' advancement is to pursue high-quality development. In light of this, the problems they are facing with and its root causes rise to the surface. The group puts up that companies need to redouble efforts in realizing high-quality development to find opportunities in difficulties. To reduce the negative influence exerted by trade frictions, targeted measures need to be taken in risks prevention and tackling, multi-market expansion, fashion industry escalation, high value-added products and service export increase, brand consolidation and so forth.

Keywords: Small and Medium-Sized Enterprises (SMEs); Foreign Trade; High-quality Development

Ⅵ Business Environment

B.18 The Research of the Course and Countermeasures of

Deepening the Reform of Guangzhou Commercial System

Chen Lin, Zhou Shengqiang / 242

Abstract: Deepening the reform of the commercial system is a major decision made by the Central Committee of the Communist Party of China and the State Council. The article summarizes the great practical significance, main policies and effect achieved in promoting the reform of the commercial system in Guangzhou, and analyzes in depth the potential legal risks, management and liability risks, credit risks, and moral risks of the current Guangzhou commercial system reform. We will systematically propose countermeasures in areas such as creating a regionally integrated commercial system, accelerating the process of commercial legislation, and constructing a scientific regulatory system.

Keywords: Commercial System Reform; Business Environment; Commercial Legislation

B.19 Research on Countermeasures of Optimizing the Business Environment in Guangzhou Development District

Chu Dajun, Zeng Fanrong and Wu Jiejie / 254

Abstract: Optimizing business environment is a crucial component for advancing high-quality development. During 2017 - 2019, China's business environment had been reformed and achieved significant results. This article reviewed the policy environment of the business environment reform in recent years, based on the experiences in advanced areas, practical explorations of the business environment reform achieved by Guangzhou Development District and the gap between advanced areas and GDD, proposing countermeasures and suggestions in four aspects which include improving business environment assessment system, utilizing the advantages in business environment reform, rectifying the deficiencies in business environment assessment, and optimizing supporting environment.

Keywords: Business Environment; High-quality Development; Guangzhou Development District

权威报告·一手数据·特色资源

皮书数据库
ANNUAL REPORT(YEARBOOK) DATABASE

分析解读当下中国发展变迁的高端智库平台

所获荣誉
- 2019年，入围国家新闻出版署数字出版精品遴选推荐计划项目
- 2016年，入选"'十三五'国家重点电子出版物出版规划骨干工程"
- 2015年，荣获"搜索中国正能量 点赞2015""创新中国科技创新奖"
- 2013年，荣获"中国出版政府奖·网络出版物奖"提名奖
- 连续多年荣获中国数字出版博览会"数字出版·优秀品牌"奖

成为会员
通过网址www.pishu.com.cn访问皮书数据库网站或下载皮书数据库APP，进行手机号码验证或邮箱验证即可成为皮书数据库会员。

会员福利
- 已注册用户购书后可免费获赠100元皮书数据库充值卡。刮开充值卡涂层获取充值密码，登录并进入"会员中心"—"在线充值"—"充值卡充值"，充值成功即可购买和查看数据库内容。
- 会员福利最终解释权归社会科学文献出版社所有。

数据库服务热线：400-008-6695
数据库服务QQ：2475522410
数据库服务邮箱：database@ssap.cn
图书销售热线：010-59367070/7028
图书服务QQ：1265056568
图书服务邮箱：duzhe@ssap.cn

社会科学文献出版社 皮书系列
SOCIAL SCIENCES ACADEMIC PRESS (CHINA)
卡号：998747977261
密码：

S 基本子库
SUB DATABASE

中国社会发展数据库（下设 12 个子库）

整合国内外中国社会发展研究成果，汇聚独家统计数据、深度分析报告，涉及社会、人口、政治、教育、法律等 12 个领域，为了解中国社会发展动态、跟踪社会核心热点、分析社会发展趋势提供一站式资源搜索和数据服务。

中国经济发展数据库（下设 12 个子库）

围绕国内外中国经济发展主题研究报告、学术资讯、基础数据等资料构建，内容涵盖宏观经济、农业经济、工业经济、产业经济等 12 个重点经济领域，为实时掌控经济运行态势、把握经济发展规律、洞察经济形势、进行经济决策提供参考和依据。

中国行业发展数据库（下设 17 个子库）

以中国国民经济行业分类为依据，覆盖金融业、旅游、医疗卫生、交通运输、能源矿产等 100 多个行业，跟踪分析国民经济相关行业市场运行状况和政策导向，汇集行业发展前沿资讯，为投资、从业及各种经济决策提供理论基础和实践指导。

中国区域发展数据库（下设 6 个子库）

对中国特定区域内的经济、社会、文化等领域现状与发展情况进行深度分析和预测，研究层级至县及县以下行政区，涉及地区、区域经济体、城市、农村等不同维度，为地方经济社会宏观态势研究、发展经验研究、案例分析提供数据服务。

中国文化传媒数据库（下设 18 个子库）

汇聚文化传媒领域专家观点、热点资讯，梳理国内外中国文化发展相关学术研究成果、一手统计数据，涵盖文化产业、新闻传播、电影娱乐、文学艺术、群众文化等 18 个重点研究领域。为文化传媒研究提供相关数据、研究报告和综合分析服务。

世界经济与国际关系数据库（下设 6 个子库）

立足"皮书系列"世界经济、国际关系相关学术资源，整合世界经济、国际政治、世界文化与科技、全球性问题、国际组织与国际法、区域研究 6 大领域研究成果，为世界经济与国际关系研究提供全方位数据分析，为决策和形势研判提供参考。

法律声明

"皮书系列"(含蓝皮书、绿皮书、黄皮书)之品牌由社会科学文献出版社最早使用并持续至今,现已被中国图书市场所熟知。"皮书系列"的相关商标已在中华人民共和国国家工商行政管理总局商标局注册,如LOGO( )、皮书、Pishu、经济蓝皮书、社会蓝皮书等。"皮书系列"图书的注册商标专用权及封面设计、版式设计的著作权均为社会科学文献出版社所有。未经社会科学文献出版社书面授权许可,任何使用与"皮书系列"图书注册商标、封面设计、版式设计相同或者近似的文字、图形或其组合的行为均系侵权行为。

经作者授权,本书的专有出版权及信息网络传播权等为社会科学文献出版社享有。未经社会科学文献出版社书面授权许可,任何就本书内容的复制、发行或以数字形式进行网络传播的行为均系侵权行为。

社会科学文献出版社将通过法律途径追究上述侵权行为的法律责任,维护自身合法权益。

欢迎社会各界人士对侵犯社会科学文献出版社上述权利的侵权行为进行举报。电话:010-59367121,电子邮箱:fawubu@ssap.cn。

社会科学文献出版社